人物叢書

新装版

天智天皇《てんじてんのう》

森　公章

日本歴史学会編集

吉川弘文館

蘇我入鹿の殺害場面（「絹本　多武峯《とうのみね》縁起絵巻」上巻之二，談山神社所蔵）
入鹿を斬りつける中大兄皇子，皇子を守るため弓矢を持つ中臣鎌足と，画面の左上に皇極天皇が描かれている．住吉如慶・具慶の合筆．江戸時代初期（16世紀中頃以前）に成立したものと考えられる．

山　科　陵（京都市山科区御陵上御廟野町）

宮内庁により天智天皇の陵に治定されるが，考古学的にも正しいとされている．
本書250頁参照．

はしがき

秋の田の　かりほの庵《いお》の　とまをあらみ　わが衣手《ころもで》は　露《つゆ》にぬれつつ
（秋の田に間に合わせに作った小屋は苫《とま》が粗いので、私の袖は夜露に濡れ続けています）

これは藤原定家《ふじわらのさだいえ》《ていか》撰『小倉百人一首』に収載されたもので、作者は天智天皇《てんじ》である。天智天皇は、即位前の呼称を中大兄皇子《なかのおおえのおうじ》といい、こちらの名前でも日本史上に著名な人物である。奈良時代の天皇は弟大海人皇子《おおあまのおうじ》が即位した天武天皇《てんむ》の子孫であったが、奈良時代末に即位した光仁《こうにん》―桓武《かんむ》天皇は天智天皇の子孫で、以後今上陛下に至るまで天智系の皇統が続いている。冒頭の歌は『百人一首』の巻頭に配されており、鎌倉時代初期の人物である藤原定家の皇統観を反映したものと言えよう。

では、中大兄＝天智天皇とは、どのような人物であろうか。その生涯を簡単に紹介すると、次の通りである。中大兄は、父舒明《じょめい》天皇と母皇極《こうぎょく》（斉明《さいめい》）天皇の長子として生まれ、舒明天皇崩御後、皇極朝には蘇我蝦夷《そがのえみし》・入鹿《いるか》父子が専権をふるったため、中大兄は推古《すいこ》朝の厩戸皇子《うまやど》（聖徳太子）が構想した天皇を中心とする中央集権国家、中国隋唐の律令体制を移入した律令国家の建設を目指し、中臣《なかとみの》（藤原）鎌足《かまたり》の協力を得て、蘇我本宗家《ほんそうけ》を討滅した。これが六四五年六月の一般的には「大化の改新」のはじまりとして知られる「乙巳《いっし》の変《へん》」であり、この時に即位したのは皇極天皇の弟孝徳《こうとく》天皇で、中大兄は皇太子《ひつぎのみこ》になったが、孝徳朝の政治＝「大化改新」を実質的に推進したのは中大兄、そして内臣《うちつおみ》になった鎌足であったとされる。

孝徳天皇は難波《なにわ》に遷都、旧来の飛鳥《あすか》を拠点にした諸豪族を本拠地から切り離すことで、新しい国家体制を構築しようとする。しかしながら、六五三年には中大兄が飛鳥還都を建言、これを拒否して難波に留まった孝徳と対立するなか、孝徳は崩御、母である皇極前天皇が斉明天皇として重祚《ちょうそ》（退位した天皇が再び即位すること）し、飛鳥を中心とする都造り・国家体制の整備が進められる。

一方、このころ東アジアの国際関係は大きく変動し、高句麗《こうくり》《コグリヨ》・百済《くだら》《ペクチエ》・新羅《しらぎ》《シルラ》の朝鮮三国の争いに唐が介入、新羅と提携した唐は六六〇年に百済、六六八年には高句麗を滅ぼす。百済滅亡直後から百済復興運動が興起し、百済遺民《いみん》は当時倭国《わこく》と称したわが国に皇極朝初年以来「質《ち》」として滞在していた王子扶余豊璋《ふよほうしょう》《プヨブンジヤン》の帰還・百済王への推戴《すいたい》を求めたので、斉明天皇は百済救援を決定、自らも最前線基地となる北部九州の朝倉宮《あさくらのみや》に遷居した。

しかし、六六一年七月には斉明が崩御、中大兄は「称制《しょうせい》」という形で皇位継承の有力候補者のままで天皇位を代行し、百済救援の役を遂行する。六六三年には百済の戦局が悪化し、倭国は万余の水軍を派遣するが、八月白村江《はくそんこう》戦に大敗、ここに百済は完全に滅亡してしまう。中大兄は唐・新羅軍の侵攻に備えて防衛体制の構築に努め、亡命百済人の軍事技術を利用して北部九州—瀬戸内—畿内に朝鮮式山城を大々的に造営する。また六六四年には「甲子宣《かつしのせん》」と呼ばれる内政改革の指針を示し、中央豪族が保有する部民《べみん》の勘定《かんてい》に着手するなど、中央集権化への方向を模索している。

中大兄は六六七年に近江大津宮《おうみのおおつのみや》に遷都、六六八年にようやく天智天皇として即位する。六六九年に死去した中臣鎌足に近江令《おうみりょう》編纂を命じたといわれ、六七〇年には最初の全国的な戸籍である庚午年籍《こうごねんじゃく》を作成、人民の一元的掌握、中央集権的律令国家の建設は着実に進展していく。六七一年には中央官制の要となる太政官制《だいじょうかんせい》を施行、伊賀采女宅子《いがのうねめやかこ》との所生子大友皇子《おおとものおうじ》を太政大臣《だいじょうだいじん》に任じ、次代の体制作りも構想していた。

ところが、天智天皇はこの年九月ころから病気がちになり、十二月三日に崩御してしまう。その後、六七二年には同母弟である大海人皇子《おおあまのおうじ》と大友皇子が皇位継承を争う壬申《じんしん》の乱が勃発、近江朝廷は崩壊し、勝利した大海人が天武天皇として即位し、天智が課題として残した律令国家は天武天皇、その皇后で天智の女《むすめ》である持統《じとう》天皇によって完成することになる。

以上が、通説として知られている天智天皇の生涯である。これは、『日本書紀《にほんしょき》』の記述がもとになっている。ここには「大化改新」以来中央集権的国家体制の樹立に尽力した律令国家創始者としての位置づけが如実に示されている。

しかし、近年のさまざまな研究の進展を考慮すると、この見方で必ずしもすべてが説明できるとは言えない部分がある。以下、本書の執筆姿勢とも関わるので、とくに問題とすべき点を挙げてみたい。

まず「大化改新」の理解である。後述のように、『日本書紀』大化二年（六四六）正月甲子朔条に記された改新詔《かいしんのみことのり》には当時そのままの史料か否か疑問が呈されており、孝徳朝の改革の実像には再検討が求められている。また近年では孝徳朝政治を主導したのは、やはり孝徳天皇であったとする見解も有力になっており（門脇禎二「いわゆる、大臣蘇我倉山田石川麻呂事件について」）、そうなると、難波宮《なにわのみや》が完成するころになって飛鳥還都を主張した中大兄の姿には、改革の主体は中大兄—鎌足であったのか、孝徳朝における中大兄の立場はどのようなものであったのかも問題として浮上してくる。

次に、中大兄がなかなか即位にいたらなかった理由についてである。乙巳の変後、中大兄には、孝徳崩御時をはじめ、何度か即位の可能性があった。斉明崩御時には最有力の皇位継承候補者と目されていた。中大兄の即位が遅れる理由については、その政治的位置づけとともに諸説があるが、十全な説明はなされていないと思われる。

そして、天智朝政治の歴史的意味合いである。体系的法典としての近江令の存在には多くの疑問が示されている。天智朝段階ではどのような達成がなされていたのか。律令国家創始者としての天智天皇像には、後代の顕彰の要素がないのだろうか。こうした点にも留意して、『日本書紀』の成立過程や奈良時代における天智天皇の評価などを加味して考察することも必要であろう。

中大兄・天智天皇が活躍する七世紀は、東アジアの地図・国際関係も大きく変貌していく激動の時代である。そうしたなかで、わが国も倭国から日本へと国号を改め、古代国家を完成していくのであり、天智天皇が果たした歴史的役割は重要である。上記の三つの疑問に私なりに解答しつつ、天智天皇の実像に迫ることができればと思う。

ちなみに、冒頭の『百人一首』の歌は、奈良時代の『万葉集』から採取されたものではなく、『古今和歌集《こきんわかしゅう》』に次ぐ二番目の勅撰集として十世紀後半に成立した『後撰和歌集《ごせんわかしゅう》』から撰歌されている。すでに江戸時代に、賀茂真淵《かものまぶち》が天智天皇の真作とは考えがたいことを指摘しており、内容的にも本来は秋の収穫作業の辛苦を詠じた労働歌であったと思われる。ただ、『後撰和歌集』では秋の部に天智天皇の御製歌として配され、一般民衆の辛苦を思いやる慈悲深い帝王の歌と位置づけることにより、理想的な天皇像を作り上げようとしたのではないかと指摘される所以《ゆえん》である（吉海直人『百人一首で読み解く平安時代』）。『新古今和歌集』の御製「朝倉や木の丸殿にわがをれば名のりをしつつゆくはたが子ぞ」（一六八九番）も、斉明朝の朝倉宮への随行に関わるものと見られるが、やはり真作とは考えられないという。こうした点でも、天智天皇の実像の解明が求められるところであろう。

なお、天皇号の成立時期については、天智朝成立説を含めていくつか説があるが、私は天武・持統朝成立説を支持しており、その立場からは天智の生涯の叙述には天皇・皇后ではなく、大王《おおきみ》・大后《おおきさき》と表記すべきであり、皇子《おうじ・みこ》も王《おう・みこ》と記すのがよいと考える。ただ、初代神武《じんむ》天皇から天皇号で表記する『日本書紀』に関係史料の多くを依拠し、また大王の子の世代とそれ以下の諸王の区別ができなくなることなどにより、矛盾を感じつつも、『日本書紀』の用字に従うことにしたい。天智などの漢風諡号《かんぷうしごう》は奈良時代後半に一括して定められたものであり、『日本書紀』本文によれば、天命《あめみこと》開別《ひらかすわけの》天皇《すめらみこと》などとなるが、これも通例に従って、天智などと記すことにする。

以下の史料の訓読や現代語訳は、おおむね参考文献に挙げた諸書に依拠し、若干私見を加えて記述するものである。

二〇一六年六月

森　公　章

目次

口絵

挿図

挿　表

第一　舒明・皇極朝の中大兄

一　生年と家系

生年をめぐる史料

天智《てんじ》天皇は幼名を葛城皇子《かずらきのおうじ》といい、ともに敏達《びだつ》系王族である父田村《たむら》皇子（舒明《じょめい》天皇）、母宝皇女《たからのこうじょ》（皇極《こうぎょく》・斉明《さいめい》天皇）の間に長子として生まれた（巻末系図Iを参照）。その生年に関しては、『日本書紀』舒明十三年（六四一）十月丙午条（以下、『日本書紀』の引用は年月日のみを記す）に「東宮開別皇子《もうけのきみひらかすわけのみこ》、年十六にして誄《しのびごと》したまふ」とあり、舒明天皇崩御の時に殯宮《ひんきゅう》で誄（死者を追悼する言葉）を奏上し、時に十六歳と記されているので、推古《すいこ》三十四年（六二六）の生まれ、天智十年（六七一）崩御時は四十六歳であったという計算になる。なお、『日本書紀』は「東宮開別皇子」と記すが、「開別」は中大兄《なかのおおえ》が天智天皇として即位、崩御後の和風諡号「天命開別《あめみこと》」に依拠したものであり、この時点で彼が東宮＝皇太子《ひつぎのみこ》であったということも自明な事柄ではなく、ともに追記と考えるのがよいであろう。天皇といえども、このころの人で生没年がはっきりしているのは珍しい。ただし、異伝もある。皇室系図のなかではふるての『本朝皇胤紹運録《ほんちょうこういんじょううんろく》』（洞院満季《とういんみつすえ》撰。応永三十三年〈一四二六〉に草稿が成立し、その後増補）によると、天智は推古二十二年（六一四）降誕、五十八歳で崩御、『日本書紀』では年齢不詳の同母弟大海人皇子《おおあまのおうじ》（天武《てんむ》天皇）は推古三十一年（六二三）誕生、朱鳥元年（六八六）崩御時は六十五歳（六十四歳か）とみえる。その他、鎌倉時代中期成立の『一代要記』には天智は五十三歳、天武は六十五歳、南北朝時代の『神皇正統記《じんのうしょうとうき》』では天智は五十八歳、天武は七十三歳とする別伝もある。

大海人との年齢差

『日本書紀』では、天智の同母兄弟に間人皇女《はしひと》（孝徳《こうとく》天皇の皇后）、大海人皇子があり、この出生順とされる。ところが、「はしがき」で触れたように、大海人は壬申《じんしん》の乱でいわば皇位を簒奪して即位するので、『日本書紀』から導き出される天智の生年＝推古三十四年と『本朝皇胤紹運録』の天武の生年＝推古三十一年が逆転することに着目して、天武は皇室とは別の出自の人間（渡来人《とらいじん》）で、年齢は天智よりも上であったとする説（小林恵子『白村江の戦いと壬申の乱』）、母宝皇女が田村皇子と結婚する前に高向王《たかむこおう》との間に儲けた漢皇子《あや》（斉明即位前紀）に比定する説（大和岩雄『日本書紀成立考』）などが呈されている。

これらに対して、『本朝皇胤紹運録』の天武の崩年六十五歳を五十六歳の誤記として、天武は舒明三年（六三一）生と修正することで、兄弟の順序逆転を回避できるという見解もある（川崎庸之『天武天皇』、直木孝次郎『壬申の乱』）。しかしながら、天武の年齢を推定するこの二つの方法は、ともに間違っていると言わねばならない。

『日本書紀』では、六世紀以降の天皇の生誕年や崩御時の年齢が示されていることはほとんどなく、推古天皇は例外的に分註で七十五歳で崩じたことが知られる。したがって、天武に生年・崩御年齢の記述がないことだけを不審とするのはおかしい。そもそも『本朝皇胤紹運録』という同一の基準では、天智と天武の兄弟順が逆転することはない。史料の信憑性という点で『日本書紀』による推算を採択すれば、『本朝皇胤紹運録』の天智の年齢は誤りであると解されるので、天武についても誤謬《ごびゅう》が想定され、それを修正するという方法では正しい年齢推定にはならないはずである。

天智は推古朝末年の誕生

そこで、天武の年齢に関しては、例えば持統十年（六九六）に死去した長子高市《たけち》皇子が四十三歳であったこと（『扶桑略記《ふそうりやっき》』）を参考にすると、彼は白雉《はくち》五年（六五四）生まれとなり、この時に天武が二十歳くらいとすれば、舒明六年（六三四）生、崩御時は五十二歳と推算されるので、この前後の年齢を一つの目安とするのがよいであろう。これだと、天智―間人―天武の出生順を数年の年齢差でうまく説明することができる。天智の生年はやはり推古三十四年とするのが正しく、推古朝末年の降誕であった。

両親の系譜

彼らの父田村皇子は、敏達天皇（在位五七二～五八五年）の孫、母宝皇女は曾孫にあたる。敏達天皇は欽明天皇（在位五四〇～五七一年）と宣化《せんか》天皇の女《むすめ》で皇后であった石姫《いわひめ》皇女との間に生まれ、即位後は息長真手王《おきながまてのおう》の女広姫《ひろひめ》を皇后にした。広姫の所生子が押坂彦人大《おしさかのひこひとおお》兄《え》皇子で、彼は敏達天皇と伊勢大鹿首《いせのおおがのおびと》小熊《おぐま》の女菟名子《うなこ》との間に生まれた異母姉妹の糠《あら》手《て》姫《ひめ》皇女（田村皇女、宝王、嶋皇祖母命《しまのすめみおやのみこと》とも）を妃とし、その間に生まれたのが田村皇子である。田村皇子は純粋な敏達系王族と言うことができる。

一方、敏達天皇は広姫の死後、欽明天皇と蘇我稲目《そがのいなめ》の女堅塩媛《きたしひめ》の所生子である異母妹の額田部《ぬかたべ》皇女（推古天皇）を皇后に迎え、竹田《たけだ》皇子などが生まれている。宝皇女は押坂彦人大兄皇子の子茅渟王《ちぬのおう》と額田部皇女の兄弟桜井皇子の女吉備姫王《きびつひめのおおきみ》（吉備嶋皇祖母命《きびのしまのすめみおやのみこと》）の間に生まれており、蘇我系王族の血も入っていたことになる。同母弟には軽《かる》皇子（孝徳天皇）がいた。

世代内での王位継承

敏達天皇は「仏法《ほとけのみのり》を信《う》けたまはずして、文史《しるしふみ》を愛《この》みたまふ」（敏達即位前紀）、つまり仏教を信じず、文学と歴史を好んだと評され、大連《おおむらじ》（宮廷組織を分掌した家宰《かさい》的豪族である連のカバネをもつ氏から選ばれる最高執政官）物部守屋《もののべのもりや》の進言により、大臣《おおおみ》（天皇家と匹敵する畿内の中央豪族である臣《おみ》のカバネをもつ氏《うじ》から選ばれる最高執政官）蘇我馬子《そがのうまこ》の仏殿《ぶつでん》を破却するなどの廃仏を実施し、その悪報の患瘡で死去したという（敏達十四年〈五八五〉三月丙戌条）。

次に即位した用明《ようめい》天皇（在位五八五～五八七年）は堅塩媛所生で、崇仏派の蘇我氏の血筋によるためか、「仏法を信けたまひ、神道《かみのみち》を尊《とうと》びたまふ」（用明即位前紀）と評されている。

しかし、用明天皇の治世は短く、やはり患瘡で死去し、蘇我小姉君《おあねぎみ》所生の崇峻《すしゅん》天皇が王位を継いだ。

敏達から用明・崇峻に至る王位継承をめぐっては、仏教公認問題も相俟って、蘇我氏と物部氏の対立が深まった。用明即位に際しては、崇峻の同母兄穴穂部《あなほべ》皇子が、王位継承に対して発言権を持つ敏達の皇后額田部皇女に乱暴しようとして、三輪逆《みわのさかし》に阻止され、その後、物部守屋とともに三輪逆を殺害するという事件が起きている（用明元年〈五八六〉五月条）。用明・崇峻の即位は必ずしも既定の事柄ではなく、王位継承候補者の最上位の世代に属する穴穂部皇子は、用明の死後にも物部守屋や宅部《やかべ》皇子と連携して王位継承を求めている。

大兄制の存否

六〜七世紀には「大兄《おおえ》」を称する者が散見しており、同母所生子の長子である大兄を軸に王位が継承され、皇太子制につながる大兄制が存在したとする見解がある（井上光貞「古代の皇太子」）。しかし、当該期の天皇家の系図を見ると、同世代に複数の大兄がいる場合があり、また大兄が即位した例は多くないので、大兄だから王位継承順位が高いとは言えない。敏達・用明・崇峻・推古の四代は、欽明子女の世代内で王位が継承されている。

したがって王位継承には、天皇としての資質（政治力、経済基盤）、王族内での地位・世代を加味し、また群臣《まえつきみ》の支持という要素をふまえて、各后妃所生子生存者の最有力者のなかから、次の天皇が決定されるしくみであったと考えられる（荒木敏夫『日本古代の皇太子』、吉村武彦「古代の王位継承と群臣」）。

祖父押坂彦人大兄の立場

では、天智の祖父で、敏達天皇と最初の皇后広姫との間に生まれた押坂彦人大兄皇子《おしさかのひこひとおおえ》（彦人大兄）の立場はどうであろうか。用明朝に彦人大兄が「太子」であったとする史料もあるが（用明二年〈五八七〉四月丙午条）、上述のような王位継承のあり方、敏達・用明と同世代の王族の拮抗、また、彦人大兄と同世代にも竹田皇子、用明と穴穂部間人皇女《あなほべのはしひと》（穴穂部皇子の姉妹）の間に生まれた厩戸皇子《うまやど》（聖徳太子）などの有力候補者がいたことなどを考慮すると、この「太子」は後代の架上ではないかと思われる。彦人大兄を「皇祖大兄《すめみおやおおえ》」（大化二年〈六四六〉三月壬午条）と称することや、この系統の何人かの王族に「皇祖母《すめみおや》」と記された人物がいるのも、同様の架上表現であろう。

敏達天皇の殯宮《ひんきゅう》は広瀬に設けられたといい（敏達十四年〈五八五〉八月乙亥条）、彦人大兄の宮殿は水派宮《みなまたのみや》、すなわち大和国広瀬郡城戸郷《きのへ》（北葛城郡広陵町大塚）に所在していた（武烈三年〈五〇二〉十一月条に城像《きのかたち》を水派邑に作ったので、城上《きのへ》といったとある）。彦人大兄の墓は広瀬郡の成相墓《ならいのはか》で、広瀬郡に近接する城上郡には田村皇子（舒明天皇）の押坂内陵《おさかのうちのみささぎ》とその陵内に田村皇女の押坂墓（蘇我堅塩媛所生の大伴皇女の押坂内墓も所在）、葛下郡《かずらきのしも》には茅渟王《ちぬのおう》の片《かた》岡《おかのあしたのはか》葦田墓があり（『延喜式』巻二十一諸陵寮）、敏達系王族（敏達天皇の子女のうち、蘇我系以外の人びとをこのように表記して区別する）が広瀬地域に進出していたことがうかがわれる（平林章仁「敏達天皇王統の広瀬郡進出について」）。

これは、広瀬郡の北の平群《へぐり》郡域における蘇我系王族の額田部皇女の「額田」宮や厩戸皇子の斑鳩《いかるが》への進出の先蹤《せんしょう》となるものであり、自らの王統の存立基盤形成に努めていたのであろう。広瀬は、彦人大兄の本拠地である忍坂《おしさか》（押坂）の地からも近く、拠点の拡大にはふさわしい選択であった。

物部守屋殺害

さて、王位継承をめぐる争いに話を戻す。用明が重篤になった段階で、押坂部史毛《おしさかべのふひとけ》屎《くそ》という者から群臣による包囲計画を知らされた物部守屋は、河内の阿都《あと》の別業《べつぎょう》に退去する（用明二年〈五八七〉四月丙午条）。穴穂部皇子擁立を企図した物部守屋側では、中臣勝《なかとみのかつ》海《み》が彦人大兄と竹田皇子の像を作って呪詛したといい、この時点ではともに敏達の子である二人も、有力な王位継承候補者と目されていたらしい。ところが、この呪詛には効果がなかったためか、あるいは守屋側に見切りをつけたためか、中臣勝海は水派宮にいる彦人大兄に帰附しようと、水派宮から退帰するところを、舎人迹見赤檮《とねりとみのいちひ》という者に斬殺されてしまう。

その後、蘇我馬子は、小姉君《おあねぎみ》系の泊瀬部《はつせべ》皇子（崇峻天皇）を筆頭に、竹田・厩戸・難波・春日の諸皇子や、朝廷の有力豪族すべてを味方につけて、激戦の末に物部守屋を討滅し（丁未《ていび》の役、物部守屋討滅事件、物部戦争などとも称する）、崇峻天皇の即位となった（崇峻即位前紀七月条）。

守屋を射殺したのは赤檮であるが、彼が誰の舎人であったのかは明確ではない。水派宮での行為はその動静を監視してのものであり、彦人大兄の舎人ではないことになる。後代の『聖徳太子伝暦《しょうとくたいしでんりゃく》』では、赤檮を厩戸皇子の舎人とし、馬子の命令による勝見殺害を描いている。こうした経緯、また「押坂」を冠する氏姓《うじかばね》をもつ押坂部史毛屎が馬子側の動向を守屋に漏らしたことなどから、彦人大兄は中立、ないしは馬子側から警戒されていた点を加味して、守屋寄りの立場にあったとする見解が呈されている（加藤謙吉『蘇我氏と大和王権』一三八頁）。

押坂彦人大兄の動向

たしかに守屋討伐で馬子側についた諸皇子のなかには、押坂彦人大兄は見えない。しかしながら、中臣勝海が彦人大兄に帰附しようとしたのは、彼が中立ないしは馬子との関係修復を仲介し得る立場にいたためと思われ、必ずしも守屋寄りであったとはいえない。彦人大兄の父敏達は、守屋・勝海の進言を容れて、馬子の仏教崇拝を弾圧していたが（敏達十四年〈五八五〉三月丁巳朔・丙戌条）、馬子は白猪屯倉《しらいのみやけ》増益に活躍するなど、王権の強化に努めており、ことさらに敏達、あるいは敏達系王族と対立していたわけではない。敏達と春日臣仲君《かすがのおみなかつきみ》の女老女子夫人《おみなごのおおとじ》の間に生まれた難波皇子・春日皇子は、守屋討伐に参戦しており、敏達系王族が排除されていたということもないようである。

ただ、父母ともに王族である彦人大兄の立場としては、用明にしろ、穴穂部皇子にしろ、いずれも蘇我系王族であり、彼らの争いには中立の位置を堅持し、飛鳥からも、また本拠地である忍坂宮からも離れて、水派宮に遷居していたのかもしれない。彦人大兄には逆登《さかのぼり》皇女、菟道磯津貝《うじのしつかい》皇女の姉妹があり、菟道皇女（菟道磯津貝皇女か）は「伊勢《いせの》祠《まつり》」に侍っていたところ、池辺《いけべ》皇子に「奸《おか》」されて解任されたといい（敏達七年〈五七八〉三月壬申条）、王権の伊勢神宮奉祀の役割を果たしていたことが知られる。

この池辺皇子は不詳であるが、池辺双槻《なみつき》宮に居していた用明のことだとすれば、斎宮に対する行為なので、「奸」と表現されているものの、二人の間に合意があったとすると、用明とも没交渉ではなかったことになる。また、彦人大兄は、用明の同母姉妹額田部皇女所生の小墾田《おはりだ》皇女とも婚姻関係にあった。

押坂彦人大兄の死没

とはいうものの、物部守屋殺害事件後の押坂彦人大兄の動向は不詳である。上述のように、『本朝皇胤紹運録』の記述には全幅の信頼を置きがたいところがあるが、彦人大兄の子田村皇子は「推古元年癸丑降誕」と記されているので、彦人大兄は推古朝初年には生存していた可能性がある。

崇峻天皇は即位後に馬子との確執が増大し、馬子に弑殺されてしまい、額田部皇女が即位する。この推古女帝—王族の有力者厩戸皇子・大臣蘇我馬子の安定した統治下では、蘇我系王族が王権中枢を握るので、敏達系王族は自ずと疎外され、彦人大兄もほどなく死去したのではないかと思われる。

父田村皇子の立場

田村皇子は、蘇我馬子の女法提郎媛《ほてのいらつめ》や推古所生の田眼《ため》皇女と婚姻を結んでおり、蘇我本宗家《ほんそうけ》・蘇我系王族からも一目置かれる存在であった。『大安寺伽藍縁起《だいあんじがらんえんぎ》 幷《ならびに》流記資財帳《るきしざいちょう》』には、推古三十年（六二二）に死去する厩戸皇子が危篤の際に、推古の指示で田村皇子が飽浪葦墻宮《あくなみのあしがきのみや》に派遣され、厩戸から熊凝寺《くまのごりでら》を付与されたという記述がある。これは、後述する百済大寺《くだらのおおでら》（大安寺《だいあんじ》の前身）造営による天皇家主体の仏教興隆とのつながりを説明するための伝承であると考えられるが、天皇に代わって病気の王・貴族を訪問するのは王族の一つの役割であり、田村皇子の推古朝後半期での活動、王族のなかでの位置や推古との関係を示唆するものとなろう。

田村皇子の出自は上述の通りで、純粋な敏達系王族である。敏達死後から推古即位までの間に、蘇我小姉君系の王族は殺害されてしまい、王位継承可能な王族は絞られていた。推古所生子の竹田皇子の動向は、やはり物部守屋殺害事件以降は不明であり、推古より先に死去したことが知られるのみである（推古三十六年〈六二八〉九月戊子条）。年齢的には厩戸皇子と同じくらいと思われるので、推古朝でまったく活躍していないのは、何らかの支障があったのか、早くに死去したものかと推定される。ここで厩戸皇子が死去すると、巻末系図ⅠのⅢ世代を飛び越えて、Ⅳ世代の田村皇子らの王位継承が浮上してくる。

両親の婚姻事情

蘇我堅塩媛《きたしひめ》系王族の厩戸皇子の子である山背大兄王《やましろのおおえのおう》は、母は蘇我馬子の女刀自古郎女《とじこのいらつめ》で、純粋な蘇我系王族である。年齢は田村皇子よりも下で、異母姉妹の舂米女王《つきしね》（上宮大娘姫王《かみつみやのおおいらつめのみこ》）と結婚しており、後述のように、蘇我本宗家との関係は必ずしも良好ではなかったらしい。彼らは厩戸皇子が築いた斑鳩の地を拠点とし、飛鳥の王宮、蘇我本宗家とは距離を置いていた。そこで、上述の婚姻関係を通じて推古女帝や蘇我本宗家とも親密な田村皇子の存在が注目されてくるわけである。

田村皇子と法提郎媛の間には古人大兄皇子《ふるひとのおおえ》が生まれているが、敏達十四年（五八五）以前の誕生である田眼皇女は、田村皇子よりもかなり年長であったと考えられる（最小で八歳以上年長）。田村皇子が舒明天皇として即位した際の后妃には見えないので（舒明二年〈六三〇〉正月戊寅条）、即位以前に死去していたのであろう。六世紀の皇后はいずれも王族出身で、推古のように王位継承の可能性もあったから、即位が視野に入った田村皇子には、王族出身の嫡妻が必要になるのである（遠藤みどり「女帝即位の歴史的意義」）。

母宝皇女の軌跡

ここで選ばれたのが宝皇女であった。宝皇女は、押坂彦人大兄と大俣王《おおまた》の間に生まれた茅渟王《ちぬのおう》と推古の同母兄弟桜井皇子の女吉備姫王の所生子で、推古二年（五九四）誕生、蘇我系王族の血も引き、推古とも血縁関係にある。すでに蘇我系王族で、用明の孫の高向《たかむこ》王と結婚しており、漢《あや》皇子という子もあったという（斉明即位前紀）。高向王が死去したのか、あるいは田村皇子に王族出身の配偶者が不可欠になり、年齢的にもふさわしいとして、無理やり離別させられたのかは不詳であるが、こうした宝皇女の血筋を考慮すると、田村皇子との婚姻には、推古の介在ないしは許可があったと推定されてくる。

その婚姻時期・契機としては、推古三十年（六二二）の厩戸皇子死去により、Ⅳ世代の王族に王位継承者としての光があたった時点がふさわしく、上述の天智の生誕年、推古三十四年は父母の婚姻時期からも適切であると思われる。『本朝皇胤紹運録』の推古二十二年生誕説は、こうした政治状況からも不審と言わねばならない。ここにはまた、推古三十四年に死去する蘇我馬子の合意・後援も得られていたものと考えられる。

葛城皇子と命名

以上、天智の誕生までの経緯をたどった。上述のように、天智の本名は葛城皇子である。天智より上の世代では、母宝皇女の名は「財部《たからべ》」に由来し、推古は幼名を額田部皇女といい、「額田」宮に居住し、額田部連─額田部による部民制《べみんせい》的資養に由来する名前であったと考えられる。いわゆる名代《なしろ》・子代《こしろ》の部《べ》は王宮とそこに居住する王族の資養に奉仕するものであり、縦割り的な分節構造で各地の豪族配下に部民を設定して、地方

葛城の地との関係

有力豪族を任用した国造《くにのみやつこ》の介在を得ながら、地方からの収取によって王権の子女を養育するしくみであった（森公章「国造制と屯倉制」）。

では、葛城皇子という名前の由来はどうであろうか。葛城は広瀬郡の南に広がる地域で（葛下郡《かずらきのしも》・忍海郡《おしのみ》・葛上郡《かずらきのかみ》）、五世紀には雄族葛城氏の拠点であった（坂靖・青柳泰介『葛城の王都　南郷遺跡群』）。王権による葛城氏解体後は、「葛城」を冠する氏族として、欽明朝に吉備児島屯倉《きびのこじまのみやけ》の田令《たづかい》になった葛城山田直瑞子《かずらきのやまだのあたいみずこ》、物部守屋殺害事件で馬子を支持した葛城臣烏那羅《かずらきのおみおなら》など、蘇我氏とつながりをもつ者が知られる。彼らは葛城国造《かずらきのくにのみやつこ》であった葛城直《かずらきのあたい》（用明天皇の后妃に葛城直磐村の女《むすめ》広子がいる）や葛城県主《かずらきのあがたぬし》の系譜を引く豪族であったと思われる。

馬子はまた、「葛城県《かずらきのあがた》は、元臣《もとやつかれ》が本居《うぶすな》なり」と主張し、倭六県《やまとのむつのあがた》の一つである葛城の地を獲得しようとしている（推古三十二年〈六二四〉十月癸卯朔条）。蘇我氏は葛城氏の祖である武内宿禰《たけしうちのすくね》の後裔氏族であり、葛城氏の傍流ないしは葛城氏没落後に当地を拠点に勃興したものであろう。

一方、後述の乙巳《いっし》の変《へん》で天智＝葛城皇子を助けた人物として、葛木稚犬養連網田《かずらきのわかいぬかいのむらじあみた》の存在が注目され（皇極三年〈六四四〉正月乙亥朔・同四年六月戊申条）、天智も葛城の地とつながりを有していた。それでは、葛城地域に王宮があり、葛城部《かずらきべ》のような部民によって資養されたのかといえば、葛城（木）姓者の分布は越前国坂井郡・江沼郡、備前国邑久郡、讃岐国山田郡、伊予国越智郡・温泉郡（湯評）などに限定され、地名も備前国赤坂郡葛木郷、肥前国三根郡葛木郷があるくらいで、葛城部を統括するような存在も想定しがたい。また、天智は皇祖大兄御名入部《すめみおやおおえみないりべ》、すなわち押坂彦人大兄の忍坂宮を支える刑部《おさかべ》を継承していたことがうかがわれ、こちらの方が主たる経済基盤であったと思われる（薗田香融「皇祖大兄御名入部について」）。

部民制の変革期

ところで、天智の父田村皇子の名前は、母である糠手姫《あらてひめ》皇女の別名田村皇女、あるいはその拠点として想定される「田村宮」に由来すると考えられる。六世紀の王統の祖となる継体《けいたい》天皇は、幼年にして父が死去したので、母振媛《ふりひめ》の本拠地で養育されたという（継体即位前紀）、田村皇子も生誕後ほどなく父押坂彦人大兄が死去したとすると、母田村皇女は自らの拠点で子息の資養に努めたものと思われる。もちろん彦人大兄の忍坂宮の刑部も、田村皇子の経済基盤として利用されたのであろう。

推古朝前後は、皇后や王位継承候補者のための特定の部民として、私部《きさいちべ》や壬生部《みぶべ》が設置されており（敏達六年〈五七七〉二月甲辰朔条、推古十五年〈六〇七〉二月庚辰条）、王位継承可能な王族の範囲が絞られるなかで、特定の地位を保障する新たなしくみが出現していた。『隋《ずい》書《しょ》』倭国伝《わこくでん》に王妻（「雞彌《きみ》」）や太子（「利〈和《わ》〉歌彌多弗利《かみたふり》」）の呼称が記されているのも、倭国なりの制度的整備が反映されていると思われる。
　こうなると、新たな王宮の創設、部民制的資養の新置は難しくなり、田村皇子も当初は王位継承の最有力候補者ではなかったので、自らの資養システムを構築することはできなかったのではあるまいか。

命名の由来と中大兄の語義

　天智の母宝皇女は財部、その弟軽《かる》皇子は軽部《かるべ》による資養が推定されるが、これらは既存の部民の継承によって維持されたのであろう。したがって天智＝葛城皇子の命名は、「葛城宮」のような独自の王宮があったのではなく、雄族葛城氏とは系譜を異にし、葛城に拠点をもつ中小豪族、葛城国造や葛城県主とつながる氏族や葛木稚犬養氏などが乳母として資養を担当したので、乳母の氏族名に依拠した命名法の先蹤と位置づけるべきであると考える（勝浦令子「乳母と皇子女の経済的関係」）。

皇子女の命名方法

　天智の弟大海人皇子（天武天皇）は、その死後の殯宮《ひんきゅう》儀礼において、大海宿禰《おおしあまのすくね》蒭蒲《あらかま》が「壬生事《みぶのこと》」、つまり天皇の幼時のことを回顧し、死者を慕ってその霊に向かって述べる言葉である誄《しのびごと》を奏上したとあるから（朱鳥元年〈六八六〉九月甲子条）、資養氏族に由来する命名であったことが知られる。大海人の子どもたち、高市《たけち》皇子は高市県主（平城京左京三条二坊出土長屋王家木簡に「高市大乳母」が見える）、草壁《くさかべ》皇子は草壁吉士《きし》、磯城《しき》皇子は磯城県主の資養、大海人の妻で天智の女の鸕野讃良《うののさらら》皇女（持統天皇）は娑羅々馬飼造《さらら のうまかいのみやつこ》・菟野《うの》馬飼造の資養に由来するものと目され、これらの資養氏族には天武十三年（六八四）の八色《やくさ》の姓《かばね》制定の際に一定の配慮が示されている（天武十二年十月己未条）。その他、臣下でも中臣（藤原）鎌足の子不比等《ふひと》（史）は、山科《やましな》の田辺史大隅《たなべのふひとおおすみ》らの家で養育されたことによる命名という（『尊卑分脈』藤氏大祖伝不比等伝）。

ただし、大海人と天智の女大田《おおた》皇女との間に生まれた大伯《おおく》皇女は、後述の百済《くだら》救援の出兵で北部九州に向かう途中、吉備の大伯海《おおくのうみ》で誕生したことによる命名であり（斉明七年〈六六一〉正月甲寅条）、その弟大津皇子も筑紫の那大津《なのおおつ》での生誕に由来すると思われるので、そうした命名方法もあったことになる。

この部民制の変容期に生誕した天智が、六世紀以来の国制をどのように変革していくのか。また、蘇我本宗家と競合する葛城や嶋の地を有する存在として、その歴史的使命がどのように遂行されていくのかは、以下の章節で考えてみたい。

中大兄の呼称

この天智＝葛城皇子は、中大兄皇子という呼称の方がよく知られている。大兄は同母所生子のなかの長子を示すもので（荒谷晶夫「六・七世紀にみえる大兄の一考察」）、田村皇子と宝皇女の所生子では、彼が長子であることはまちがいない。「中」には二番目の意味があるから（大平聡「「中皇命」と「仲天皇」」）、田村皇子と蘇我法提郎媛《ほてのいらつめ》所生の古人大兄皇子に次ぐ、二番目の大兄の含意であったと見なされる。以下、天智天皇として即位するまでの叙述には、このもっとも人口に膾炙《かいしゃ》する中大兄皇子の名前を用いることにしたい。

なお、『万葉集』巻一第一三番歌題詞には「中大兄」とのみあり、皇子の語はない。この点については、『日本書紀』でも山背大兄王、また中大兄皇子にもそうした用例があること、大兄制の存否に関しては上述の通りであるが、現実に大兄を称する皇子が天皇になると、大兄は皇太子に準ずる地位を示す名称と意識されるようになり、「大兄」の名称自体が敬称を含むと考えられるようになったことが指摘されている（直木孝次郎「中大兄の名称をめぐる諸問題」）。

同母・異母の兄弟姉妹

中大兄の同母兄弟姉妹には、間人《はしひと》皇女（孝徳天皇の皇后）と大海人皇子（天武天皇）がいる。『日本書紀』で舒明天皇の后妃・子女を記した箇所にもこの順で掲げられており（舒明二年正月戊寅条）、この出生順であったと解される。『万葉集』巻一第一三番歌題詞の「中皇命」をナカツミコノミコトと読み、中皇子＝中大兄とする説も呈されているが（東野治之「長屋王家木簡からみた古代皇族の称号」）、ここには間人連老《はしひとのむらじおゆ》という者が介在しており、「中」を二番目の意味とすれば、読み方はその通りであっても、やはり男女を問わず、二番名の皇子（皇女）の謂《いい》で、間人皇女を指すものと考えたい。この三人の同母兄弟姉妹の年齢推定は上述の通りである。

その他、『日本書紀』では異母兄弟として、蘇我馬子の女《むすめ》法提郎媛所生の古人大兄皇子、吉備の蚊屋采女《かやのうねめ》所生の蚊屋皇子がいたことが知られる。宝皇女との婚姻事情・時期、采女など出自の低い女性との婚姻のあり方を考慮すると、この二人の皇子は中大兄よりも年長であったと見られる。

このほかに、『帝王編年記』には、法提郎媛所生として布敷《ぬのし》皇女、粟田臣《あわたのおみ》鈴子の女《むすめ》香櫛娘《かぐしのいらつめ》（狭々浪《ささなみ》娘）との間に押坂皇女、系譜不明の手坏《てつき》娘との間に箭田《やた》皇女がいたとあるが、実否は保留しておきたい（巻末系図Ⅰには掲載）。

二　舒明朝と中大兄の登場

即位時の紛争

推古三十六年（六二八）三月七日に、推古女帝が七十五歳で崩御した。すでに推古三十年（六二二）（『日本書紀』では推古二十九年、法隆寺金堂釈迦三尊像光背銘《ほうりゅうじこんどうしゃかさんぞんぞうこうはいめい》による）には厩戸《うまやど》皇子、三十四年（六二六）には大臣蘇我馬子《おおおみそがのうまこ》が薨去しており、東アジア諸国が隋・唐の興起、朝鮮三国の対立激化の動乱の時代を迎えるなかで、倭国の長期にわたる安定を支えた構造が変化を余儀なくされることになる。

推古の長期在位のなか、竹田《たけだ》皇子、押坂彦人大兄《おしさかのひこひとおおえ》、厩戸皇子らの世代の王位継承候補者は死去してしまい、次の世代の人びとが王位継承候補者になっていた。馬子の下で統制されていた蘇我氏も、世代交代の時期を迎えており、中大兄の父田村皇子が舒明《じょめい》天皇として即位するに際しては、紆余曲折が待っていたのである（門脇禎二「舒明天皇即位時紛争事件」、遠山美都男「舒明即位前紛争の一考察」）。

反対派の動向

『日本書紀』舒明即位前紀には次のような紛争が描かれている。馬子の子、大臣蘇我蝦夷《えみし》の邸宅で阿倍臣麻呂《あべのおみまろ》を議長にして群臣《まえつきみ》会議が開かれた時、推古は田村に「天下《あめのした》は大任《おおきなるよさし》なり。本《もと》より輙《たやす》く言ふものに非ず。爾《なんじ》田村皇子、慎みて察《あきらか》にせよ。緩《おこた》らむこと不可《まな》」（軽率に国政の将来を言うものではない。これからは、お前田村皇子は慎重に発言せよ。怠ってはならない）、厩戸皇子の子山背大兄王に「汝《いまし》、独り莫諠譁《なとよ》きそ。必ず群言《まえつきみたちのこと》に従ひて、慎みて違《たが》ふな」（お前はまだ未熟である。それゆえ、あれこれ言ってはならない。必ず群臣の言葉に従うがよい）と遺言したと発表された。この遺詔の内容は、田村にやや有利の観があり、推古の病床に呼ばれたのも田村、山背の順であったという。

しかし、会議の後日に、山背大兄王からは「汝肝稚《いましきもわか》しと雖《いえど》も、慎みて言へ」（お前はまだ未熟ではあるが、よく注意して発言せよ）と聞いたという異論が呈される。こちらだと、山背の可能性も皆無ではないし、事実山背自身はこの言葉を聞き、胸躍り心喜んで、どうしようもなかったといい、皇位継承者の自覚を高めていた。

群臣会議も紛糾し、大伴連鯨《おおとものむらじくじら》・采女臣摩礼志《うねめのおみまれし》・高向臣宇摩《たかむこのおみうま》・中臣連弥気《なかとみのむらじみけ》

（御食子《みけこ》）・難波吉士身刺《なにわのきしむさし》は田村即位、許勢臣大麻呂《こせのおみおおまろ》・佐伯連東人《さえきのむらじあづまひと》・紀臣塩手《きのおみしおて》は山背支持と、意見が分かれてしまう。

この案件では蘇我氏一族も分裂している。蘇我倉麻呂（蘇我倉山田石川麻呂《そがのくらのやまだのいしかわまろ》の父雄当《おまさ》か）は態度を保留し、この会議開催以前に打診を受けた境部臣摩理勢《さかいべのおみまりせ》（馬子の弟か）は元来厩戸皇子と親しかったためか、山背即位を主張したという。その他、桜井臣《さくらいのおみ》は山背支持、河辺臣《かわべのおみ》・小墾田臣《おはりだのおみ》は態度不明であった。

蘇我蝦夷の支持

山背は自分の聞いた遺詔《いしょう》の内容を正確に伝えようとして、蘇我蝦夷《えみし》の下に使者を派遣するが、蝦夷は病を理由に対面を避ける。蝦夷は阿倍臣・中臣連・河辺臣・小墾田臣・大伴連を山背のところに派遣し、推古の遺詔（群臣会議で発表したものであろう）に従うのみである旨を告げたという。このころには河辺臣・小墾田臣も蝦夷側にいたのであろう。蝦夷はまた、阿倍臣・中臣連を摩理勢のところに遣し、再度天皇位に相応しい人物を尋ねたが、摩理勢はすでに返答済みであるとして、この詰問《きつもん》に大いに怒りを示す。

この時に、蘇我氏一族は馬子の墓を築造していたが、摩理勢は造営作業への協力を放棄し、蘇我田家《そがのなりどころ》に退居してしまう。蝦夷はこれを口実に摩理勢討伐に乗り出す。逃げ場を失った摩理勢は、斑鳩《いかるが》の上宮王家《じょうぐうおうけ》を頼ろうとするが、兵乱を好まない山背が庇護を断ったので、ついに蝦夷の軍勢に殺害されてしまう。

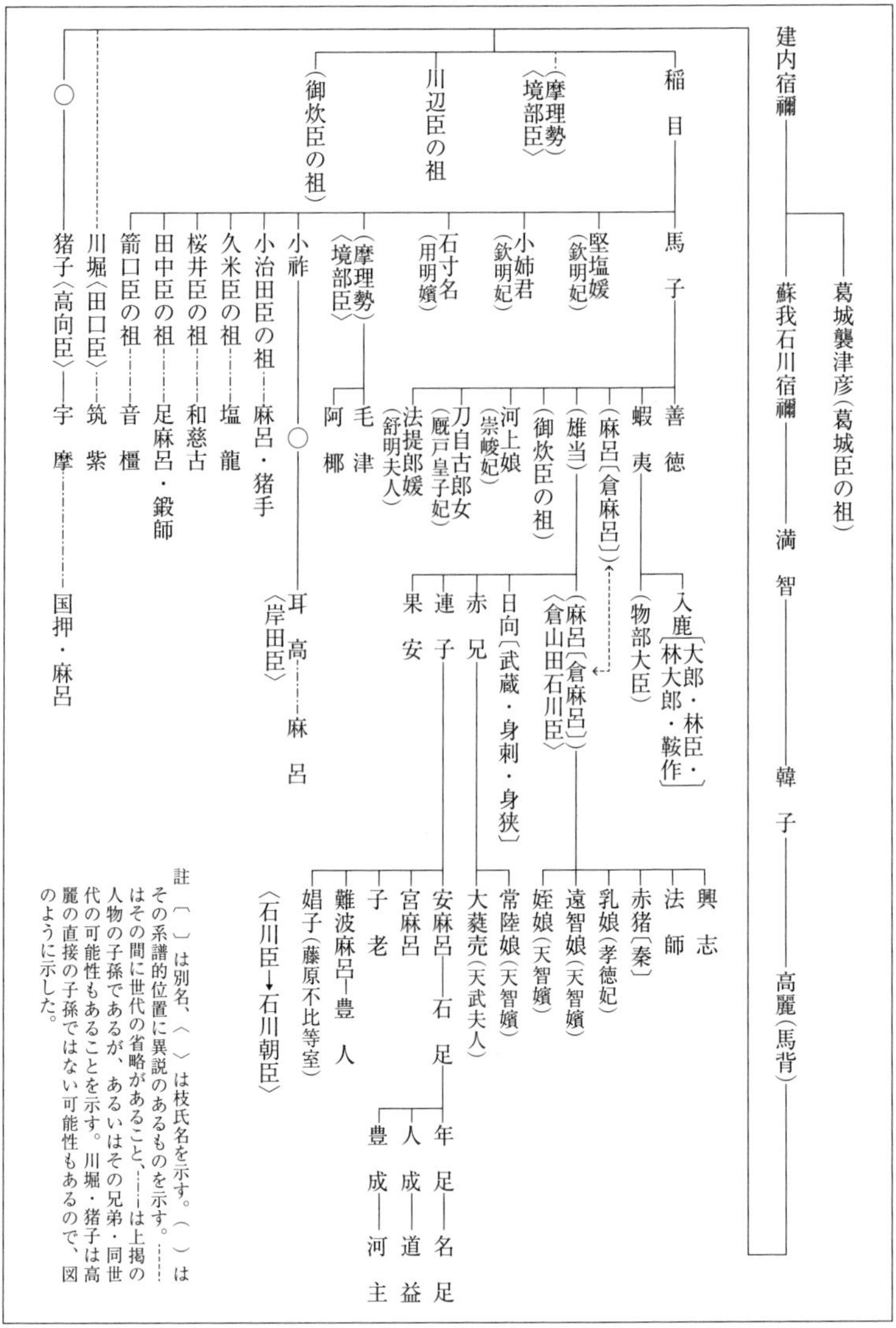

建内宿禰
葛城襲津彦〈葛城臣の祖〉
蘇我石川宿禰
満智
韓子
高麗（馬背）
稲目
〈摩理勢〉〈境部臣〉
川辺臣の祖
〈御炊臣の祖〉
馬子
堅塩媛（欽明妃）
小姉君（欽明妃）
石寸名（用明嬪）
〈摩理勢〉〈境部臣〉
小祚
小治田臣の祖
久米臣の祖
桜井臣の祖
田中臣の祖
箭口臣の祖
川堀〈田口臣〉
猪子〈高向臣〉
善徳
蝦夷
〈麻呂〈倉麻呂〉〉
（雄当）
〈御炊臣の祖〉
河上娘（崇峻妃）
刀自古郎女（厩戸皇子妃）
法提郎媛（舒明夫人）
毛津
阿椰
麻呂・猪手
塩龍
和慈古
足麻呂・鍛師
音檀
筑紫
宇摩
国押・麻呂
耳高〈岸田臣〉
麻呂
入鹿〔大郎・林大郎・林臣・鞍作〕
（物部大臣）
〈麻呂〈倉麻呂〉〉〈倉山田石川臣〉
日向〔武蔵・身刺・身狭〕
赤兄
連子
果安
興志
法師
赤猪〔秦〕
乳娘（孝徳妃）
遠智娘（天智嬪）
姪娘（天智嬪）
常陸娘（天智嬪）
大蕤売（天武夫人）
安麻呂―石足
宮麻呂
子老
難波麻呂―豊人
娼子（藤原不比等室）
〈石川臣→石川朝臣〉
年足―名足
人成―道益
豊成―河主
註　〔　〕は別名、〈　〉は枝氏名を示す。（　）はその系譜的位置に異説のあるものを示す。……は上掲の人物の間に世代の省略があること、あるいはその兄弟・同世代の可能性もあることを示す。川堀・猪子は高麗の直接の子孫ではない可能性もあるので、図のように示した。

蘇我氏系図

こうしてようやく田村皇子が即位、舒明朝が始まるのである。一連の過程では蘇我蝦夷の指導力・政治力の不足が露呈されたとも言えるが、山背支持派を武力で抑える形で決着をつけたのは、強権発動でもあった。蝦夷が舒明即位を支持したのは、年齢が山背より上と目されることとともに（『扶桑略記』『一代要記』によると、即位時は三十七歳）、やはり上述のように蘇我氏の血筋を引く古人大兄皇子が生まれていたので、次の世代では敏達《びだつ》系王族と蘇我系王族を統合することが期待できた点も大きかったと考えられる。

舒明即位の背景

そして、後述する上宮王家討滅事件を併考すると、厩戸皇子の時代から蘇我氏の本拠地飛鳥を離れて、斑鳩に新たな拠点を築きつつあった山背大兄王らとは、徐々に隔意が生じつつあったことも推定される。舒明は当初飛鳥岡本宮《あすかおかもとのみや》に宮室を定めており、当地はまさしく蘇我氏が築いた飛鳥の中心であり、舒明即位の背景を象徴している。

南島との通交と遣唐使派遣

舒明朝の政治としては、まず舒明元年（六二九）に田部連《たべのむらじ》を掖玖《やく》に派遣している。これは、推古朝の掖玖人《やくびと》来着（推古二十四年〈六一六〉三月・五月、同二十八年八月条）を受けたものであり（山里純一『古代日本と南島の交流』）、朝鮮三国との通交が維持されている点も、推古朝の外交政策を引き継いでいたことを示す。

舒明二年に第一回遣唐使《けんとうし》犬上御田鍬《いぬかみのみたすき》らを派遣したのは、すでに推古朝末年に帰朝した遣隋留学生らが、その他の人びとも学業を大成しているので、呼び戻すべきであること、また新興の唐は律令体制が整備された国家なので、通交すべきことなどを進言していたのに応えたもので（推古三十一年〈六二三〉七月条）、東アジア諸国では一番最後となったが（高句麗《こうくり》《コグリヨ》は六一八年、百済《くだら》《ペクチエ》・新羅《しらぎ》《シルラ》は六二一年に遣使）、やはり推古朝以来の外交課題を推進する方策であった。

唐使との紛擾

当時、倭国と称した我が国の遣唐使は、翌年に唐朝廷に到着、太宗《たいそう》皇帝との面見を果たしている。遣唐使の帰朝、遣隋留学生僧旻《そうみん》らの帰国に際して、唐は高表仁《こうひょうじん》という者を倭国に派遣していた。しかし、高表仁には外交交渉能力に欠如するところがあり、「王」と礼を争って使命を遂げずに帰還したと評されており（『旧唐書』倭国伝は「王子」。「王」は『新唐書』日本伝・『唐暦』などによる）、紛擾《ふんじょう》が起きている。唐・太宗は倭国が僻遠の地にあるのを考慮して、歳貢《さいこう》（毎年の朝貢《ちょうこう》）を免除したというが、これは倭国が唐の冊封《さくほう》（中国皇帝を頂点とする君臣関係）下に入ることを前提とする措置であるから、倭国はそれを拒否したものと思われる。

『日本書紀』は唐使《とうし》が難波《なにわ》まで来たことは記すが、二ヵ月後に突然帰国記事が現れるので（舒明四年〈六三二〉十月甲寅条、五年正月甲辰条）、この間に何事かがあったことがうかがわれる。倭国は、隋代にも冊封は受けていないから、唐に対する外交路線は朝廷全体の方策として、推古朝以来のものであったと見られる。

なお、この点に関連して、倭国が遣唐使を派遣する直前に、高句麗・百済使が揃って到来していることが注意される。朝鮮三国の状況は後述したいが、この使節は倭国の対唐外交に何らかの牽制を試みたものと推定され、唐使の来倭には新羅の送使が同行したことと合せて、倭国が唐・新羅側ではなく、結局のところ百済・高句麗側につくのは、この時期からの工作の影響も考慮しておきたい。

綱紀粛正

舒明八年（六三六）六月には岡本宮に火災があり、天皇は田中宮《たなかのみや》に遷居した。それに先立って三月には、采女《うねめ》への奸通者を処罰する旨を令しており、実際に三輪君小鷦鷯《みわのきみおさざき》という者は取り調べを苦として頸を刺して死んでしまったというから、宮廷内の風紀が乱れていたのであろう。三輪氏には、敏達死後の皇位継承をめぐる争いの際に、敏達の殯宮に籠もる炊屋姫《かしきやひめ》皇后（推古）に乱暴しようとした穴穂部《あなほべ》皇子を妨害した三輪君逆《さかし》、後述の上宮王家討滅事件で山背大兄王に近侍していたことが知られる三輪君文屋《ふみや》などのように、天皇・王族と密接な関係を築き、「寵臣」として宮室深くに出入りする者がいたので、そのような仕儀に陥ることもあったと考えられる（鈴木正信『大神氏の研究』）。

七月になると、敏達系王族の大派王《おおまた》が朝参《ちょうさん》の時刻厳守を提案した。これは卯始（午前五時）に出仕、巳後（午前十一時）に退朝するというしくみで、鐘を鳴らして時刻を告げるというもので、時刻制度に基づき、時間を管理しようとする企図に出ている。しかし、大臣蘇我蝦夷はこれに反対したといい、実現できなかった。ここには、天皇家と蘇我氏の政策意図に乖離の芽が生じつつあったことがうかがわれる。

百済大寺の造営

舒明十一年（六三九）七月、天皇は百済川のほとりに百済宮《くだらのみや》と百済大寺《くだらのおおでら》を造営しようとする。これらの所在地は長らく論争があったが、現在では奈良県桜井市吉備の吉備池廃寺《きびいけはいじ》が百済大寺であることが判明しており（奈良文化財研究所『大和吉備池廃寺』）、百済宮もその近辺にあったと考えられている。造営を担当した大匠《おおたくみ》は、蘇我氏に従う東漢氏《やまとのあやうじ》の書直《ふみのあたい》県《あがた》であったというが、当地は、推古朝に始まる蘇我氏の飛鳥の都からは離れた場所に位置する。天皇には蘇我氏からの自立の意図があったのではないか、と言われる所以である。

百済大寺は塔を西、金堂を東に置く一塔一金堂形式で、法隆寺式伽藍《がらん》配置の最古例となる。塔・金堂ともに飛鳥時代の寺院のなかでは最大で、一辺三二《メートル》の塔基壇は蘇我氏が建立した飛鳥寺《あすかでら》の塔（一辺一二《メートル》）をはるかに凌ぐ規模、九重塔（舒明十一年十二月是月条）であった。

この時期、東アジアでは五一六年に創建された北魏洛陽《ほくぎらくよう》の永寧寺《えいねいじ》九重塔を筆頭に、各国の君主やその近親者が巨大な木塔を建立する風潮があった。百済では六三九年に益山《イクサン》弥勒寺が創建されており、新羅でも六四五年ないしは六四六年に完成する皇龍寺《こうりゅうじ》九重

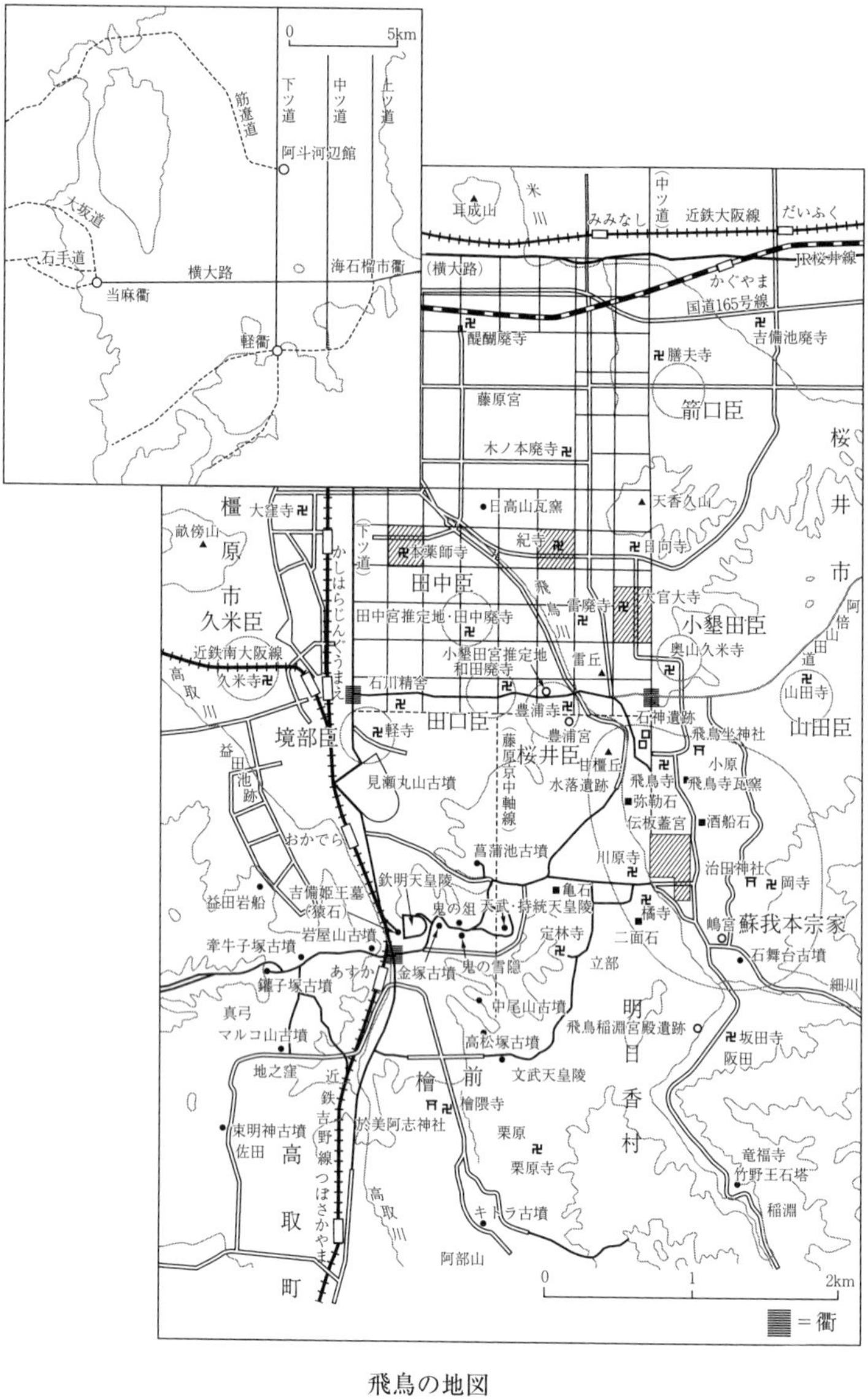

飛鳥の地図

森公章編『日本の時代史』3（吉川弘文館，2002年）17頁をもとに作図.

新知識と権力の掌握

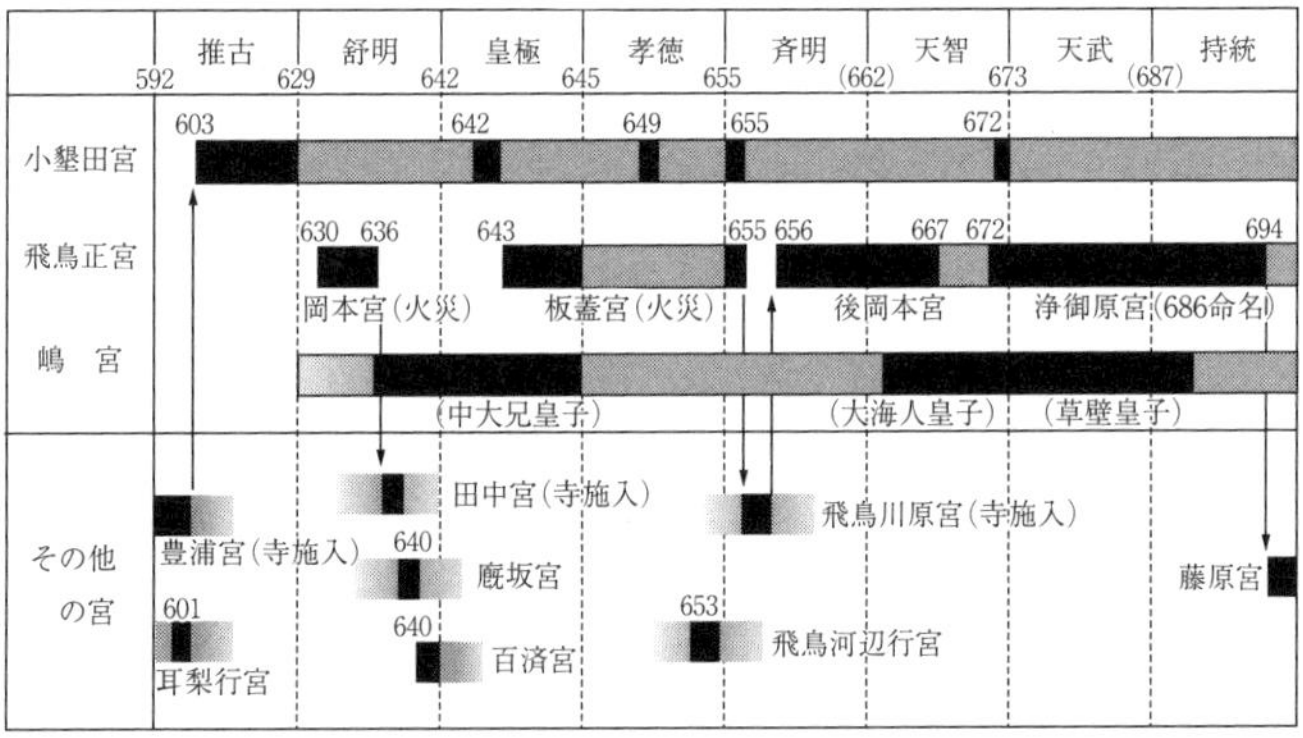

飛鳥の宮殿と天皇の正宮

黒色は宮室としての使用がわかる時期，灰色は宮室としての使用は不明であるが，存続していたことがわかる時期を示す．
小澤毅『日本古代宮都構造の研究』（青木書店，2003年）75頁をもとに作図．

塔が造営中であったと思われる。これらは国の内外に威容を示すとともに、鎮護国家のための装置としての性格が強いが、倭国ではこのころに続々と帰朝してきた遣隋留学者が伝えた国際的な動向に刺激を受けたことが、造営着手の要因になったのであろう。

こうした先進知識・国際情勢の掌握は、いちはやく仏教受容を表明し、東漢氏などの渡来系氏族を配下に置いていた蘇我本宗《ほんそう》家《け》の独壇場であったが、推古朝末期から帰朝する遣隋留学者は朝廷に帰属したようである。

僧旻《そうみん》は流星を模して人を驚かせる天狗の存在を指摘しており（舒明九年〈六三七〉二月戊寅条）、恵隠《えおん》は早速に無量寿経《むりようじゆきよう》を講説している（同十二年五月辛丑条）。この無量寿経講説の後に百済宮に遷居したのは（同十二年十月是月条）、後代に難波《なにわ》長柄《ながら》豊碕宮《とよさきのみや》に関する恵隠による無重寿経講説（白雉三年〈六五二〉四月壬寅条）、それに続く難波宮《なにわのみや》の完成記事（同年九月条）と同型であり、こうした宮室完成に随伴する法会《ほうえ》の先蹤《せんしょう》としても注目される。

百済大寺は天皇家による造寺の初例であり、仏教興隆の面でも天皇家の主体性を示そうとしたものと思われる。また、宮・寺造営にはクニ単位の賦課がなされたことが知られ（皇極元年〈六四二〉九月乙卯条）、従来の縦割り的・分節的な部民制《べみんせい》支配を超越する天皇の徴発権が執行されている点にも着目したい。

やや説話的内容であるが、舒明九年〈六三七〉には蝦夷《えみし》が朝貢して来なかったので、大仁《だいにん》上毛野君形名《かみつけののきみかたな》を将軍として討伐させたという。この時、形名はいったん蝦夷に敗れるが、妻が形名を鼓舞し、策略を示してくれたので、蝦夷を撃退することができたと記されている。上述の南島方面とともに、北方への版図拡大の企図をうかがわせるものとなる。

そして、『万葉集』巻一—二番歌には、「天皇、香具山《かぐやま》に登りて望国《くにをのぞみ》したまふ時の御《ぎょ》製歌《せいのうた》」として、次の歌が掲げられている。

大和《やまと》には　群山《むらやま》あれど　とりよろふ　天《あめ》の香具山　登り立ち　国見《くにみ》をすれば　国原《くにはら》は
煙《けぶり》立ち立つ　海原《うなばら》は　かまめ立ち立つ　うまし国　あきづ島　大和国は

（大和には多くの山があるが、とくに頼もしい天の香具山に登り立って国見をすると、広い平野にはかまどの煙があちこちから立ち上っている。広い水面にはかもめが盛んに飛び立っている。ほんとうによい国だね、この大和の国は）

国見は帝王・為政者が高所に登り、四方を観望し国の形勢を判断する政治的行事で、元来は五穀豊穣を予祝《よしゅく》するための宗教的行為であったとされるが、ここには倭国の支配者としての天皇の自覚・意識が反映されていると思われる。

舒明朝は、天皇家が独自の権力掌握を志向しはじめた時期と考えられる。これは蘇我氏と婚姻関係を有するとはいえ、敏達系王族の舒明だからこそ、表出することができたのであろう。

殯宮での誄

舒明十三年（六四一）十月九日、百済宮に移徙《いし》してから一年ほどで、舒明天皇は崩御する。この時に宮の北に殯宮《ひんきゅう》を造営したといい、これを「百済大殯《くだらのおおもがり》」と称した。中大兄は時に十六歳で、死者を慕ってその霊に向かって述べる言葉である誄《しのびごと》を奉っており、これが中大兄の公的な場への初登場である。『日本書紀』は「東宮《もうけのきみ》開別《ひらかすわけの》皇子《みこ》」と記すが、第一節の冒頭で触れたように、この時点で彼が東宮＝皇太子《ひつぎのみこ》であったということは自明な事柄ではなく、追記と考えられる。

なお、舒明天皇の殯宮儀礼は皇極元年（六四二）まで続き、十二月十三日に小徳《しょうとく》巨勢臣徳《こせのおみとこ》太《だ》（徳陀）が大派王《おおまた》の代わりに、小徳粟田臣細目《あわたのおみほそめ》が軽皇子《かる》に代わって誄を奏上し、大臣蘇我蝦夷《そがのえみし》に代わっては小徳大伴連馬飼《おおとものむらじうまかい》が誄を奏った。十四日には、息長山田公《おきながのやまだのきみ》が日嗣《ひつぎ》（歴代天皇が位についた次第、皇祖等之騰極次第）を奏上、これで殯宮儀礼は終了し、二十一日に滑谷岡《なめはざまのおか》（奈良県高市郡明日香村冬野）に天皇を埋葬している。その後、皇極二年九月に押坂陵（延喜諸陵式の大和国城上郡の押坂内陵）に改葬したといい、この舒明天皇の子孫が以後の皇位を継承していくだけに、喪葬儀礼の詳細が残されたものと思われる。

三　東アジア情勢の画期と皇極朝

母の即位

舒明天皇《じょめい》の次に即位したのは、中大兄らの母である宝皇女《たから》で、皇極天皇《こうぎょく》となった。これまでの皇位継承のあり方から考えると、この時点で十六歳の中大兄は皇位継承候補者にはなり得ない。そうすると、舒明の同世代からということになるが、舒明即位時に「肝稚《きもわかし》」（未熟だ）と称された山背大兄王《やましろのおおえ》は、年齢を重ねて相応の年格好になっていたと思われるものの、かつて山背即位に反対した人びとも多くいたので、群臣《まえつきみ》の支持という条件には欠けるところがあった。

宝皇女の系譜は上述したところであるが、舒明との婚姻により、この世代に格上げされていたと思われる。敏達《びだつ》系王族と蘇我系王族を結節する位置にあり、前皇后としての経験や、即位前紀に「古《いにしえ》の道に順考《かむが》へて、政《まつりごと》をしたまふ」と評される安定感に期待され、即位に至ったのであろう。また、女帝即位は推古に次ぐものである。推古朝には女帝―王族の代表者厩戸王と群臣の代表者（大臣）蘇我馬子という権力核の下に、四〇年近くの安定した統治が続いたので、舒明朝のいくつかのさざ波に鑑みて、女帝の下で王族の有力者や中央有力豪族が協業して権力集中を実現するという型（女王分権型）に期待するところがあったのかもしれない。

ただし今回は、蘇我本宗家《ほんそうけ》と上宮王家《じょうぐうおうけ》には対立・齟齬《そご》の要素が伏在しており、王族のなかに蘇我本宗家を積極的に支える存在がいないという相違点があった。敏達系王族のなかでは、宝皇女の同母弟軽《かる》皇子がいたが、彼は父茅渟《ちぬ》王の茅渟宮を継承し、和泉方面にあって茅渟宮を拠点として、飛鳥の都とは距離をとり、蘇我系王族と蘇我本宗家の関係の行方を静観していたようである。

東アジアにおける六四二年

皇極女帝が即位した六四二年は、このの ち六六〇年の唐・新羅《しらぎ》《シルラ》による百済《くだら》《ペクチェ》滅亡、六六三年の白村江《はくそんこう》戦における百済遺民《いみん》・倭国の大敗北、六六八年の高句麗《こうくり》《コグリョ》滅亡へと展開し、その後朝鮮半島全体の植民地化を図る唐と新羅の間に戦争が始まり、六七六年に至り新羅による半島統一（統一新羅の成立）に帰着する、東アジア国際情勢の画期となる年であ

百済王子豊璋の来倭

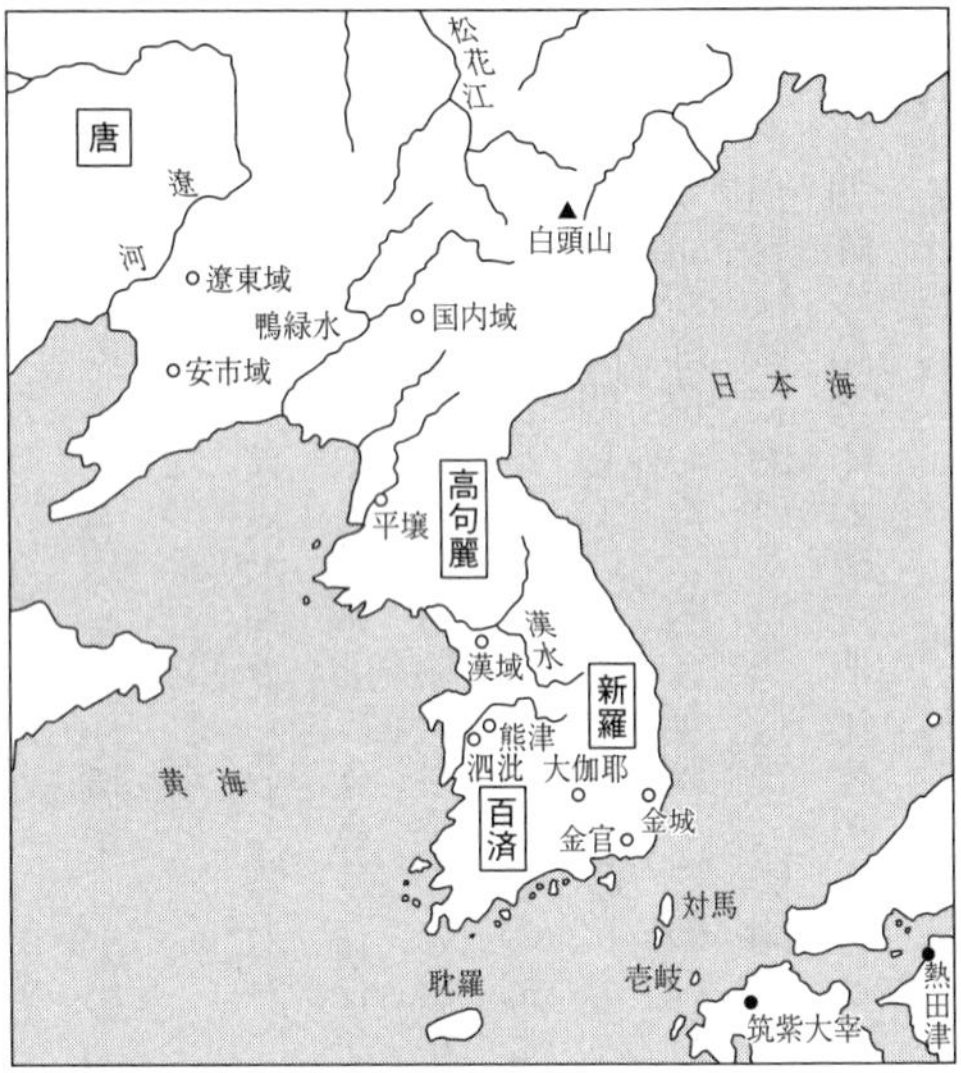

7世紀の東アジア
森公章編『日本の時代史』3，31頁をもとに作図.

った。

まず百済では、前年に即位した義慈王《ぎじおう》《ウイジヤワン》（在位六四一～六六〇年）が自ら兵を率いて新羅に侵攻し、五六二年に新羅が併合した加耶《かや》地域の四〇余城を奪取した。百済はさらに高句麗と和親し、六四三年十一月には党項城《とうこうじょう》（京畿道華城郡西新面尚安里）を取り、旧都漢城の故地周辺を奪回しようとしたため、新羅の善徳女王《ソンドクニヨワン》（在位六三二～六四七年）が唐に救援を請い、攻撃は中止された。しかし、百済は東部・北部の失地回復を企て、新羅への侵攻を激化する。

義慈王は、国内でも国王を中心とする専制体制を築こうとしたらしく（この権力集中方式を国王専制型と称する）、六四二年に太子であった豊璋《ほうしよう》《プンジヤン》（翹岐《ぎようき》、糺解《くげ》とも）を倭国に「質《ち》」として派遣しており、そこには反対派を倭国に追放して預ってもらうという形で処理された何らかの政変の存在が推測される（皇極元年〈六四二〉二月戊子条）。

六四四年には王子隆が太子になっており（『三国史記』百済本紀義慈王四年正月条）、百済滅亡時に「百済王の夫人が政治に介入し、忠臣を処罰したためにこのような仕儀に至った」と評される異常事態も示唆されている（斉明六年〈六六〇〉七月乙卯条分註所引高麗沙門道顕日本世記、大唐平百済国碑銘）。

なお、豊璋は六四二年に、三輪山《みわやま》で蜜蜂を放養しようとしたが失敗したという伝承があることから（皇極二年是歳条）、飛鳥近辺で暮らしていたと推定される。あるいは中大兄ら倭国の王族たちとも交流する日々であったのかもしれない。

高句麗でも政変

高句麗で国王の弑殺と泉《せん》《チョン》（淵《ヨン》）蓋蘇文《がいそぶん》《ゲソムン》による専制政治が確立するのが、同じく六四二年十月である。蓋蘇文の父は、高句麗の王都の支配者集団の五区分組織である五部のうちの西部（東部とする史料もある）出身の大人《たいじん》で、軍事・政治の実権を掌る要職である大対盧《だいたいろ》の地位に就いていた。父の死後、蓋蘇文が大対盧になろうとしたところ、貴族たちはその暴虐な性格を嫌って、賛成しなかったという。蓋蘇文は貴族たちに詫びて、不都合があったら罷免になっても構わないという条件で大対盧になったが、やはり諸貴族の反感を買い、貴族たちは彼を対唐防衛（高句麗は六三一年ころから唐と対立関係にあった）のための長城の労役監督に派遣して、王都から遠ざけ、これを殺害しようとした。

　しかし、蓋蘇文は先手を打って、栄留王《ヨンニュワン》（在位六一八～六四二年）と反対派の貴族一〇〇人以上を殺害し、宝臧王《ボジャワン》（在位六四二～六六八年。栄留王の弟または弟の子）を擁立して、自らは莫離支《まくりし》《マンニジ》（大対盧）と称し、高句麗の国政を専断することになった（この権力集中方式を権臣専制型と称する）。それは一面では、高句麗の国家体制強化を実現したと言える。唐・太宗《たいそう》がはじめた高句麗征討を、六四五年、六四八年と撃退し、六五五年に高宗《こうそう》が再開した征討も、蓋蘇文の生存中は成功せず、彼の死後、子息の兄弟争いという内部分裂を待って、六六八年にようやく高句麗滅亡に至る。四半世紀に及ぶ唐との戦争が可能になったのは、蓋蘇文の手腕によるところが大きい。

　このように百済・高句麗で専制権力の確立・戦争遂行可能な国家体制が整備されるなか、六世紀代には加耶地域を併呑するなど大発展を遂げた新羅は、この時期、停滞状態に陥っていた。六四二年当時の新羅王は善徳《ソンドク》女王で、次いで真徳《チンドク》女王（在位六四七～六五四年）の治世が続く。女王だから国が治まらないというわけではないが、男王を立てることができなかった背景には、真平《チンピョン》王（在位五七九～六三二年）代における守勢への転換や、この系統の王族の減少（善徳女王は真平王の女であるが、真徳女王は真平王の母方の叔父にあたる国飯《クンバン》葛文《カルムン》王の女）など、やはり王権弱体化の問題があったと考えられ、女王の下で王族・貴族が政治を支える体制（女王分権型）になっていた。六世紀の新羅は、北部にも領土を拡大していたので、この時期には高句麗からも失地回復の攻撃を被ることになる。

そこで、新羅は六四三年九月に唐に遣使して、百済・高句麗の領土侵犯を訴え、救援を求めた。唐は六三〇年に突厥《とっけつ》《チュルク》の頡利可汗《きつりかかん》を撃破し、六三五年には吐谷渾《とよくこん》を討伐、六四〇年に高昌《こうしょう》国の平定、六四一年には吐蕃《とばん》に公主を降嫁するなど、北方・西方の問題を片づけて、これらの方面での安寧を確立していた。

したがって、ちょうどこのころから東方に目を向ける余裕ができており、唐が半島情勢に介入することが可能になったという点でも、六四二年は大きな画期となる年であったと言えよう。

蘇我入鹿の専横

倭国では皇極女帝の下、蘇我蝦夷《えみし》・入鹿《いるか》父子、とくに入鹿の専横《せんおう》が著しくなったと伝えられており、「盗賊でさえも道に落ちている物を拾わない」という有様であった。推古朝や新羅などの権力構造とは異なり、王族の参画は見あたらない。皇極元年（六四二）、大臣蘇我蝦夷は、来朝した百済王子（翹岐《ぎょうき》＝豊璋）と畝傍《うねび》家で対語している（四月乙未条）。

また、この年は旱魃《かんばつ》で、村々祝部《はふりべ》が殺牛祭神を行っても効果がなく、蝦夷が寺々に経典転読を命じ、飛鳥寺で大雲経《だいうんきょう》を読ませ、自ら香爐《こうろ》を執って焼香発願《ほつがん》したところ、微雨があったが、次いで天皇が南淵河上《みなぶちのかわかみ》で四方を跪拝《きはい》すると、大雨が降ったという話も伝えられている（七月戊寅・庚辰・壬午条、八月甲申朔条）。天皇の権威に対抗する蘇我氏という構図である。

その他、推古朝に、馬子が「本居《うぶすな》」として賜与を求めていた葛城県《かずらきのあがた》（推古三十二年〈六二四〉十月癸卯朔条）に祖廟を立てて、中国では天子にしか許されない八佾之舞《やつらのまい》を挙行したという。また「挙国之民幷百八十部曲《くにこぞるおおみたからあはせてももあまりやそかきのたみ》」を徴発して、自分たち父子のために今来《いまき》の双墓《ならびばか》を造営し、蝦夷の墓を大陵《おおみさざぎ》、入鹿の墓を小陵《こみささぎ》と称している（皇極元年〈六四二〉是歳条）。これらは、乙巳《いっし》の変《へん》につながる予告的記事として掲載された可能性もあるが、蘇我本宗家が、天皇の外交権や祭祀・呪術力、あるいは徴発権を行使しようとしていたのは確かであろう。

ただし、百済王子との対面に関しては、百済使に大臣・群臣宛の調《みつき》がないことを問責した記事が知られ（皇極元年七月辛亥条）、政務を取り仕切る大臣である以上、外交の表舞台に立つのは当然とも言える（佐藤信「古代の「大臣外交」についての一考察」）。旱魃への対処も同様であり、一連の記述は、むしろ在来の信仰や仏教などを越える天皇の宗教的権威を強調しているようにも見える。

上宮王家の抗議

しかし、双墓造営に対しては、壬生部《みぶべ》を徴発された上宮王家の大娘姫王《おおいらつめのみこ》（舂米女王《つきしね》）が「天に二つの日無く、国に二《ふたり》の王《きみ》無し。何に由《よ》りてか意《こころ》の任《まま》に悉《ことごと》く封《よ》せる民を役《つか》ふ」と、天皇以外の者が部民制《べみんせい》支配を超越する徴発をしたことに対して抗議したといい、一

入鹿の人物像

豪族としては行き過ぎた行為であり、上宮王家との対立が増幅されることになった。

皇極二年（六四三）にはまた、蝦夷は病気のため、紫冠《しかん》と大臣《おおおみ》位を入鹿に私授しており、入鹿を中心とする権力強化が企図される。乙巳の変で蘇我本宗家を打倒する中臣《なかとみの》（藤原）鎌足《かまたり》の伝記『家伝』上（大織冠伝《たいしょくかんでん》）には、次のような興味深い逸話が記されている。

舒明朝に帰朝した遣隋留学者の僧旻《そうみん》が、私堂で『周易《しゅうえき》』（易経。天文・地理・人事・物象を陰陽変化の原理によって説いた書）の講説を行った時、次代を担う諸豪族の子弟が参集していた。鎌足が遅れて堂に入ると、入鹿は起立して礼を交わし、一緒に着座した。講説終了後に散会しようとした時、旻が鎌足に目配せするので留まったところ、旻は次の言葉を告げたという。「私の堂に集う者のなかで、宗我太郎《そがのたろう》（入鹿のこと）にかなう人物はいない。ただ、あなた（鎌足のこと）は神識奇相で、入鹿よりも勝っているので、深く自愛しなさい」と。

大織冠伝は、鎌足の曾孫仲麻呂《なかまろ》が奈良時代中葉に作ったもので、『日本書紀』には掲載されていないこの逸話は、祖先顕彰による述作かもしれない。ただし、鎌足との対比とはいえ、入鹿も相当の人物と描かれており、僧旻のところに聴講に来ていたのは、国際情勢や新知識に関心を抱いていたためであろう。鎌足は推古二十二年（六一四）誕生と目されるから、舒明四年（六三二）新帰朝の僧旻の活動と合せて、この逸話は鎌足が二十歳くらいの時のもので、入鹿も同様の年齢と推定される。それから十年の月日が流れ、国政を担う入鹿は、唐の興起や朝鮮諸国の動向などをふまえて、蘇我本宗家の立場として、祖父馬子が支えた推古朝の女帝の下での権力分掌よりも、さらに強力な権力集中の道を模索したのではあるまいか。

なお、天皇は皇極二年（六四三）四月に飛鳥板蓋宮《あすかいたぶきのみや》に遷居しているが、これは飛鳥京跡Ⅱ期の遺構に対応する宮殿と目されている（小澤毅「伝承飛鳥板蓋宮跡の発掘と飛鳥の諸宮」）。飛鳥京跡第Ⅰ期の遺構である舒明朝の岡本宮《おかもとのみや》の段階では、建物方位は自然地形に即して北で西に二〇度前後振れる形であったが、板蓋宮以降は正方位をとっていることがわかっており、これも以後の宮都造営の先蹤となる先進的な方針を示したものと評価することができる。

上宮王家討滅事件

この皇極二年九月には、中大兄の父舒明天皇を押坂陵に埋葬、一連の喪葬儀礼が完了している。同月、皇極天皇の母、中大兄の祖母にあたる吉備嶋皇祖母命《きびのしまのすめみおやのみこと》（吉備姫王《きびつひめのおおきみ》）が薨じ、土師娑婆連猪手《はじのさばのむらじいて》による喪葬儀礼挙行、檀弓岡《まゆみおか》への埋葬（延喜諸陵式では大和国高市郡檜隈陵兆域内の檜隈墓《ひのくまのはか》とある）、造墓のための役使《えきし》に関連して、臣連伴造《おみむらじとものみやつこ》に帛布《ふはく》を賜与したという（皇極二年九月丁亥・癸巳・乙未・丙午条）。こうした労役が、縦割り的な諸豪族の奉仕により行われていたことがわかる。

十月になると、父蝦夷から紫冠と大臣位を私授された入鹿は、蘇我氏の血筋を引く古《ふる》人大兄《ひとのおおえ》皇子の即位を企図して、上宮王家の討滅を計画したという。上述のように、皇極即位時に山背大兄王の存在は考慮されるべきものであったから、ここで次世代の古人大兄を即位させるには、山背大兄王が障壁になると思われる。また、上宮王家とは、双墓造営の際の出来事に起因する遺恨もあった。入鹿は、高句麗型の権臣専制による権力集中を構想していたと考えられる。そこで、入鹿は十一月に、巨勢臣徳太《こせのおみとこだ》・土師連娑《はじのむらじさ》婆《ば》・倭馬飼首《やまとうまかいのおびと》某らに命じて斑鳩宮《いかるがのみや》を襲撃させ、上宮王家討滅を実行する。

この時、山背大兄王らはいったん生駒山《いこまやま》に逃れた。三輪文屋君《みわのふみやのきみ》が「山城の深草屯倉《ふかくさのみやけ》に赴《ゆ》き、そこから馬に乗って、東国に向かい、壬生部《みぶべ》を駆使して軍隊を編成して戦えば、必ず勝ちます」と進言したが、山背は自分の一身上の都合で壬生部の人びとを煩わすことはできない、また後世にその戦役で死者がでたことを非難されたくないと言い、斑鳩寺に戻って、一族で自害する道を選んだという。

上宮王家の壬生部は、先の双墓造営でも登場しているが、壬生部は東国に広く分布し、たしかに上宮王家の強力な経済基盤であった。蘇我本宗家とも対峙し得る勢威を秘めていたのである（仁藤敦史「「斑鳩宮」の経済基盤」）。

敏達系王族の関与

この上宮王家討滅事件に関しては、『上宮聖徳太子伝補闕記《じょうぐうしょうとくたいしでんほけつき》』や『聖徳太子伝暦《しょうとくたいしでんりゃく》』

では、敏達系王族の軽皇子や大伴連馬養《おおとものむらじうまかい》・中臣塩屋連枚夫《なかとみのしおのやむらじひらふ》なども、入鹿に加担していたことが知られる。上宮王家を創始した厩戸皇子は、壬生部を領有するほか、自らの子孫にのみ部称を持つ子女を集中させ、王族の資産となる名代《なしろ》・子代《こしろ》の部民《べみん》を独占しようとしていた。上宮王家は王族のなかでも膨大な人・物を動かし得る強大な存在になっていたのである。ここから排除されていた敏達系王族は不満を持っていたと思われ、上宮王家討滅後には、これらの資産が敏達系王族に移管されることになる。

軽皇子は、上述の舒明天皇の殯宮儀礼でも、大派王《おおまた》・蘇我蝦夷とともに誄《しのびごと》を捧呈しており、王族、また朝廷のなかで重要な位置にあったことが推察される。彼は乙巳の変後に孝徳《こうとく》天皇として即位した後、巨勢臣徳太・大伴連馬養を登用しており（大化五年〈六四九〉四月甲午条）、彼らとの関係も早くから形成されていたのではあるまいか。また、居所である茅渟宮《ちぬのみや》周辺には中臣氏の複姓氏族も広く分布し、中臣塩屋連枚夫も軽皇子と関係があったとする指摘もなされている（遠山美都男『大化改新』）。

上述の押坂彦人大兄《おしさかのひこひとおおえ》の広瀬郡域への進出との競合もあって、上宮王家の存在は、蘇我本宗家と非蘇我系王族双方の障害になっていたと考えられる。それゆえに、敏達系王族の軽皇子やその与党も参画する形で、上宮王家討滅が行われたのである。しかし、この事件を知った蘇我蝦夷は、「噫《あ》、入鹿、極甚《はなは》だ愚癡《おろか》にして、専行暴悪《たくめあしきわざ》す。儞《い》が身命《いのち》亦《また》殆《あやふ》からずや」と、入鹿の愚行を指弾し、この暴悪行為の報いで入鹿も殺害されるかもしれないと嘆いたといい（皇極二年〈六四三〉十一月丙子朔条）、事実、蘇我系の上宮王家を失ったことは、蘇我本宗家の痛手になった。また、人びとには専制政治に対する恐怖と嫌悪の念が潜行していったと思われ、乙巳の変への序章が奏でられたことになる。

中臣鎌足の登場

乙巳の変で蘇我蝦夷・入鹿父子の蘇我本宗家を滅ぼすのは、中大兄皇子・中臣鎌足らであった。上述の大織冠伝《たいしょくかんでん》では、中臣鎌足は入鹿を凌ぐ逸材であり、『太公六韜《たいこうりくとう》』（太公《たいこう》望《ぼう》作とされる）という兵書に通暁する才子・軍略家として描かれている。鎌足が蘇我本宗家討滅計画を開始した年次について、『日本書紀』では皇極三年（六四四）正月乙亥朔条に中臣氏の家職《かしょく》である神祇伯《じんぎはく》拝任を固辞・三島《みしま》に退居→軽皇子に接近→中大兄と蘇我倉山田石川麻呂《そがのくらのやまだのいしかわまろ》の女子との婚姻を仲介→皇極四年六月の乙巳の変決行、という過程がまとめられている。

一方、大織冠伝では「岡本天皇《おかもとのすめらみこと》〈舒明《じょめい》〉御宇之初《あめのしたしらしめししはじめ》」に、鎌足が宗業継嗣を固辞・三島に退去→軽皇子に接近→中大兄皇子に接近（「後岡本天皇」〈斉明＝皇極〉二年〈六四三〉十月以前）→上宮王家討滅事件→中大兄と山田臣の女子との婚姻を仲介→「後岡本天皇」四年六月の乙巳の変決行、という経緯が示されており、計画進行の時間的ずれが生じることになる。

『日本書紀』は乙巳の変までの時間が短く、さまざまな出来事をこの条に入れて説明した観が強く、計画進行に時間的無理がある。大織冠伝に関しても、舒明朝初年の三島への退去は十六歳となり、宗業を嗣ぐには若すぎるし、またこの時点で三島に退去してしまうと、舒明四年（六三二）帰朝の僧旻《そうみん》の私堂で学ぶことができなくなるという矛盾が生じる。そこで、『日本書紀』の皇極三年（六四四）を元年の誤り、大織冠伝の「崗本天皇」を「後崗本天皇」（斉明＝皇極）の誤りと見て、両者を統一的に理解する方法として、皇極元年（六四二）三島退去説が呈されており（吉川敏子「中臣鎌足の三島退去の時期についての試案」）、ここではこれを支持したい。

鎌足の立場

そもそも鎌足の家系は、『日本書紀』の排仏伝承に登場する中臣鎌子《なかとみのかまこ》（欽明紀）、勝海《かつみ》（敏達・用明紀）、磐余《いわれ》（敏達十四年〈五八五〉六月条分註）など、物部氏に協力的だった人びとが、物部守屋殺害事件で没落した後に、中臣氏の本流になった一族である。

『大中臣氏延喜本系帳《おおなかとみしえんぎほんけいちょう》』を見ると、常磐《ときわ》・伊礼波《いれは》の母は塩屋連《しおのやのむらじ》氏、可多能祜《かたのこ》の母は尋津首《ひろきつのおびと》氏、御食子《みけこ》・国子《くにこ》の母は山部連《やまべのむらじ》氏、糠手子《あらてこ》の母は狭井連《さいのむらじ》氏と、いずれも倭王権を構成する中小豪族であり、この時期の中臣氏の位置づけを反映していると考えられる。しかし、大織冠伝では、鎌足の母は大伴《おおとも》氏とある。これは、御食子の代からは大《おお》臣《おみ》・大連《おおむらじ》に次いで朝廷の政治に参画する大夫《まえつきみ》氏族の一員になって、その格式を高めたことによると推定される。

中臣氏の宗業継承

鎌足の父御食子は、『大中臣氏延喜本系帳』では推古・舒明朝の「前事奏官兼祭官」で、小徳《しょうとく》だったというが、『日本書紀』では舒明即位前紀ではじめて登場する。上述のように、蘇我蝦夷が田村皇子（舒明）支持の意向を示した時、それに賛同する「四臣」の一人に中臣《なかとみのむらじ》連弥気《みけ》が見えている。鎌足の生年から考えて、この時にはすでに御食子と大伴氏には婚姻関係が生じており、当時蘇我氏の下にあった大伴氏との関係を通じて、御食子は蘇我本宗家を支持する勢力に連なっていたのであろう。

また、御食子の同母弟国子は、蘇我氏の有力な傍流境部臣《さかいべのおみ》氏と親しかったことがうかがわれ（推古三十一年〈六二三〉是歳条）、推古朝以来の鎌足につながる人びとの処世が奈辺にあったかがわかる。『大中臣氏延喜本系帳』によると、前事奏官兼祭官の地位は、推古・舒明朝の御食子（小徳）―舒明朝の国子（小徳）―皇極朝の糠手子（御食子・国子とは異母兄弟）の兄弟の世代内相続が行われており、この相承方式は当

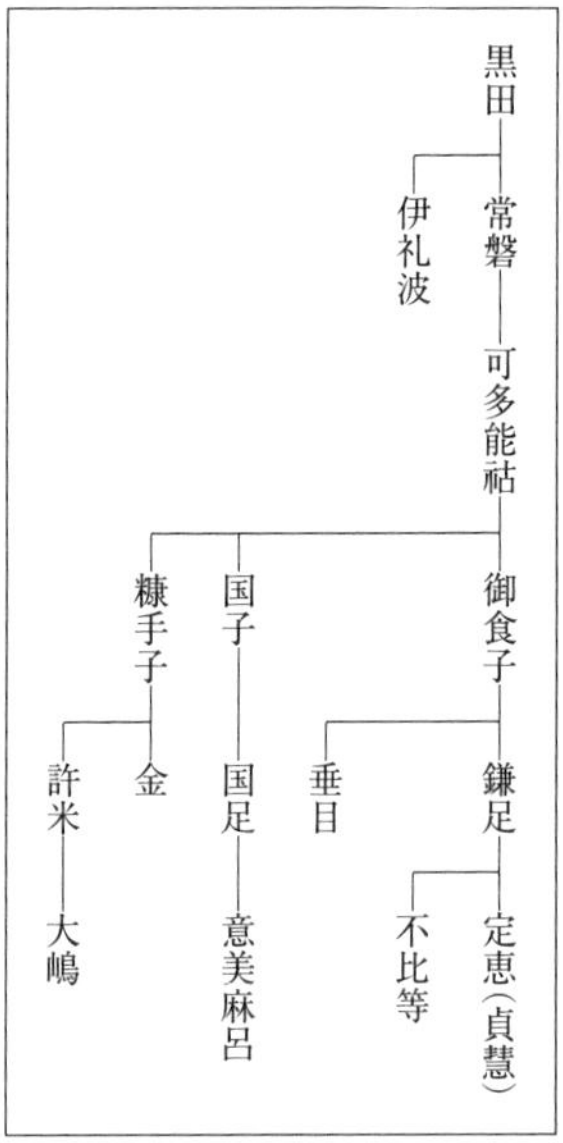

中臣氏系図

時の天皇家や豪族一般の家職継承の通例に適っている。むしろ稲目《いなめ》―馬子―蝦夷―入鹿と直系相続が行われていた蘇我本宗家の方が異色の存在であった。

『日本書紀』や大織冠伝は、鎌足が家職継承を忌避《きひ》して乙巳の変の計画立案に潜行したかのように記すが、蘇我本宗家の強い影響下にある家職継承からはずれた（鎌足自身は皇極朝での継承を期待しており、失意にあったのかもしれないが）自由な立場にあったことが、乙巳の変での活躍につながる要因になったと思われる。

鎌足と軽皇子

鎌足はまず敏達系王族で、皇極女帝の同母弟である軽皇子に接近する。上述の中臣氏の複姓氏族との関係があり、鎌足も接近しやすかったのではないかと推定される。

軽皇子は「仏法《ほとけのみのり》を尊《とうと》び、神道《かみのみち》を軽《あなづ》りたまふ〈生国魂社《いくくにたまのやしろ》の樹《き》を断りたまふ類《たぐい》、是なり〉。人と為《な》り、柔仁《めぐみ》ましまして儒《はかせ》を好《この》みたまふ。貴き賤しきと撰《えら》ばず、頻《しきり》に恩勅《めぐみのみことのり》を降《くだ》したまふ」（孝徳即位前紀）と評されており、姉の皇極天皇とは異なり、新来の仏教・儒教を信奉する人物であった。

軽皇子は寵妃阿倍氏に別殿を清掃させ、鎌足を丁寧にもてなしたので、鎌足も軽皇子こそが天皇になるべき人物であるという感慨を抱いたという。しかし、大織冠伝では「然るに皇子の器量、与《とも》に大事を謀るに足らざりき」と、先の感慨とはまったく異なる評言で説明されている。

この点については次の二つの要因が考えられる。まず軽皇子は、山背大兄王とともに王位継承可能な世代にあった。そして、阿倍倉梯麻呂《くらはしまろ》（内麻呂）の女《むすめ》、蘇我倉山田石川麻呂《そがのくらのやまだのいしかわまろ》の女を后妃に納れていたこと、阿倍氏の小足媛《おたらしひめ》との間にはすでに有間皇子《ありまのみこ》が生まれていたこと（有間は斉明四年〈六五八〉に十九歳で、舒明十二年〈六四〇〉誕生）などから考えて、倭王権を構成する中央有力豪族と婚姻関係を結び、充分な人脈を形成していたと思われる。鎌足と比べると、年齢も軽皇子の方が上であった（推古四年〈五九六〉生まれか）。したがって鎌足が主導的役割を果たすことは難しかったであろう。

もう一つは、軽皇子が中央有力豪族の大伴氏・巨勢氏とも連携して（鎌足が軽皇子に接近したのは、この母方の大伴氏との関係もあったのかもしれない）、蘇我入鹿とともに、上宮王家を討滅するなど、独自の方策を模索していたことである。これも鎌足の蘇我本宗家討滅の構想に合わなかった部分があったのかもしれない。

中大兄と鎌足の出会い

そこで、鎌足は中大兄への接近を図る。『日本書紀』では当時の国家的儀式の場であった飛鳥寺《あすかでら》の西の広場での打毬《けまり》、大織冠伝では場所は不明だが、蹴鞠《けまり》の会場で、中大兄の皮鞋《かわくつ》が脱げてしまった時、鎌足がそれを拾って捧上したことから知己になった、と描かれている。有名な場面だが、このような蹴鞠の場を通じた出会いについては、新羅の金春秋《きんしゅんじゅう》《キムチュンチュ》（太宗《たいそう》武烈《ムヨル》王）と金庾信《ゆしん》《キムユジン》の妹との結婚の話が知られ（『三国史記』新羅本紀文武王即位前紀、

『三国遺事』巻一太宗春秋公）、脱履を献上するのは、前漢の功臣張良《ちょうりょう》が黄石公《こうせきこう》から兵書を授かる時の逸話に見られる。こうした英主と輔佐の臣の邂逅《かいこう》や快挙をなす原動力の獲得の類話に取材した構成になっているのであろう。

ともかくも中大兄と鎌足は出会い、蘇我本宗家打倒を考えるようになるのであるが、その最大の契機は、大織冠伝の順序を生かすと、上宮王家討滅事件にあったと推察される。上述のように、この事件は、

中大兄皇子と中臣鎌足
（小泉勝爾〈1883－1945〉筆国史絵画，神宮徴古館所蔵）

蘇我入鹿が古人大兄皇子を最有力の皇位継承候補者に押し上げようとして起こしたものであり、これにより中大兄も皇位継承候補者の世代に連なることになった。と同時に、時に十八歳の中大兄は、自らが排斥される恐怖にもさいなまれることになり、中大兄の存在が視野に入ってきた鎌足の接近を受け入れ、自派の形成に努めるのである。

彼らは南淵請安《みなぶちのじょうあん》の下で儒教を学びに通う途上で、蘇我本宗家打倒の策を練ったといい、鎌足は蘇我倉山田石川麻呂《そがのくらのやまだのいしかわまろ》の女と中大兄との婚姻を企図する。大織冠伝には「陰《ひそか》に桉作《くらつくり》（入鹿のこと）の隙《すき》を探るに、乃《すなわ》ち山田臣《やまだのおみ》と桉作と相ひ忌むことを知る」とあり、

蘇我倉山田石川麻呂との関係

石川麻呂への接近は蘇我氏の内部争いに着目してのことであった。

石川麻呂の系統は蘇我倉家であり、蘇我氏本来の役割である朝廷の財政を掌っていた。『上宮聖徳法王帝説《じょうぐうしょうとくほうおうていせつ》』裏書によると、舒明十三年（六四一）から、山田の拠点に山田寺（浄土寺）の造営を始めており、皇極二年（六四三）には金堂が完成していたといい、相当の財力を有していたようである。

舒明即位時の紛争に際しても、境部臣摩理勢《さかいべのおみまりせ》とともに、蘇我倉麻呂（雄当《おまさ》とも。石川麻呂の父か）の意向が重視されており、政治的な発言力も大きかったと思われる。しかし、蘇我倉家はその時は積極的に動いていない。直系による蘇我氏本宗の継承に対する不満を抱えるなかで、入鹿による権力集中が加速していくと、蘇我倉家としては何らかの行動が必要になったのであるまいか。

石川麻呂の女乳娘《むすめちのいらつめ》は軽皇子と結婚しており（大化元年〈六四五〉七月戊辰条）、すでに敏達系王族との関係形成に踏み出していた。中大兄と結婚したのは遠智娘《おちのいらつめ》（美濃津子娘《みのつこのいらつめ》、茅渟《ちぬの》娘《いらつめ》とも）であり、後に妹の姪娘《めいのいらつめ》とも結婚したと考えられる（天智七年〈六六八〉二月戊寅条）。軽皇子と中大兄の年齢から見て、軽皇子との婚姻が先行しており、これを前提に、石川麻呂はさらなる非蘇我系王族との結合を深めようとしたのであろう。

『本朝皇胤紹運録《ほんちょうこういんじょううんろく》』では、遠智娘との間に生まれた二女鸕野《うのの》皇女（持統）は大化元年誕生とあり、遠智娘所生の長女大田《おおた》皇女（天武妃）がすでに誕生していたこと、大織冠伝に「三春忽《たちま》ちに至り、百両新たに迎ふるに及びて」と記され、結婚の打診から春の三つの月を経て婚姻に及ぼうとしたというので、中大兄と石川麻呂の女との婚姻は、遅くとも皇極三年には行われていなければならない。

また、『日本書紀』では、中大兄は石川麻呂の「長女」との結婚を予定していたが、石川麻呂の弟身刺《むさし》（武蔵、日向《ひむか》とも）に奪われ、その妹と結婚することになったと説明されている。大織冠伝では「長女」とは記されていないが、同様の話があり、軽皇子と婚姻関係を結んだ乳娘の位置づけ（長女か否か）や、石川麻呂の女の人数などの問題は保留しておきたい。ともかくも、ここに乙巳の変の関係人物が揃うことになる。

乙巳の変の予兆と社会不安

『日本書紀』皇極三年（六四四）条では、上述の鎌足の登場・活動を一括した後に、三月には休留《いよどり》（茅鴟《ぼうし》、ふくろう）が蘇我蝦夷の大津の宅《いえ》の倉に産卵したこと、菟田《うだ》郡の人押坂《おしさかの》直《あたい》が芝草《しそう》を食して長寿を得たこと、六月には大伴連馬飼《おおとものむらじうまかい》が茎の長さ八尺《やさか》（二・四メートル）の百合を献じたことなどを記す。また、六月には、剣池《つるぎのいけ》の蓮のなかに一つの茎に二つの蕚《はなぶさ》があるものがあり、蝦夷はこれを蘇我氏の繁栄を示す祥瑞として、金泥で書いて飛鳥寺の丈六仏《じょうろくぶつ》に献上したという。さらに、国内の巫覡《かんなき》が蝦夷に神語を陳べたが、蝦夷はこれを充分に聞かなかったとあり、老人らは「移風《ときかは》らむとする兆《きざし》なり」と評したとされ、謡歌《わざうた》三首も流布したと記されている。

これらはいずれも乙巳の変の予兆記事である。七月には、上宮王家の基盤であった壬生部が広く分布し、宗我部《そがべ》も多く存在して、後述の兵士動員から見ても蘇我氏の勢力基盤となっていた東国社会に、不穏な動きが起こる。

富士川付近に居住する大生部多《おほふべのおほ》が、常世《とこよ》の神と称する虫を奉祀し、この神を祭ると富と長寿を得ることができると言い出し、巫覡らも人びとに財宝の喜捨を要求した。彼らは酒を並べ、菜・六畜《むくさのけもの》を路《みち》の側《ほとり》に連ねて、「新《にい》しき富入来《きた》れり」と称したので、都鄙の人びとはこの常世の神（虫）を清座《しきい》に置き、歌舞して、珍財《たから》を寄進する騒動になった。この常世の神（虫）は橘や曼椒《ほそき》の樹に生息し、長さは四寸（一二チセン）余り、親指くらいの太さで、色は緑で黒点があり、養蚕《かいこ》に似ているとされる。絹糸に似た何らかの物質を分泌したので、布製品が特産の東国では富につながると信じられたのかもしれない。

しかし、こうした騒擾《そうじょう》に対しては、上宮王家とも親しかった秦河勝《はたのかわかつ》が乗り出して、大生部多を打ち懲らしめたので、巫覡たちも祭祀を停止したという。ここには、絹織物の技術を統括する秦氏の権益保持という要素もあったのかもしれないが（井上満郎『秦河勝』）、上宮王家討滅事件後の東国の動揺をうかがわせるものと考えてみたい。

防備を固める蘇我本宗家

こうした東国の動向、また権力強化への反発や不穏な情勢に対処するためか、蘇我蝦

急迫する東アジア情勢

夷・入鹿は、飛鳥全体を眺望できる甘檮岡《あまかしのおか》に、「上宮門《うえのみかど》」「谷宮門《はざまのみかど》」と称する邸宅を築き、防備を固めた。蘇我本宗家の男女を「王子」と呼んだとする『日本書紀』の記載は措くとして、城柵《じょうさく》を造営し、門のそばには兵庫を設置、火災に備えた消火用の水を貯めた舟（用水桶）や類焼を防ぐための木鉤《きかぎ》を準備したこと、「力人」に武器を持たせて守備させたこと、「祖子孺者《おやのこわらは》」と称する氏々の人や東漢直《やまとのあやのあたい》の人びとに門を守衛させたことなどは事実であろう。また、「東方儐従者《あづまのしとべ》」と号する東国出身の兵士（健人《ちからひと》）五〇人に身辺警護を行わせ、出入の際には行を共にしたという。

甘檮岡の居宅については、甘檮岡東麓《とうろく》遺跡などが検出されており、その存在は考古学的にも裏付けられる。蝦夷はまた、東漢氏《やまとのあやうじ》系の長直に命じて、大丹穂山《おおにほ》（明日香村入谷）に桙削寺《ほこぬき》を造営させたという。

当該期の飛鳥周辺には、酒船石《さかふねいし》遺跡向イ山地区、八釣《やつり》マキト遺跡、佐田《さだ》遺跡群、桧前《ひのくま》上山遺跡、森カシ谷《たに》遺跡などで柵列が検出されており、これも飛鳥防衛と監視を強化する施設と見なされている（相原嘉之「倭京の〝守り〟」）。

上述のように、東アジアの激動は六四二年から最終段階に突入しており、六四四年には唐・太宗の高句麗《こうくりコグリヨ》征討の準備が進行、六四五年についに征討開始、唐が朝鮮三国の紛争に直接介入する段階へと進んでいく。唐の高句麗征討は六四四年十一月に発動していたが、遼水《りょうすい》を越えて高句麗領に進軍して実際に戦闘が始まるのは、六四五年四月のことである。唐軍は五月に遼東城《りょうとう》、六月には白巌城《はくがん》を攻取し、七月から安市《あんし》城の攻防戦が続き、九月には安市城攻略を断念、今回は唐軍が撤退するという形で終了した。

この間、倭国への外国使節到来が知られるのは、乙巳の変前後の百済・高句麗使だけである。彼らは六月以前に来航しており、戦況の推移を充分に伝えることはできなかったと思われる。したがって、倭国の朝廷が、唐の軍事発動を事前に知り得たか否かは不明である。しかし、隋の高句麗征討や新羅の唐への救援依頼、唐の新羅寄りの三国和親の指示（六四三年九月）などから判断して、早晩唐が介入する可能性は充分に予測できたはずであり、蘇我本宗家の活動もこれに対応しようとするものであろう。ただ、それは一面では専制強化を意味する。また、百済・高句麗使の来航目的や国際情勢の概況が、いちはやく朝廷中枢部に伝えられていたとすると、倭国の方策や権力集中の方向性如何が大きな問題として浮上してくることになる。

したがって、乙巳の変が六四五年六月という時点で勃発するのは、こうした国際情勢の推移に対する国内外の方策をどうするのかという要因も大きかったと思われ、章を改めて、その様子をみていきたい。

第二　乙巳の変と改新詔

一　蘇我本宗家討滅

乙巳の変の実働部隊

中臣鎌足《なかとみのかまたり》は蘇我入鹿《そがのいるか》殺害を計画し、その実行の武力として、佐伯連《さえきのむらじ》子麻呂《こまろ》と葛木《かずらきの》稚犬養連網田《わかいぬかいのむらじあみた》という者を推挙した。子麻呂は乙巳《いっし》の変《へん》後に起きた古人大兄《ふるひとのおおえ》皇子の謀反の際に、中大兄《なかのおおえ》の指示で古人大兄を殺害しており（大化元年〈六四五〉九月丁丑条分註所引或本）、その後も中大兄に武力で奉仕している。その死去の際には中大兄が親しく自宅を訪問したといい（天智五年〈六六六〉三月条）、中大兄との密接な関係を生涯維持したようである。極《ごく》位《い》は贈大錦上《だいきんじょう》（天智三年冠位制《かんいせい》、正四位上相当）、功田《こうでん》四〇町《ちょう》六段《たん》（代制《しろせい》では二〇三〇〇代）は上《じょう》功《こう》と位置づけられ、三世の相伝が許された（『続日本紀《しょくにほんぎ》』天平宝字元年〈七五七〉十二月壬子条）。

網田は乙巳の変の場面にしか登場せず、その後の動向は不明である。子麻呂と網田はともに宮城門の門名を冠し、門の守衛を担当する門号氏族に属している（直木孝次郎「門号氏族」、佐伯有清「宮城十二門号と古代天皇近侍氏族」）。網田は「葛木（城）」の冠称から推定して、

葛 城《かずらき》皇子＝中大兄の資養に関係する氏族の一員で、その点を考慮して参加を求められたものと思われる。しかし、以後は朝廷では目立った活動がなく、史料に見えないのであろう。

一方、子麻呂は、武門の雄として大伴氏と並ぶ佐伯氏の者である。後代の 橘《たちばなの》 奈良《なら》麻呂《まろ》の乱（七五七年）でも、奈良麻呂は大伴氏・佐伯氏の武力に依存しようとしているから、その武力・武芸が大いに期待されたのであろう。大伴氏の方は、舒明即位時の紛争の際にも蘇我本宗家《ほんそうけ》に従属していたので、乙巳の変の武力には利用しがたく、大伴氏に次ぐ佐伯氏の武力を、味方につけようと画策したと考えられる。

蘇我入鹿殺害

皇極《こうぎょく》四年（六四五）六月十二日、これが乙巳の変の日付である。当日は「三 韓 表文《みつのからひとのふみ》」を読唱することになっており、事実、乙巳の変後の最初の政務は高句麗・百済使に対する宣勅であったから、この二国の使者が到来していたのであろう。来由は、上述の高句麗《こうくり》《コグリヨ》征討など、半島情勢の報告と対応協議であったと考えられる。飛鳥板蓋宮《あすかいたぶきのみや》の「大極殿《だいごくでん》」（この表現には潤色があり、天皇出御の中心的殿舎のことか）に皇極天皇が臨席するなか、蘇我倉山田石川麻呂《そがのくらのやまだのいしかわまろ》が表文を奏読することになっており、重要な外交儀礼で、蘇我入鹿も必ず出席するので、この場で入鹿を殺害する計画が立案された。

入鹿は日頃から用心深く、常に剱《たち》を所持していたので、「俳優《わざひと》」（滑稽なしぐさで歌舞などをする人）に命じて、入鹿の剱を預からせ、丸腰で参列させる。諸門を封鎖し、中大兄は長槍《ながほこ》、鎌足らは弓矢を帯して、宮殿の側に隠れた。箱のなかに入れて持ち込んだ二本の剱を子麻呂と網田に渡し、一気に斬りかかることを指示する。子麻呂らは食事をした時に、飯がのどを通らず、水を飲んで流し込もうとするが、極度の緊張のためか、吐き出してしまう。石川麻呂の奉読が進み、終わりに近づいても襲撃が始まらない。石川麻呂も恐怖で汗だくになり、声が乱れ手が震えるので、入鹿が怪しんで、「どうしてそんなに震えおののくのか」と尋ねるが、石川麻呂は「天皇《すめらみこと》のおそば近くで恐懼《きょうく》して、不覚《おろか》にも汗が出ました」と応えて、何とかやりすごそうとする。

子麻呂らが入鹿の勢威を恐れて斬りつけることができないのを看取した中大兄は、「やあ」と声をあげ、子麻呂らとともに隠所から飛び出し、ついに剱で入鹿の頭・肩を傷つけることができた。入鹿は立ち上がろうとするが、子麻呂がさらに脚を斬り、入鹿はころがって御座《おもと》の下に行き、天皇に自身の無罪を訴える。天皇は大いに驚き、中大兄になぜこのようなことをするのかと下問し、中大兄は「鞍作《くらつくり》、天宗《きみたち》を尽し滅《ほろぼ》して、日位《ひつぎのくらい》を傾けむとす。豈天孫《あにあめみま》を以て鞍作に代《か》へむや」（入鹿が天皇家を滅して皇位を傾けようとしている。どうして天孫を入鹿に代えられましょうか）と奏上した。ここでは、上宮王家《じょうぐうおうけ》討滅事件から続く古人大兄皇子擁立を中大兄が阻止しようとしたものと解しておきたい。

蘇我本宗家の滅亡

これを聞いた皇極天皇は殿中に入り、子麻呂・網田らはついに入鹿を斬殺する。この日は雨天で、庭に出水があったので、席障子《むしろしとみ》で入鹿の死体を覆ったといい、ここに入鹿殺害が達成された。『日本書紀』や大織冠伝《たいしょくかんでん》の叙述では、この儀式の場には古人大兄がいたことがわかるものの、他の人びとの列席は不詳である。しかし、推古朝の隋使到来と国書捧呈の場などを参照すると、他の中央有力豪族の面々、王族の有力者、例えば舒明殯宮《じょめいひんきゅう》で活躍した大派《おおまた》皇子（王）・軽《かる》皇子、さらには高句麗《こうくり》《コグリョ》・百済《くだら》《ペクチェ》の使者も参列していたとしてもおかしくはないと思われる。このような衆人環視の下で入鹿を殺害することに意味があったのである。

入鹿を殺害した中大兄らは、飛鳥寺《あすかでら》に入り、防衛体制を固めた。飛鳥寺は、蘇我本宗家が築いた甘檮岡《あまかしのおか》の邸宅からは見下ろせる位置にあるが、中大兄のもとに諸王族・豪族らが次々と集結したといい、入鹿の父蝦夷《えみし》に対する格好の示威の場となった。また、元来蘇我馬子が造営し、蘇我本宗家による仏教興隆の象徴、国家的行事の場、蘇我本宗家の倭王権への貢献を示す飛鳥寺を掌握することは、蘇我本宗家の正統性を低下させることになる。

残る蘇我蝦夷に対して、東漢氏《やまとのあやうじ》の人びとは武器を持って助勢しようとしたが、中大兄側から「将軍」巨勢徳陀《こせのとくだ》が派遣され説諭に努め、蝦夷側にあった高向臣国押《たかむこのおみくにおし》も抗戦の無益さを諦言したので、彼らは散去してしまう。そこで、翌十三日には蝦夷も誅討され、蘇我本宗家が滅亡した。

この時、蝦夷は天皇記《てんのうき》・国記《こっき》や珍宝を焼こうとしたが、船史恵尺《ふねのふひとえさか》が国記を取り出し、中大兄に献上したという。天皇記・国記は、推古朝に厩戸《うまやど》皇子・蘇我馬子が編纂を開始した歴史書である。蘇我本宗家において保管されていた（作業途中か）ことがわかるとともに、稲目《いなめ》以来の奉仕を続けてきた渡来系氏族の船史も、最後には蘇我本宗家を見放し、王権側に帰服したのである。

軽皇子の即位

六月十四日、皇極天皇は譲位を決意し、初めて天皇家が皇位を独自に決定する方式が実現した。『日本書紀』孝徳《こうとく》即位前紀や大織冠伝《たいしょくかんでん》には、当初中大兄への譲位が企図されたが、中臣鎌足の進言もあって、年齢や舅甥の順序によって軽皇子が推されたとある。ただし、軽皇子の言によると、天皇位継承候補者としては古人大兄皇子が第一位であったが、古人大兄は出家という行為に出たため、軽皇子が孝徳天皇として即位することになったという。したがって実際の継承順位は、古人大兄→軽→中大兄で、蘇我系の古人大兄が辞退したので、軽皇子の即位が実現したのであって、時に二十歳の中大兄は、決して最有力の候補者ではなかったと考えられる。

この点に関連して、入鹿殺害後の蘇我本宗家の活動に死命を制したのが、巨勢徳陀であったことにも注目したい。彼は上宮王家討滅でも軽皇子とともに行動しており、大化五年には左大臣になっている。後述する孝徳の子有間《ありま》皇子の謀叛（斉明四年〈六五八〉十一月）は、同年正月の徳陀の死を契機に起きたものと目され、彼は生涯を通じて軽皇子＝孝徳天皇を支持していた。とすると、巨勢徳陀は、軽皇子の意を体して蘇我本宗家に引導を渡したと考えられる。蘇我本宗家側も、単なる中大兄らの暴発ではなく、軽皇子が反蘇我本宗家側にいることを知って諦観したのであり、軽皇子の意思が、乙巳の変の収束、蘇我本宗家が滅亡を選択するのに、大きな効力を持っていたと見ることができる。

軽皇子はまた、阿倍内麻呂《あべのうちまろ》や蘇我倉山田石川麻呂《そがのくらのやまだのいしかわまろ》の女《むすめ》などと婚姻関係にあり、中央有力豪族たちからも期待される存在であった。ただし、即位に際しては王族出身の皇后が不可欠であり、姉皇極天皇の女の間人《はしひと》皇女が孝徳天皇の皇后になった。間人皇女は当時十八歳くらいと目され、これ以前から孝徳と婚姻を結んでいたとは考えがたく、突発的な皇位継承により、この時点で初めて婚姻が成立したのであろう。

孝徳朝の政権構成

孝徳天皇の下、乙巳の変後の政権参加者は次のような顔ぶれであった。中大兄は皇太子《ひつぎのみこ》になり、譲位した皇極は皇祖母尊《すめみおやのみこと》と尊称される。左大臣阿倍内麻呂は女《むすめ》小足媛《おたらしひめ》が孝徳の妃で、有間皇子を産んでおり、右大臣蘇我倉山田石川麻呂も女を孝徳の妃としていた。中臣鎌足は内臣《うちつおみ》になり、もと遣隋留学者の僧旻《そうみん》・高向玄理《たかむこのげんり》という二人が国博《くにのはか》士《せ》に登用された。

これらのうち、皇極を「皇祖母尊《すめみおやのみこと》」と呼ぶのは、皇極の母、中大兄の祖母にあたる吉備姫王《きびつひめのおおきみ》を「吉備嶋皇祖母《きびのしまのすめみおや》」と称するのと同じく（皇極二年〈六四三〉九月条、大化二年〈六四六〉三月辛巳条）、孫の世代からの呼称と考えられ、『古事記』上巻の「御祖命《みおやのみこと》」などの用例をふまえて、『日本書紀』編纂段階で作られたものであろう。難波《なにわ》宮北西出土木簡には「王母《おうぼ》」の表記が知られ、これこそが当時の皇極前天皇を指す呼称であり（森公章「七世紀の荷札木簡と税制」）、前天皇として孝徳の母に擬定されたので、「王母」と称されたのである。

また、当時三十歳の鎌足に関して大織冠伝には、大錦冠を授与されて内臣に任じられ、封戸《ふこ》二〇〇〇戸を支給された、国家の統治を任されて人材を登用した、と記されている。大錦冠授与は『日本書紀』にも見えるが（孝徳即位前紀）、これを特別な冠位と考えるよりは、大化三年（六四七）の七色《なないろ》十三階の冠位の第七位で、追記と解する方がよく、封戸の数も『日本書紀』には「若干戸」とあり、具体的な数字は信じがたい。

六月十四日に孝徳天皇の即位が決まると、十五日には左右大臣に金策（金泥で書いた冊書）を授け、十九日には孝徳天皇・皇祖母尊・中大兄らが飛鳥寺の西の広場の大槻《おおつき》の下で群臣《まえつきみ》を集めて会盟を行い、大化元年の建元がなされたという。ここからは鎌足に過大な権力の委託がなされた証左は見出し得ない。

中大兄の立場

中大兄の「皇太子《ひつぎのみこ》」も立太子のことではなく、推古朝の厩戸《うまやど》皇子と同じく、天皇の下に形成される政権中枢の王族の筆頭者の地位を示すにすぎないとする見解もある（大平聡『聖徳太子』）。乙巳の変の実働部隊は中大兄―鎌足であったが、その後の新政権では最有力とは言えず、年齢・政治経験や人脈のあり方から考えて、やはり孝徳天皇の主体性に注目しなければならない（門脇禎二「いわゆる、大臣蘇我倉山田石川麻呂滅亡事件について」、遠山美都男『大化改新』）。

国博士のうち、僧旻は上述の私堂での鎌足との逸話も知られるが、その死去に際しては孝徳が病床を見舞っており（白雉四年〈六五三〉五月是月条分註所引或本）、孝徳とも親しい人物であったと推定される。僧旻の帰朝時点では、孝徳は三十歳を過ぎており、私堂に参集した「群公子《まへつきみたちのこ》」には含まれていなかった可能性が高いが、次代を担う王族の一人として、個人的に僧旻から講義を受けることもあったのかもしれない。高向玄理も同様の関係で、孝徳天皇の人脈による起用と見ておきたい。

なお、入鹿殺害に功績がある石川麻呂が右大臣に留まったのは、蘇我氏という負の側面とともに、孝徳に納れた乳娘《ちのいらつめ》には所生子がなく、孝徳との距離がやや疎遠であったこと、それゆえに中大兄との関係形成に転換していたことなどが考えられる。この孝徳との距離感は、後述する蘇我倉山田石川麻呂事件につながる伏線であろう。

また、権力集中について、朝鮮三国では、反対派を大粛正したり、王族を国外に追放したりと、権力構成が一大転換されていたが、倭国では、百済型の王家中心の権力集中になったとはいうものの、王族・中央豪族の有力者が残り、孝徳の専権確立には至っていないと目され、課題を残すことになった。

乙巳の変と国際関係

入鹿が殺害された時、自分の王宮に逃げ帰った古人大兄皇子は「韓人《からひと》、鞍作臣《くらつくりのおみ》を殺しつ」と言ったといい、これは「韓人」＝朝鮮半島からの使者の貢調に託して入鹿が殺害された、または「韓人」が入鹿を殺害した、という意かと思われるが、『日本書紀』は分註で「韓政《からひとのまつりごと》に因《よ》りて誅《つみ》せらるるを謂《い》ふ」とも注釈している。この点に関しては、「韓政」＝半島情勢をめぐる方針の対立が乙巳の変の引き金になったと見る意見が有力である。六四二年（皇極元年）以降の対立の構図としては、六六三年の白村江《はくそんこう》戦までを視野に入れて、いくつかの見解が呈されている。

A　親百済《くだら》派（蘇我氏）対　親新羅《しらぎ》・唐方式（改新派）との対立から、改新派が親百済方式に転換した（八木充「難波遷都と海外情勢」、李在碩「孝徳朝権力闘争と国際的契機」）。

B　百済の旧加耶《かや》地域奪回に伴い、「任那調《みまなのみつき》」に固執する蘇我氏と、それを放棄して半島情勢に介入せず、百済・新羅双方の朝貢維持を図る中大兄一派が抗争し、後に百済に引きずられる形で白江村戦への道に至る（鬼頭清明『日本古代国家の形成と東アジア』第二部第二章）。

C　一貫して百済支持の朝廷　対　これに反対（内容不明）する蘇我本宗家という構図があった（西本昌弘「東アジアの動乱と大化改新」）。

D　新羅に直接行動を起こして属国化を図る入鹿の「韓政」に対して、改新派は百済を属国とし、新羅との宿怨を棄て、高句麗とも修好を確認して、三国を導く大国の立場で唐に対峙しようとした（山尾幸久「大化改新前後の東アジアの情勢と日本の政局」）。

乙巳の変後の対外政策

乙巳の変後、年号を皇極四年（六四五）から大化元年と改めて、七月二日に孝徳天皇が即位すると、新政権が最初に着手したのは百済・高句麗使への対処であり（大化元年七月丙子条）、外交を重要視していたのはまちがいない。しかし、新政権がとった外交策では、高句麗とは今後の通交維持を期待、百済には「任那調」貢上とその細則を通告しており、また、旧加耶地域を失った新羅には、高向玄理を遣して「任那調」貢上の停止とそれに代わる「質《ち》」の派遣を伝えている（大化二年〈六四六〉九月条）。これ以前には百済から「質」貢上を得ており、これらの方策は、加耶諸国滅亡後から、とくに推古朝以来続く、朝鮮三国に対する等距離外交の維持に他ならない（森公章「加耶滅亡後の倭国と百済の「任那復興」策について」）。

「任那調」貢上方式をめぐる百済への注文は、皇極朝にも見えている（廣瀬憲雄「皇極紀百済関係記事の再検討」）。蘇我本宗家の外交方策も同様のものであったことが看取され、新羅征討云々の徴証は見られないので、乙巳の変の前後で倭国の外交基調に変化があったとする理解は支持できない。

倭国は等距離外交を維持しようとしたが、百済は自力を恃み、倭国にあまり遣使しておらず、むしろ唐・太宗《たいそう》の高句麗征討の失敗により、百済・高句麗の圧力がさらに増大し、危地に陥った新羅は、倭国、また唐との提携を模索して、積極的な外交活動を展開することになる。

したがって、蘇我本宗家の外交策と乙巳の変後の政権の外交には、大きな懸隔はないと見るのが穏当であり、「韓政」についても、外交路線の相違云々と結びつけて解釈するのは事実に反すると思われる。乙巳の変は、あくまでも権力集中方式をめぐる政治闘争が主であった。「韓人」（カラヒト）を外国かぶれ、または、対外関係担当者の意と見て、中大兄や石川麻呂などの具体的人物に比定する（遠山美都男『大化改新と蘇我氏』）のも支持しがたく、「韓政」（カラノマツリゴト、カラヒトノマツリゴト）とは「三韓《みつのからひとの》表文《ふみ》」読唱の儀式を指し、この「韓人」（ここでは半島からの使者の意）に関わる式次第で入鹿が殺されたことを表現したものと理解しておきたい。ちなみに、その後の状況として、孝徳は高向玄理の新羅への派遣や遣唐使派遣を行っており、唐・新羅との連絡をより重視し、中大兄は百済・高句麗との連携を志向したとする見解も呈されており（市大樹「大化改新と改革の実像」）、推移する国際情勢とその時々での方策にも留意したい。

古人大兄皇子の謀反

乙巳の変の後、古人大兄皇子は飛鳥寺の仏殿と塔の間で出家し、吉野に隠遁した（吉《よし》野太子《ののひつぎのみこ》、吉野大兄）。ところが八月になって、にわかに古人大兄の謀反の嫌疑が取沙汰され、ついに処断されてしまう。謀議に加わったのは蘇我田口臣川堀《そがのたぐちのおみかわほり》、物部朴井連椎子《もののべのえのいのむらじしいのみ》、吉備笠臣垂《きびのかさのおみしだる》、倭漢文直麻呂《やまとのあやのふみのあたいまろ》、朴市秦造田来津《えちのはたのみやつこたくつ》らで、垂が自首してきたので、謀反が判明したという（大化元年八月戊辰・丁丑条）。蘇我系の田口臣を筆頭に、中央有力豪族の物部氏の一族、有力な渡来系氏族である東漢氏《やまとのあやうじ》・秦氏の一員、地方有力豪族の吉備氏を構成する笠臣などが古人大兄に近侍していたことが知られ、その他「古人大市《おおち》皇子」の異称から、大市＝大和国城上郡大市郷に王宮が存したか、養育氏族の大市首の存在があったと考えられる。

これらの人びとのうち、椎子は有間皇子事件で平定にあたった物部朴井鮪《しび》（斉明四年〈六五八〉十一月甲申条）、麻呂は白雉《はくち》五年遣唐使の判官書直麻呂《まつりごとひとふみのあたいまろ》（白雉五年〈六五四〉二月条）、田来津は百済救援の出兵で活躍する（朴市）秦造田来津（天智即位前紀八・九月条、天智元年〈六六二〉十二月丙戌朔条、二年八月己酉条）と同一人物と目され、密告した垂を含めて、ほとんどの者は事件後に復権していたことになる。この事件で処断されたことが明確なのは、古人大兄とその后妃・所生子だけであり、これが古人大兄殺害を企図してしくまれたものに他ならないことを示唆している。

中大兄の役回り

『日本書紀』本文では、垂は中大兄に密告し、中大兄が菟田朴室古《うだのえむろのふる》・高麗宮知《こまのみやしり》に兵若干を率いさせて鎮圧したとあるが、分註所引或本では垂は左大臣阿倍内麻呂《あべのうちまろ》と右大臣蘇我倉山田石川麻呂に自首したと記されており、事件発生も十一月と異なる。中大兄が阿倍渠曾倍臣《こそべのおみ》と佐伯部子麻呂《さえきべのこまろ》に命じて兵三〇人を率いて平定したといい、中大兄が実働部隊を指揮していたとする点は同じである。

孝徳朝の政権構成をふまえると、或本の記述を生かして、左右大臣への情報到達・判断に基づき、中大兄が配下の者を駆使して古人大兄殺害を実行したという構図を考えるのがよいかもしれない。或本の方の阿倍渠曾倍臣は阿倍氏の一族であり、ここには左大臣阿倍内麻呂の関与を想定すべきであろう。さらにその背後には、孝徳天皇の存在も考慮される。

鎌足の曾孫である藤原仲麻呂《ふじわらのなかまろ》政権下に示された歴代の国家に対する功績の序列づけによると、垂の密告は乙巳の変、壬申《じんしん》の乱に次ぐ功績になっており、大宝《たいほう》・養老律令《ようろうりつりょう》の編纂や白雉四年遣唐使の漂没者よりも高い位置づけにある（『続日本紀《しょくにほんぎ》』天平宝字元年

〈七五七〉十二月壬子条）。そうすると、この事件はその意義をもう少し大きく考えるべきである。蘇我系の古人大兄、その加担者田口臣川堀らを排斥することで、孝徳天皇の安定した治世が開始することになった点で重要であると見ておきたい。中大兄は、ここでもあくまで実働部隊としての活動が特筆される存在であった。

二　改革のはじまり

孝徳の志向

孝徳《こうとく》天皇の人となりについては、『日本書紀』孝徳即位前紀に「柔仁《めぐみ》ましまして儒《はかせ》を好《この》みたまふ。貴き賤しきと撰《えら》ばず、頻《しきり》に恩勅《めぐみのみことのり》を降《くだ》したまふ」と評されており、儒教的理念を重んじた人物像が看取される。舒明《じょめい》朝以来の状況を悉知していた孝徳は、百済《くだら》型の国王専制による権力集中を目指し、王権の政治基盤強化を企図することになる。乙《いっ》巳《し》の変《へん》後の最初の政務となった高句麗・百済使への対応を終えると、国内政治の改革がはじまる。

天皇は七月十二日にまず左右大臣に「当《まさ》に上古《いにしえ》の聖王《ひじりのきみ》の跡に遵《したが》ひて、天下《あめのした》を治むべし。復《また》当に信《まこと》を有《たも》ちて、天下を治むべし」と令し、翌十三日には「歴《あまね》く大夫《まへつきみ》と百《もも》の伴《ともの》造《みやつこ》等《ら》に、悦《よろこぶるこころ》を以て民《おおみたから》を使ふ路《みち》を問ふべし」と命じており、これらは儒教的理念に基づく政治のあり方を志向し、群臣らに諮問したものと見ることができる。これに対して、十四日に右大臣の石川麻呂《いしかわまろ》がまず神祭りを行った上で、政務のあり方を議論すべきであると奏上しているのは、即位前紀に記されたもう一つの天皇の側面、「仏法《ほとけのみのり》を尊《とうと》び、神道《かみのみち》を軽《あなづ》りたまふ」とは少し齟齬する方途を示したことになるのではないかと思われる。

東国等国司の派遣

ただし、この日には倭漢直比羅夫《やまとのあやのあたいひらふ》を尾張《おわり》、忌部首子麻呂《いんべのおびとこまろ》を美濃《みの》に発遣して、神に供する幣物を課したといい、これは東国等国司《あずまのくにぐにのくにのみこともち》派遣に伴う措置と解することができよう。すでに皇極二年（六四三）十月には、国司に詔を下して、以前の詔勅の通りに任務を果たし、各自の管轄地域を治めるようにと指示している。これは舒明朝末年にはじまる百済大寺《くだらのおおでら》造営に伴う労働力徴発に関係する用務と目されるが、蘇我本宗家の執政時代からこうした形での国司派遣が行われていた（門脇禎二「蘇我本宗家滅亡事件」）。

この「国司」は、当時の表記としては「宰」と称されたものと考えられる（『飛鳥・藤原宮発掘調査出土木簡概報』十一―一一頁など）。敏達《びだつ》六年（五七七）五月丁丑条分註に百済《くだら》に派遣した使者（「宰」）の説明として、「王人《つかい》、命《おほみこと》を奉《うけたまは》りて、三韓に使《つかい》と為《な》り、自ら称《い》ひて宰《みこともち》といふ。韓《からくに》に宰となると言ふは、蓋《けだ》し古《いにしえ》の典《のり》か。如今《いま》は使《みつかい》と言ふなり」とあり、『釈日本紀』巻十一の「宰」の解説に「私記に曰く、師説、天皇の御言《みこと》を持たしむるの

表1　東国等国司の人名と派遣地域

	長官 人脈	長官 人名	長官 考課	次官（介） 人脈	次官（介） 人名	次官（介） 考課	主典（以下官人） 人脈	主典（以下官人） 人名	主典（以下官人） 考課
A	●	穂積臣咋	×	●	富制臣某	×		（以下官人）	
				●	巨勢臣紫檀	×			
B	●	巨勢臣徳禰	×	●	朴井連某	×		台直須弥	×
				●	押坂連某	×		（以下官人）	
C 上野	●	紀臣麻利耆拕	×	●	三輪君大口	×	□	河辺臣磯泊	×
				□	河辺臣百依	×	●	丹比深目	×
							●	百舌鳥長兄	×
							□	葛城福草	×
							●	難波癬亀	×
							■	犬養五十君	×
							■	伊岐史麻呂	×
							●	丹比大眼	×
D	●	阿曇連某	×	●	膳部臣百依	×	□	河辺臣磐官	×
							□	河辺臣湯麻呂	×
E 駿河	●	大市連某	×	□	涯田臣某	×		小緑臣某	△
								丹波臣某	△
							●	忌部木菓	×
							■	中臣連正月	×
F	□	羽田臣某	○						
G	□	田口臣某	○						
H	□	平群臣某	×						
塩屋鯯魚・神社福草・朝倉君・椀子連・三河大伴直・蘆尾直（地方豪族も含むか）……「奉順」と賞す。									

A～Hは８グループを便宜的に示したもの.「人脈」欄の●は孝徳（含阿倍・大伴・巨勢氏），□は蘇我倉山田石川麻呂，■は中大兄皇子との関係で起用されたと推定されることを示す.「考課」欄の○は犯罪・過失なし，×は犯罪・過失あり，△は拙劣だが過失なし，と判定されたことを示す.

人也。故に美古止毛知と称ふ」とあることなどを参考にすると、ミコトモチと称する、単発の使命を帯びて下向する使者に他ならなかった。

東国等国司は「朝集使《ちょうしゅうし》」とも記される（大化二年〈六四六〉二月戊申・三月辛巳条）。「朝集使」の称は後代の公式令《くしきりょう》朝集使条によったもので、毎年、施策上の雑事を中央に報告するために上京する国司を示し、今回の東国等国司が任地での用務を果たして帰京したことを「朝集使」と表現しているのである。上述の経緯によると、東国等国司の派遣は、石川麻呂の方策を採択したものと目され、石川麻呂は蘇我本宗家時代からの方途をふまえて、新政権の新たな方針を周知する方法として、こうした使者派遣を案出したのであろう。

東国等国司の派遣地域は、後述の帰任後の功過《こうか》の記事を参照すると、駿河《するが》・上野《こうずけ》などが判明し、遠江《とおとうみ》以東の東国であったと考えられる。彼らはまた、倭国六県《やまとのくにむつのあがた》でも活動したようである。東国は伴造《とものみやつこ》的国造《てきくにのみやつこ》の存在など、倭王権と密接な関係を有する地域であったが、宗我部《そがべ》の分布が知られ、蘇我本宗家に討滅された上宮王家の壬生部《みぶべ》の基盤も広がっており、上宮王家討滅事件後は蘇我本宗家への接収が図られていたのではないかと思われ、蘇我系の勢力により蚕食されていた。また、倭国六県とは高市《たけち》・葛《かずら》木《き》・十市《とおち》・志貴《しき》・山辺《やまのべ》・曾布《そう》の六御県《むつのみあがた》で（延喜式祈年祭の祝詞）である。蘇我馬子の葛城《かずらきの》県《あがた》割譲要求や、推古朝以来の天皇家の経済基盤としての畿内の開発などを考慮すると、倭国六県は執政としての蘇我本宗家の勢力基盤になっていたと目される。したがって、これらの地域に最初に使者を派遣するのは、蘇我本宗家滅亡による動揺を鎮め、新政権の勢力基盤に切り替えていく上で、重要視されたためであろう。

諸国への使者派遣

ここに「東国等」と記されているように、同様の使者は他地域にも派遣されたようである。九月一日には使者を諸国に派遣し、兵器を集めさせたといい、これは或本では六月から九月にかけてのこととするから、蘇我本宗家討滅直後から始動していたことになる〈大化元年〈六四五〉九月丙寅朔条〉。大化二年〈六四六〉正月にはまた、使者を遣して兵庫を修営させるとあるから、兵器の収集、そして兵庫の修営と収蔵という方策がうかがわれる。

これと並行して、大化元年九月十九日には使者を諸国に遣して、「民《おおみたから》の元数《おおかず》を録《しる》す」とある〈大化元年九月甲申条〔土地兼并禁止詔〕〉。ここでは、代々の天皇が後世に名を伝えるために「標代民《みよをあらはすたみ》」を置いたこと、臣連《おみむらじ》・伴造《とものみやつこ》・国造《くにのみやつこ》が「己民《おのがたみ》」を置いて駆使していることが指摘され、調賦《ちょうふ》進上の際に臣・連・伴造が自分の分を収納した後に朝廷に分進すること、宮殿の修治・園陵の築造にはそれぞれが「己民」を率いて従事することなどが非難されている。これは舒明即位時の紛争の際に、境部臣摩理勢《さかいべのおみまりせ》が蘇我馬子の墓造営に参加していたことや、蘇我本宗家の専横のところで触れた双墓《ならびばか》築造の様子を参照すると、縦割り的な部民制《べみんせい》の構造の問題を指摘したものと思われる。

この時にはまた、土地所有の著しい不均衡が問題とされ、賃租的行為の禁止を令したので、「百姓《おおみたから》、大きに悦ぶ」となったという。これは、有勢者たる首長が、百姓への土地貸与と収穫物の徴収を通じて、百姓の「己民」化や共同体的所有地領有化を推進していたため、在地における支配の二重構造が「民の元数を録す」という作業の障害になると目されていたためであろう（吉村武彦「賃租制の構造」）。ここに描かれた「己民」のあり方や部民制的収取については、改新詔や部民対策の検討の際に言及することにしたいが、「民の元数を録す」という作業を進める上で、中央・地方豪族の「己民」役使《えきし》が規制されるべき課題として浮上していたのである。

使者の役割

説明が重複するところもあるが、東国等国司の発遣・帰任後の功過に関連して出された詔を通覧して、使者の発遣状況や役割をまとめておきたい（大化元年〈六四五〉八月庚子条〈東国等国司への詔Ⅰ〉、同二年三月甲子条〈Ⅱ〉・辛巳条〈Ⅲ〉、八月癸酉条〈Ⅳ〉）。使者は長官《かみ》・次官《すけ》と実務官（主典《さかん》）という三等官制で、それぞれに複数の従者が随行した。任務としては、

① 任地において「国家の所有る公民《たもて》」「大《おお》きに小《いささけ》きに領《あづか》れる人衆《ひとども》」を対象として、「戸籍」を作り、「田畝《でんぽ》」を校《かんが》えること、

② 在地の実情を調査して、これを中央に報告するとともに、在地の有勢者である

「国造《くにのみやつこ》・郡領《ぐんりょう》」を伴って帰還すること、

③　武器を公的管理下に置くこと、

などが挙げられる。そして、

④　中央政府としては国造の裁判権に介入する意図はないが、国造が争訴を解決できず、「民《おおみたから》」が使者に提訴した場合は、使者が自断することを禁止し、中央への上申を命じる、

⑤　使者は「部内《くにのうち》の馬」に乗り、「部内の飯《いい》」を食してよいが、供給は基本的に国造を介して行うべきこと、

などの注意事項も示されている（早川庄八「選任令・選叙令と郡領の「試練」」）。

①③の任務は、上述の全国的な使者派遣と共通するものである。②は国造・伴造・県稲置《あがたいなき》ではないのに、詐《はか》って「自分の先祖《おや》の時から官家《みやけ》（屯倉）を管理し、郡県《こおり》を治めていた」と称する者に注意するように喚起されており（〔Ⅰ〕）、朝廷では東国の在地豪族の状況を充分に把握していなかったことが看取される。②の指示に見える「郡領」の語を併考すると、この弁別作業を第一歩として、後述の大化五年（六四九）の天下立評《てんかりつひょう》につながる評司《ひょうし》候補者の選定が進められていくのであろう。

鍾匱の制の発布

東国等国司への詔Ⅰと同日には、鍾匱《しょうき》の制《せい》と男女《だんじょ》の法《ほう》が発令されている。鍾匱の制

は朝庭《ちょうてい》に鍾《かね》・匱《ひつ》を設けて、「若《も》し憂《うれ》へ訴《うた》ふる人、伴造《とものみやつこ》有らば、其の伴造、先づ勘当《かむが》へて奏《もう》せ。尊長《ひとごのかみ》有らば、其の尊長、先づ勘当へて奏せ。若し其の伴造・尊長、訴ふる所を審《あきらか》にせずして、牒《ふみ》を収めて匱に納《い》れば、其の罪を以て罪せむ」と詔しており、中央において、伴造《とものみやつこ》・尊長《そんちょう》の裁判権（「勘当《かんとう》」）を前提にして、彼らが解決できない場合の上訴《じょうそ》受理を認めたものである。これは、東国等国司への注意事項④と共通する政策基調であり、中央豪族に対する天皇の権威確立を企図したものと言えよう。

上訴受理したものは、天皇が年月を入れて群卿《まえつきみたち》＝中央有力豪族に示す、としており、訴状は群卿が裁定するとも規定されているので（大化二年〈六四六〉二月戊申条）、天皇による専断ではなく、大夫《まえつきみ》と称される中央有力豪族の関与が想定されていた。それゆえに審議遅延の怠慢や阿党曲折があった時は、鍾を撞いて指弾することができるようになっている。これは形式としては、君主が直接に民間の声を聞くという中国の儒教的な徳治主義に基づいたもので、「儒を好みたまふ」という孝徳天皇の施策として相応しい。

鍾匱の制と男女の法

鍾匱の制は、解決できない裁判だけでなく、東国等国司《あずまのくにぐにのくにのみこともち》の帰朝に伴う「国造《くにのみやつこ》・郡領《ぐんりょう》」等の上京によって起きたと目される事態、用務で上京した人びとを留めて中央の雑役に駆使するという不満の声への対処にも利用されており（大化二年二月戊申条）、民間の声を聞くという目的は一応達成されたと評価できる。ただし、律令制下には一般人民が天皇に直訴することは禁止されており、あくまでも蘇我本宗家に代わって国政を掌握した儒教好みの孝徳天皇の一過性的措置であって、律令体制構築云々とは直接つながるものではなかった（長谷山彰「律令裁判制度における天皇と太政官」）。

男女の法は、夫婦の間に生まれた男女の所属を明確にするための規定である。これを東国等国司の任務①と関連づけて、「戸籍」作成に伴う人口調査に備えた措置とする見解も呈されているが（市大樹「大化改新と改新の実像」）、男女の法は婚姻制や身分制の規定ではなく、地位・身分の争訴や氏の成員確保に関わる労働力・集団への帰属の問題に関連するものである。文章構造からも、鍾匱の制のなかに含まれると考えられるので、鍾匱の制施行に伴う具体的な問題への対処を示したものと見るのがよいであろう（関晃「鍾匱の制と男女の法」）。

使者の功過

東国等国司は大化二年（六四六）早々に帰朝しており、その功過に伴う譴責例《けんせきれい》から、当時の地方把握の状態や使者の活動状況が知られる（〔Ⅲ〕）。任務③や注意事項⑤に関連して、上野《こうずけ》地域に派遣された紀麻利耆拕臣《きのまりきたのおみ》は、「人を朝倉君《あさくらのきみ》・井上君《いのうえのきみ》、二人の所《もと》に使《や》りて、為《ため》に其の馬を牽《ひ》き来しめて視《み》たり。復《また》、朝倉君をして、刀《たち》作らしめたり、復、朝倉君の弓・布を得たり。復、国造《くにのみやつこ》の送る兵代《つわものしろ》の物を以て、明《あきらか》に主《ぬし》に還《かえ》さずして、妄《みだ》りに国造に伝《たてまつ》へたり」と非難されている。

対立の萌芽

これは国造以外にも朝倉君・井上君という在地豪族が馬や武器を保有している様子を示し、②で見たような在地豪族の錯綜した関係の存在を看取させる。他の功過事例にも、直接的に百姓から戸別に収取したという逸脱行為、また田部《たべ》や湯部《ゆべ》という部民《べみん》制に関連する人びと、あるいは国造から馬を取るという行為が散見する。ここには伴造・部民系の「国家の所有る公民」と国造制《こくぞうせい》に基づく「大《おお》きに小《いささけ》きに領《あづか》れる人衆《ひとども》」など、複数の支配系列が混在していたことがうかがわれる。使者は国造のみに依存することができない状況で、禁止事項に違反してでも、その他の在地豪族と関係を結ぶことが必要になっていたのである。

その他、④に反して在地での争訴を裁いたことが「過《とが》」とされており、東国あるいは倭国で「官《つかさ》の刀《たち》」を盗まれたことも指弾されている。なお、上掲の紀臣《きのおみ》の例では、収公した武器を国造に渡したことが咎められているが、功過に続いて農作月の勧農を令した際には、地方では国造に依存するところが大きかったことがうかがわれる（大化二年〈六四六〉三月甲申条）。

東国等国司として派遣されたのは、「良家大夫《たかきいえまえつきみ》」と称される中央有力豪族の面々であった（〔Ⅱ〕）。その氏姓《うじかばね》などからグループ分けを試みると、蘇我氏一族で石川麻呂と関係する人物が多く見られ、孝徳天皇とのつながりが想定できる者もおり、中大兄・鎌足の関係者は少ないと思われる。これは、乙巳の変後の勢力分布図を如実に反映するものと言えよう。

そして、東国等国司の功過結果（〔Ⅲ〕）によると、長官クラスでは孝徳天皇派と目される者に「過」が多い。ここには計画立案者である石川麻呂の意向が反映されているとすれば、孝徳天皇との対立の萌芽、後述の石川麻呂事件につながる何らかの要因が胚胎していたのではないかとも思われる（遠山美都男「東国国司の構成と孝徳政権」）。

なお、大化二年（六四六）八月には再び国司が発遣され（〔Ⅳ〕）、上京していた国造ともども、前回の任務指示に基づき、収数《おさめかぞうる》田《た》を民に均給すること、立評作業とも関わる「国々の壃界」の観察と図化したものの作成、さらに地名の決定・奏上、また堤・溝の整備や墾田の造成などが命じられている。

仏教の掌握

孝徳天皇はまた、「仏法を尊び、神道を軽《あなづ》りたまふ」と評され、仏教関係の施策にも注目すべきものがあった。十師《じっし》の設置である（大化元年〈六四五〉八月癸卯条）。設置にあたり蘇我氏による仏教振興の歴史をふり返りながらも、今後は天皇自らが仏教の興隆に努める旨を述べており、舒明朝の百済大寺造営にはじまる天皇家の仏教信仰の流れを受け継ぐ立場がうかがわれる。

十師の制は、唐の十大徳の制に倣ったものである。唐の十大徳は、武徳《ぶとく》二年（六一九＝推古二十七）から数年間だけ設置された中央僧官で、当時の高僧・大徳《だいとく》のなかから選出・構成されて僧尼の統摂にあたったものであるから、おそらくその時期に在唐留学していた飛鳥寺《あすかでら》の寺主僧旻《そうみん》などによって進言されたものであろう（田村圓澄「僧官と僧官制度」）。十師の顔ぶれを見ると、新帰朝の大唐学問僧である恵雲《えうん》・常安《じょうあん》（南淵《みなぶちのじょうあん》請安）・霊雲《りょううん》・僧旻《そうみん》、飛鳥寺に関係する道登《どうとう》、上宮王家討滅事件にも登場する大狛法師《おおこまのほうし》（『上宮聖徳太子伝補闕記』）、不詳の恵至《えし》・恵隣《えりん》・恵妙《えみょう》・福亮《ふくりょう》となっている。

この構成は、当時の仏教界における新旧両派の高僧を広く網羅するものである。唐制と同様に、一時的な制度として、蘇我氏主導下の僧正《そうじょう》・僧都《そうず》が廃された後の仏教界の混乱を収束させるために、天皇の下に人望ある高僧を結集させたと説明される所以である（速水侑『日本仏教史　古代』八〇～八一頁）。そして、十師のうちの恵妙を百済寺（百済大寺か）の寺主《じしゅ》に任じ、俗官である寺司《てらのつかさ》とともに諸寺を巡行して、僧尼・奴婢・田畝《でんぽ》を勘録《かんろく》し、報告させることにしており、法頭《ほうず》には来目臣《くめのおみ》・三輪色夫君《みわのしこぶのきみ》・額田部連《ぬかたべのむらじおい》甥が起用された。

以上を要するに、孝徳朝初動期の仏教統制は、蘇我氏に代わる天皇家の掌握下への移行のため、まず着手されるべき方策として重要であった。なお、天皇家による法会《ほうえ》の挙行は白雉《はくち》年間に散見しており（白雉二年〈六五一〉三月戊申条、十二月晦条、三年四月壬寅条、十二月晦条）、孝徳朝政治の段階を考える際に留意しておきたい。

国土の拡大

大化元年（六四五）十二月戊午条には、「越国言《こしのくにもう》さく、「海の畔《ほとり》に、枯査《うきき》、東に向きて移り去りぬ。沙《すなご》の上に跡有り。耕田《たつく》れる状《かたち》の如し」とまうす」、同二年是歳条にも「越国の鼠、昼夜相連《あいつらな》りて、東に向ひて移り去《ゆ》く」とあり、これらは大化三年の渟足柵《ぬたりのさく》、大化四年の磐舟柵《いわふねのさく》造営の予兆記事である。磐舟柵設置は蝦夷《えみし》への備えと越・信濃の民を柵《さく》戸《こ》として配備することにあった。

蝦夷の内附は皇極朝にも散見しており（皇極元年〈六四二〉九月癸酉、十月甲午・丁酉条）、「越辺蝦夷」が登場するから、日本海側の蝦夷との関係が課題になっていたと考えられる。これは、後代の斉明《さいめい》朝の阿倍比羅夫《あべのひらふ》の北方遠征の前提になるもので、孝徳朝においても皇極朝から続く日本海側の蝦夷への対策を継承・発展させたのであろう。ここには蘇我本宗家の補佐を得た方策から、天皇家を主体とする国土拡大策への転換が看取される。

三　改新詔

改新詔の発布

大化二年（六四六）正月一日、賀正の礼が終わった後に、改新詔《かいしんのみことのり》が発布された。改新詔は全四条からなり、各条は全体の趣旨を述べた主文《しゅぶん》と「凡《およそ》」ではじまる副文《ふくぶん》で構成されている。ただし、第一条は主文のみからなる。今、『日本書紀』大化元年正月甲子朔条の当該部分を掲げると、次の通りである。

其の一《はじめに》に曰《のたま》はく、昔在《むかし》の天皇等《すめらみことたち》の立てたまへる子代《こしろ》の民《おおみたから》・処処《ところどころ》の屯倉《みやけ》、及び、別《こと》には臣《おみ》・連《むらじ》・伴造《とものみやつこ》・国造《くにのみやつこ》・村首《むらのおびと》の所有《たもて》る部曲《かき》の民・処処の、田荘《たどころ》を罷《や》めよ。仍《よ》りて食封《へひと》を大夫《まえつきみ》より以上《かみつかた》に賜ふこと、各《おのおの》差《しなあ》有らむ。降《くだ》りて布帛《ふはく》を以て、官人《つかさ》・百姓《おおみたから》に賜ふこと、差有らむ。又曰はく、大夫は、民を治めしむる所なり。能《よ》く其の治《まつりごと》を尽《つく》すときは、民頼《こうぶ》る。故《かれ》、其の禄《たまもの》を重くせむことは、民の為にする所以《ゆえ》なり。

第一条の内容

その内容は、昔の天皇たちが立てた子代の民と所々の屯倉、またほかに臣・連・伴造・国造・村首が所有している部曲の民と所々の田荘を廃止し、その代わりに大夫以上にはそれぞれに応じた食封《じきふ》を、それ以下の官人・百姓には布帛を給付するというものである。大夫は民を治める者であり、よく統治が行き届いていれば、民は信頼するものであるから、禄を重くするのは、民のためでもあると述べている。

これは大化元年九月の土地兼幷禁止詔にも見える縦割り的・分節的な部民《べみん》制の廃止を宣するもので、子代の民と「標代民《みよをあらはすたみ》」、部曲の民と「己民《おのがたみ》」が対応している。部民制とは、諸豪族の「民部（カキ）」＝「己民」＝「部曲の民」の領有を前提とする王権への従属・奉仕の体制、それに基づく朝廷の職務分掌の体制である（鎌田元一「「部」についての基礎的考察」「部民制の構造と展開」)。倭王権の王宮＝朝廷の職務分担と王族の資養・生活に関わる諸王宮の組織を支えるしくみから発生しており、王宮組織と密接なつながりを有するのが子代・名代などと表現されるものである。

屯倉《みやけ》は、この部民制的貢納の拠点として国造の支配地域に置かれたもので、国造を介した地方からの収取の基盤になる(森公章「国造制と屯倉制」)。ただ、田荘は通常豪族の私有地、経営拠点を示すもので、それが国家的制度である部民制と関連して出てくるのには不審が残る。また、部民制廃止の代替措置として、大夫と官人・百姓に食封や布帛を賜与するとあるが、この三者が部民制とどのように関わるのか、不明の部分も残る。これらの点は、孝徳朝の部民政策を見ていくなかで、さらに検討したい。

地方行政の諸規定

次に第二条は地方行政に関する諸規定である(傍線は大宝《たいほう》・養老令《ようろうりょう》文と同一の部分を示す。以下、同じ)。

其の二《つぎ》に曰《のたま》はく、初めて京師《みさと》を脩《おさ》め、畿内国《うちつくに》の司《みこともち》・郡司《こおりのみやつこ》・関塞《せきそこ》・斥候《うかみ》・防人《さきもり》・駅馬《はいま》・伝馬《つたわりうま》を置き、鈴契《すずしるし》を造り、山河を定めよ。①凡《およ》そ京には坊毎《まちごと》に長《おさ》一人を置け。四つの坊《まち》に令《うながし》一人を置け。戸口《へひと》を按《かんが》へ検《おさ》め、奸《かだま》しく非《あ》しきを督《ただ》し察《あきら》むること掌《つかさど》れ。其の坊令《まちのうながし》には、坊の内に明廉《いさぎよ》く強《こわ》く直《ただし》くして、時の務《まつりごと》に堪《た》ふる者を取りて充《あ》てよ。里坊《さとまち》の長には、並《ならび》に里坊の百姓《おおみたから》の清《いさぎよ》く正しく強幹《いさを》しき者を取りて充てよ。若し当《そ》の里坊に人無くは、比《ならび》の里坊に簡《えら》び用ゐること聴《ゆる》す。②凡そ畿内《うちつくに》は、東は名墾《なばり》の横河《よこかわ》より以来《このかた》、南は紀伊の兄山《せのやま》より以来〈兄、此をば制《せ》と云ふ〉、西は赤石《あかし》の櫛淵《くしふち》より以来、北は近江の狭狭波《さざなみ》の合坂山《あふさかやま》より以来を、畿内国とす。③凡そ郡《こおり》は四十里《よそさと》を以て大郡《おおきこおり》とせよ。三十里《みそさと》より以下《しも》、四里《よさと》より以上《かみ》を中郡《なかつこおり》とし、三里《みさと》を小郡《すくなきこおり》とせよ。其の郡司《こおりのみやつこ》には、並びに国造《くにのみやつこ》の性識《ひととなりたましいさぎよ》清廉くして、時の務《まつりごと》に堪ふる者を取りて、大領《こおりのみやつこ》・少領《すけのみやつこ》とし、強く幹しく聡敏くして、書算に工《たくみ》なる者を、主政《まつりごとひと》・主帳《ふびと》とせよ。④凡そ駅馬・伝馬給《たま》ふことは、皆鈴《みなすず》・伝符《つたえのしるし》の剋《きざみ》の数に依れ。⑤凡そ諸国《くにぐに》及び関には、鈴契《すずしるし》給ふ。並に長官《かみ》執《と》れ。無くは次官《すけ》執れ。

第二条の内容

その内容は、主文で、京の制度を整え、畿内国の司以下の制度を定めるという。関塞《かんさい》は関所、斥候《せっこう》は諜報網、防人は辺境守備の兵で、駅馬と伝馬は交通・情報網に関わるものである。駅伝を使用するための駅鈴と関を通過するための割符《わりふ》である木契《もっけい》を造り、山河によって区画を定めるとも述べられている。

副文①は、京には坊ごとに坊長《まちおさ》一人、四坊に令一人を置き、戸口を調査し、犯罪を監視することを掌るとし、坊令の採用基準について、坊のなかで、廉直で剛毅な、任務に堪え得る者という条件を示している。里長《さとおさ》と坊長には、ともに里と坊の民で、潔癖で強くしっかりしている者を採用せよとし、もし当該の里・坊にふさわしい人物がいなければ、近隣の里・坊から選ぶことも許すと規定する。

副文②は、畿内の範囲を定めるもので、東西南北の範囲（四至《しいし》）を示している。東は伊賀の名墾（三重県伊賀市）の横河、南は紀伊の兄山（和歌山県伊都郡）、西は赤石の櫛淵（兵庫県神戸市）、北は近江の合坂山（逢坂山、山背と近江の堺）であるという。

副文③は、郡の大・中・小の三等級を定め、郡司の採用基準を示している。郡司には、国造のうち、清廉な人柄で、任務に堪え得る者を、大領《だいりょう》・少領《しょうりょう》とし、俊敏でしっかりしており書と算に巧みな者を、主政《しゅせい》・主帳《しゅちょう》とするとある。

副文④は、駅・伝馬を使用する際の規定で、駅鈴・伝符の剋《きざみ》の数によって馬を徴用できるとする。

副文⑤は、諸国と関に鈴・契を給付するが、すべて長官が管理すること、長官がいなければ、次官が管理せよという規定である。

第二条のなかでは、四至表示による畿内の範囲（四至畿内制）は他に見えない独自のものである。しかし、主文の関塞・斥候・防人の規定は副文にはなく、また副文には後代の大宝・養老令文と相似する文章が掲げられている。③の郡の等級は独自の数値であるが、三九〜三一里、一〜二里はどうなるのかなど、規定としての不充分さを指摘せねばならない。

第三条の内容

第三条には戸籍・計帳《けいちょう》・班田収授法《はんでんしゅうじゅのほう》を定めるとあり、人民・土地の把握に関する条項である。

其の三《つぎ》に曰《のたま》はく、初めて戸籍《へのふみた》・計帳《かずのふみた》・班田収授之法《あかちだおさめさづくるのり》を造れ。①凡そ五十戸《いそへ》を里《さと》とす。里毎《さとごと》に長《おさ》一人を置く。戸口《へひと》を按《かんが》へ検《おさ》め、農桑《なりわいくわ》を課《おお》せ殖《う》ゑ、非違《のりにたがえる》を禁《いさ》め察《あきら》め、賦役《えつき》を催駈《うながしつか》ふことを掌れ。若《も》し山谷阻険《やまはざまさが》しくして、地遠《ところとお》く人稀《まれ》なる処には、便《たより》に随ひて量《はか》りて置け。②凡そ田は長さ三十歩《みそあし》、広さ十二歩を段《きだ》とせよ。十段を町とせよ。段ごとに租《たちから》の稲二束《つか》二把《たばり》、町《ところ》ごとに租の稲二十二束とせよ。

副文①は、一里《り》が五〇戸《こ》からなることを示し、里長を置くこと、その職掌として、戸口を調査し、農耕と養蚕を殖やすよう命じ、違反者を取り締まり、賦役を催促して駆り出すことを規定する。もし山や谷が険しく、遠くて住む人も稀な所は、場所に応じて措置せよとする。

副文②は、田は長さ三〇歩《ぶ》、広さ一二歩、すなわち三六〇歩（約一一・九アール）を一段《たん》とし、一〇段が一町《ちょう》となること、段別《たんべつ》に租として稲を二束《そく》二把《わ》、町別に二二束徴収することを規定する。

人民・土地の把握

人民・土地の把握は、大化元年（六四五）の東国等国司《あずまのくにぐにのくにのみこともち》など、使者派遣の一つの眼目であったが、副文では五十戸《ごじゅっこ》一里制《いちりせい》や田の面積（田長《でんちょう》）と田租の規定、しかもやはり後代の大宝・養老令文と同じ文章が示されるのみで、主文の戸籍・計帳や班田収授法の詳細は不明である。

徴税のしくみ

第四条は新しい税制のしくみを示したものである。

其の四に曰《のたま》はく、旧《もと》の賦役《えつき》を罷《や》めて、田の調《たのみつき》を行へ。①凡そ絹・絁《あしぎぬ》・糸・綿《わた》は、並に郷土《くに》の出《いだ》せるに随《したが》へ。田一町に絹一丈《つえ》、四町にして匹《むら》を成す。長さ四丈、広さ二尺半。絁二丈、二町にして匹を成す。長さ・広さ絹に同じ。布四丈、長さ・広さ絹・絁に同じ。一町にして端《むら》を成す〈糸・綿《わた》の絢《め》・屯《みせ》をば、諸《もろもろ》の処に見ず〉。別に戸別《へごと》の調《みつき》を収《と》れ。一戸に貲布《さよみのぬの》一丈二尺。②凡そ調の副物《そはつもの》の塩と贄《にえ》とは、亦《また》郷土の出せるに随へ。③凡そ官馬《つかさうま》は、中の馬は一百戸毎《ももへごと》に一匹を輸《いた》せ。若し細馬《よきうま》ならば二百戸《へ》毎に一匹を輸せ。其の馬買はむ直《あたい》は、一戸に布一丈二尺。④凡そ兵《つはもの》は、人の身《み》ごとに刀《たち》・甲《よろい》・弓・矢・幡《はた》・鼓《つづみ》を輸せ。⑤凡そ仕丁《つかへのよほろ》は、旧《もと》の三十戸毎に一人せしを改めて〈一人を以て廝《くりや》に充《あ》つ〉、五十戸毎《いそへ》に一人を〈一人を以て廝に充つ〉、以て諸司《つかさつかさ》に充てよ。五十戸を以て、仕丁一人が粮《かて》に充てよ。一戸に庸布《ちからしろのぬの》一丈二尺、庸米《ちからしろのこめ》五斗《はこ》。⑥凡そ采女《うねめ》は、郡の少領《こおりすけのみやつこ》より以上の姉妹、及び子女の形容《かお》端正《きらぎら》しき者を貢《たてまつ》れ〈従丁《ともよほろ》一人、従女《とものわらは》二人〉。一百戸を以て、采女一人が粮《かて》に充てよ。庸布・庸米、皆仕丁に准《なぞら》へとのたまふ。

第四条の内容

その内容は、主文で田《た》の調《みつき》という税を示している。副文①では、調の品目を挙げた上で、それぞれの地方に産出するものを貢上すると規定する。絹は田一町につき一丈《じょう》（三メートル）、四町で一疋《ひき》（一疋は長さ四丈、広さ二尺《しゃく》半〈七五センチ〉）、絁は二丈、二町で一疋、布ならば四丈、一町で一端《たん》（一端は絹・絁の一疋と同じ長さ・広さ）となる（糸・綿の絇・屯はどこにも見えない、史料が欠如しているという）。また別に戸ごとの調を納めさせるとあり、一戸に貲布《さよみのぬの》（上質な布）一丈二尺と規定する。

副文②は、調の付加税の塩と贄の規定で、その地方に産出するものを出せとする。

副文③は、官馬《かんば》について、中程度の馬なら一〇〇戸ごとに一疋、良馬は二〇〇戸ごとに一疋を出すとし、その馬を買うための価直《かちょく》は、一戸に布一丈二尺であるという。

副文④は、武器について、人ごとに刀・甲・弓・矢・幡・鼓を出せと規定している。

副文⑤は、仕丁に関して、旧来三〇戸に一人出していたのを改訂し、五〇戸に一人とし（一人を厮にあてる）、中央の役所に配置せよとする。五〇戸で仕丁一人の食糧を負担させ、一戸に庸布《ようふ》一丈二尺、庸米《ようまい》五斗《と》を出させる。

副文⑥は、采女の貢進《こうしん》規定で、郡司の大領・少領の姉妹か子女で、容姿端麗な者を出させ、従丁一人・従女二人をつけるようにと命じる。一〇〇戸で采女一人の食糧を負担するしくみで、庸布・庸米は仕丁と同様であるという。

ここでは田の面積に応じて賦課される田の調、また、①に戸ごとに賦課する戸別の調という独自の税目が規定されており、両者の関係如何は今は措くとして、いずれも布類による徴収、しかも他には見えない規格が示されている（明石一紀「郷戸編成と調庸制」）。その他、調の副物を塩・贄とすること、官馬や武器の準備規定も独自の内容で、第四条は総じて他に例のない規定になっているが、仕丁《しちょう》・采女《うねめ》については後代の大宝・養老令文と相似する文章が掲げられている。

郡評論争

改新詔には、旧来の部民制を廃止し、後代の律令条文に類似する内容の新しい地方行政のしくみや人民・土地の把握、新税制の施行などが示されていた。これらがすべて実現されれば、旧来の国家体制を大きく変更し、中央集権的律令国家の建設が達成されるはずであり、改新詔を律令国家構築の基点とする見方が呈されたのである。

そして、古代国家の大きな変革期として、近世の幕藩体制《ばくはんたいせい》から欧米を模した近代国家への転換である明治維新《めいじいしん》に比すべき事柄であるとの認識の下に、「大化改新《たいかのかいしん》」という名辞が喧伝され、その端緒となった乙巳の変の立役者である中大兄・鎌足の事績も高く評価されてきた。

ただし、いくつかの疑問や後代の律令条文との類似を指摘したように、『日本書紀』

に載せる改新詔が当時の史料（原詔《げんしょう》）であったか否かは、古くから論議があり、後出する近江令《おうみりょう》、飛鳥浄御原令《あすかきよみがはらりょう》、大宝令《たいほうりょう》などによる修飾の有無が検討されている。なかでも、一九六〇～七〇年代の改新詔研究の嚆矢《こうし》となったのが、郡評論争《ぐんぴょうろんそう》である。改新詔第二条③によると、郡《ぐん》・郡司《ぐんじ》の制度が定められたはずであるが、より信憑性の高い金石文《きんせきぶん》・古系図などによると、七世紀後半はまだ評制《ひょうせい》であった。とすると、評から郡に変わったのはいつかで、副文が近江令、飛鳥浄御原令、大宝令のいずれで修飾、あるいは造作されたかも決まるわけである（井上光貞「郡司制度の成立年代について」）。

郡評論争自体は、一九六六年からはじまった藤原宮《ふじわらのみや》跡の発掘による藤原宮木簡の出土で終止符が打たれる。藤原宮は持統《じとう》八年（六九四）～和銅《わどう》三年（七一〇）の宮室であるから、浄御原令制と大宝令制の二つの法制の下にあったことになる。その藤原宮木簡のなかに、

己亥年十月上挟国《かずさのくに》阿波評《あわのこおり》松里《まつのさと》　（175）・26・6　039

という荷札があり、己亥年は文武《もんむ》三年（六九九）であるから、大宝令施行直前まで「評」字が公的に使用されたことが判明し、大宝令で郡制になったことが確定した。

ただ、これで改新詔をめぐる議論が収束したかといえば、『日本書紀』は全体に「郡」字を用いているので、これだけでは単なる文字の置換にすぎないとも説明できる。改新詔に対する位置づけとしては、次の三つの立場がある。

（A）原詔説（改新肯定説）

（B）改新詔修飾・造作説

（C）改新否定説（改新虚構説）

（A）説は改新詔に近い統一的な法令が存在し、若干の修飾はあっても、ほぼ当時の原文があったとする見方である（坂本太郎『大化改新』、関晃「改新の詔の研究」）。（B）説は何らかの法令が出されたことは認めるが、修飾・改変の度合いが大きいとする見方で（井上光貞「大化改新の詔の研究」）、評制の存在は（B）説の立場から提唱された。しかし、（A）説の研究者は、評制は郡制の先取り的措置で、改新詔は律令国家の枠組みを先行して示したもの（青写真）であると主張した。郡評論争は、主に副文について修飾の有無を論じたものであったが、そのような議論の枠組みでは（B）説も十全ではないことになる。

そこで、第三の立場として（C）説が呈される。すなわち、第三条の戸籍については、後述のように、全国的な戸籍作成は天智九年（六七〇）の庚午年籍《こうごねんじゃく》が最初で、大宝・養老令制と同じ六年一造《ろくねんいちぞう》の戸籍は持統四年（六九〇）の庚寅年籍《こういんねんじゃく》以降制度化される。『日本書紀』は改新詔から六年後の白雉三年（六五二）に班田《はんでん》・造籍《ぞうせき》を実施したと記すが、実務上造籍が完了してから校田《こうでん》、そして班田に着手するものであり、造籍には相応の期間を要したと考えられるから、造籍と班田を同じ年に実施するのは不可能で、これはまったくの造作と見なされる（岸俊男「造籍と大化改新詔」）。そうなると、主文の信憑性も問われねばならず、とくに第一条の部民制廃止過程を検討すると、むしろ律令体制確立の画期は天智朝ないし天武・持統朝にあり、孝徳朝の改革（「大化改新」）の様相は全面的に再検討する余地があるというのである（原秀三郎「大化改新論批判序説」）。

以上、改新詔をめぐる三つの立場を紹介したが、現在も決着はついていない。近年では、天智九年（六七〇）の庚午年籍以前の年紀を有する木簡もいくつか出土しており、里の前身となる「五十戸」の存在、部民制の廃止過程とも関わる部民制的名称以外の「五十戸」の出現や「国」表記の登場などに依拠して、新肯定論とでも称すべき考え方も呈されている（吉川真司「律令体制の形成」、市大樹「大化改新と改革の実像」）。

ただし、新肯定論は、孝徳朝の政策に関する詳細な検討をふまえたものではない。新肯定論については、藤原宮木簡による郡評論争の決着、計帳・造籍に対する疑問、そして町段歩制《ちょうたんぶせい》がとられたのは大宝令からで、七世紀は代制《しろせい》（五〇〇代＝一町。代は稲一束が収穫できる土地のことで、一定の面積とは異なる概念）であったこと（吉田孝「町代制と条里制」）、また近年の出土木簡でいえば、庸《よう》も大宝令にはじまる呼称で、七世紀は「養米《ようまい》」「仕丁米《しちょうまい》」など、改新詔第四条⑤⑥に記された資養制度との関係が深いこと（森公章「民官と部民制」）などは異論の余地がない点に、目配りが求められる。

とすれば、『日本書紀』の改新詔が原詔のままでないことは明らかで、主文・副文とともに大宝令によって修飾・造作されたと考えるべきであろう。そして、大宝令文とは異なる規定の部分については、これを原詔の記述と断定するのではなく、孝徳紀のなかの他の史料も検討し、『日本書紀』以外の確実な史料と照合することが求められ、それをふまえて孝徳朝政治の実像を再構築することが必要である。

以下、章を改めて、孝徳天皇を中心とする改革が推進されるなかで、中大兄がどのような立場で行動したのか、改新詔の実効性はどうであったなどを探究しつつ、この課題にも取り組むことにしたい。

大化・白雉年号について

なお、「大化改新」という呼称に関連して、大化年号の存否にも触れておきたい。大化（六四五〜六四九）、白雉（六五〇〜六五四）年号の制定も、孝徳朝の先進性を示すものとされてきたが、その後は年号が途切れ、六八六年に朱鳥《しゆちょう》元年という年号が見えるだけで、現在までつながる年号制度の確立は、大宝元年（七〇一）であると言わねばならない。しかもこれらの年号は『日本書紀』だけにしか見えず、法隆寺旧蔵御物《ぎょぶつ》金銅観音菩薩造像記には「辛亥年七月十日記、笠評君《かさのこおりのきみ》」云々（辛亥年は白雉二年〈六五一〉、笠評は丹後国加佐郡の前身か）、兵庫県芦屋市三条九ノ坪《さんじょうくのつぼ》遺跡（摂津国菟原郡《うはらぐん》に所在）出土木簡に「壬子年」（白雉三年）などの例があり、干支による表記が踏襲されている。

これらは、倭王権の中心部からはやや周辺での事例であると位置づけることもできるが、孝徳天皇が遷都・造営を進める難波宮北西部出土の木簡にも、「戊申年」（大化四年〈六四八〉）の表記が知られ、朝廷中枢部でさえ大化年号が用いられていなかったことになる。

また、『日本書紀』のなかで原史料の表記が散見する天智即位前紀には、「天萬豊日《あめよろずとよひの》天皇《すめらみこと》（孝徳）後《のちの》五年十月崩《かんなづき》」とあり、白雉五年（六五四）という表示にはなっていない（この「後五年」は斉明《さいめい》即位前紀にも見え、『漢書《かんじょ》』の文帝紀《ぶんていき》・景帝紀《けいていき》などの書きぶりを模したものとも解されるという）。大化・白雉などは記念的なもので、年号制度の始用とは別であるという見方も示されているが、「大化」改新の存否にも関わる問題であり、今後さらに出土文字資料などの考察材料の増加を俟って、論究されることを期待したい。

第三　孝徳朝の改革のなかで

一　皇太子奏

孝徳朝の部民対策

まず、大化二年（六四六）の改新詔《かいしんのみことのり》に示された方策のうち、大前提となる部民《べみん》制廃止の状況を考えたい。そのなかには中大兄《なかのおおえ》が諮問を受けて奉答する場面もあり、孝徳《こうとく》朝の改革に対する彼の立場を知る材料になると思われるからである。孝徳朝の部民対策に関わる史料は次の通りである。

（あ）大化元年九月甲申条（土地兼并禁止詔《けんぺいきんしのみことのり》）
（い）大化二年正月甲子朔条（改新詔〈第一条〉）
（う）大化二年三月壬午条（皇太子奏《こうたいしそう》）
（え）大化二年八月癸酉条（品部廃止詔《しなべはいしのみことのり》Ⅰ）
（お）大化三年四月壬午条（品部廃止詔Ⅱ）

上述のように、（あ）には部民制の構造とその弊害が示されていた。それによると、進上された調賦《ちょうふ》や労働力を一次的に留保するのは臣《おみ》・連《むらじ》・伴造《とものみやつこ》などの中央豪族であり、この部分に国造《くにのみやつこ》は登場しないので、地方からの進上を担うのが国造であったと考えられる。これは『日本書紀』宣化《せんか》元年（五三六）五月辛丑朔条の那津官家《なのつのみやけ》設置に伴う稲穀移送や安閑《あんかん》元年（五三四）四月癸丑朔条の珠貢上の記事からうかがわれる状況とも合致している。すなわち、

天皇《すめらみこと》——阿蘇仍君《あそのきみ》——河内国茨田郡屯倉《かわちのくにまむたのこおりみやけ》
蘇我大臣稲目宿禰《そがのおおおみいなめのすくね》——尾張連《おわりのむらじ》——尾張国屯倉
物部大連麁鹿火《もののべのおおむらじあらかい》——新家連《にいのみのむらじ》——新家屯倉
阿倍臣《あべのおみ》——伊賀臣《いがのおみ》——伊賀国屯倉

天皇——内膳卿膳臣大麻呂《かしわでのつかさのきみかしわでのおみおおまろ》——伊甚国造《いじみのくにのみやつこ》——伊甚屯倉

という関係になっており、縦割り的・分節的支配のあり方がわかる。こうした関係は『日本書紀』清寧《せいねい》即位前紀に見られる吉備臣《きびのおみ》抑圧・山部《やまべ》奪取後において、

山官山部連《やまのつかさやまべのむらじ》—副吉備臣—山守部《やまもりべ》（山部）

という統属のしくみに依存せざるを得なかったことにも看取される。

（い）に登場する部民・屯倉《みやけ》は、こうした国造を介する地方からの収取体制の機構によって支えられていた。（あ）の「己民《おのがたみ》」、（い）の「部曲《かき》の民」は「民部（カキ）」と称

されるもので、王宮を有する王族、朝廷の職務分掌を担う中央豪族、地方からの貢納を統括する国造が、それぞれに領有意識を持つ複雑な構造であった。それゆえに部民制の改革は中央・地方の支配構造に大きな変容をもたらすものであり、孝徳朝の重要施策と位置づけられる。

吉備嶋皇祖母処々貸稲の廃止

（あ）大化元年（六四五）九月甲申条にはまた、賃租の禁止が令されており、これも部民制的支配と関連する行為と見られる。この点に関連して、大化二年三月の東国等国司《あずまのくにぐにのくにのみこともち》の功過《こうか》の際、その二回目にあたる三月十九日（東国等国司への詔Ⅲ）には、官司の所々の屯田《みた》と吉備嶋皇祖母命《きびのしまのすめみおやのみこと》の貸稲を廃止し、屯田は群臣《まえつきみ》と伴造に分け与えること、登録に漏れた寺に田と山を施入することが指示されている。

吉備嶋皇祖母は皇極《こうぎょく》二年（六四三）九月に死去した皇極・孝徳の母である吉備姫王《きびつひめのおおきみ》のことで、中大兄には祖母にあたる。官司の所々の屯田の「官司」とは、推古朝に所見する馬官《うまのつかさ》・大椋官《おおくらのつかさ》など、部民制に基づく朝廷の分掌組織を指し、それに屯田が附属・領有されていたという状況は、（あ）に記された土地の兼并・出挙《すいこ》的な賃租経営のあり方をうかがわせる。それを廃止して群臣・伴造らに班賜するというのは、その後の官司運営をどうするのか、群臣・伴造らはその官司の運営を担当する人びとと同じか否か、また（い）大化二年正月甲子朔条の方策と矛盾しないかなどの不審も残るところである。

吉備嶋皇祖母は、欽明《きんめい》天皇と蘇我堅塩媛《きたしひめ》の所生子である用明・推古と同母兄弟の桜井皇子の女《むすめ》であり、処処の貸稲はその経済的基盤として、同様に出挙的な賃租経営が行われていたのであろう。貸稲の廃止は、吉備嶋皇祖母の死去に伴うその経営体の解消を意味し、遺財として継承していた孝徳天皇が、こうした縦割り的組織解体の範を示したものと解される。なお、寺に対する田・山の施入は、上述の天皇による仏教掌握と関係する行為であり、一連の施策の流れに即したものである。

中大兄への諮問

この翌日、三月二十日に出されたのが（う）大化二年（六四六）三月壬午条である。（う）ではまず、孝徳天皇が中大兄に次のような諮問を行ったことが記されている。

其れ群《もろもろ》の臣・連及び伴造・国造の所有《たもて》る、昔在《むかし》の天皇《すめらみこと》の日に置ける子代入部《こしろのいりべ》、皇子等《みこたち》の私《わたくし》に有《たも》てる御名入部《みなのいりべ》、皇祖《すめみおや》大兄《おおえ》の御名入部〈彦人大兄《ひこひとのおおえ》を謂ふ〉、及び其の屯倉、猶古代《むかし》の如くにして、置かむや否や。

（そもそも、諸々の臣・連および伴造・国造が所有する、昔の天皇の世に置かれた子代入部、皇子たちが私有する御名入部、皇祖である大兄〈彦人大兄をいうのである〉の御名入部、およびその屯倉、これらをなお昔のとおりに置くのかどうか）

諮問した内容を考える前提として、ここに看取される領有関係は次のようになる。

α　昔日の天皇の時に設置され、臣・連・伴造・国造が所有する子代入部とその

屯倉
β―皇子等が私有する御名入部とその屯倉
　└皇祖大兄の御名入部とその屯倉

上述来の部民制の構造との関係で言えば、αが倭王権の王宮＝朝廷の職務分担に関わる部民（職業部）、βが諸王宮の資養のための部民（名代《なしろ》・子代）であり、孝徳天皇は部民制の廃止を中大兄に諮問したということになる。

これは、すでに（い）大化二年正月甲子朔条で宣言していたのと矛盾すると見るか、（い）には諸王宮のものは含まれていなかったので、改めて検討が求められたのか、あるいは（い）は方針のみを先行発信し、具体的な実施が（う）以下で模索されていくと考えるべきか、いずれにしても（い）の位置づけ・信拠性の理解に関わるものである。

この諮問に対して、中大兄は次のように奉答している。

天《あめ》に双《ふたつ》の日無し。国に二《ふたり》の王《きみ》無し。是《こ》の故に、天下《あめのした》を兼ね幷《あわ》せて、万民《おおみたから》を使ひたまふべきところは、唯天皇《ただすめらみこと》ならくのみ。別に、入部《いりべ》及び所封《よさせ》る民《おおみたから》を以て、仕丁《つかえのよほろ》に簡《えら》び充《あ》てむこと、前《さき》の処分《ことわり》に従はむ。自余以外《これよりほか》は、私《わたくし》に駈使《つか》はむことを恐《おそ》る。故《かれ》、入部五百二十四口《ひと》・屯倉一百八十一所《ところ》を献《たてまつ》る。

（天に二つの太陽はなく、国に二人の王はありません。よって天下を統一して万民を使役できるのは、ただ天皇だけです。別に入部および封じられた民のなかから仕丁をあてることは、先の規定に従います。それ以外には私用に駆使するおそれがありますので、入部五二四口・屯倉一八一所を献上します）

中大兄が奉答したのが部民全体についてなのか、自己の保有する皇祖大兄御名入部《すめらみおやおおえみなのいりべ》、すなわち彦人大兄―田村（舒明《じょめい》）―中大兄と伝領してきた忍坂宮《おしさか》の押坂部《おしさかべ》（刑部《おさかべ》）なのかは議論があるが（薗田香融「皇祖大兄御名入部について」）、ここでは後者と見ておく。孝徳天皇は、吉備嶋皇祖母の貸稲の廃止と同様、中大兄も率先して忍坂宮・押坂部を解体することを期待したのである。

「抵抗勢力」としての中大兄

中大兄は縦割り的・分節的支配の弊害を意識し、天皇を中心とする一元的支配を肯定するような姿勢を口にするが、実際には仕丁簡充《しちょうかんじゅう》の権限は「前処分」によるとして留保し、それ以外の「私駈使《くし》」は停止すると奉答している。この「前処分」とは、改新詔第四条の⑤、または（え）大化二年（六四六）八月癸酉条と同日に出された東国等国司への詔Ⅳに見える仕丁《しちょう》の差点《さてん》規定を指すと考えられる（発令時期については措くことになる）。改新詔では旧三〇戸に一人を五〇戸に一人に改めるとあるから、例えば三〇〇戸からはもと一〇人を差点していたのが六人に減額されることになり、中大兄は仕丁簡充の権限は維持すると述べているので、相応の出身・賦課母体が保持されていたのであろう。

そこで、中大兄の奉答を差額分の返上とし、入部五二四口と屯倉一八一所が対応する

旧俗の改正

表2　大化の薄葬令

	墓	外　域	役・日	帷帳	轜車
王以上	内長９尺,潤５尺	方９尋・高５尋	1000人・７日	白布	有
上臣	〃	方７尋・高３尋	500人・５日	〃	—
下臣	〃	方５尋・高2.5尋	250人・３日	〃	—
大仁・小仁	内長９尺,高・潤４尺	封なし	100人・１日	〃	—
大礼以下小智以上	〃	〃	50人・１日	〃	—
庶民	地に埋葬	—	—	麁布	—

ものであれば、実際には一屯倉から約三口の入部、つまりイルトモノヲとして上番する仕丁を出すしくみであったと見て、単純に四割減の比例計算を行うと、一つの目安として入部七八六口・屯倉二六二所は中大兄の下に残ったと推計される。これは孝徳天皇の期待を裏切るものであり、中大兄はこの時点では急進的な改革には従わない「抵抗勢力」であったと目されることになる。

孝徳天皇はそれでも改革を進めようとし、三月二十二日には旧俗矯正《きゅうぞくきょうせい》の詔を発布する。その内容は、薄葬令《はくそうれい》と呼ばれる天皇を中心とする儒教的秩序に基づく造墓規制と、諸風俗の改正である。矯正すべき風俗とは、詐言《さげん》、奴婢《ぬひ》の主人変更、婚姻関係、祓除《ふつじょ》、養馬《ようば》、市司《いちのつかさ》・渡子《わたしもり》、魚酒《ぎょしゅ》など、さまざまな事柄に及ぶ。

このうち「魚酒」とは、食事・酒の提供により富民が農業労働力確保を図る行為で、田植えなどの繁忙期に富民が労働力を囲い込むことを禁止するものである。畿内には直接使者を派遣して通告する一方で、地方では国造に規制の実施が命じられており、上述の部民制的関係の要となる在地豪族に依存するところが大きかった当時の地方支配の実情をうかがわせる。

祓除は路頭での旅行者の死去や炊飯に対する祓料の強請、養馬は上京する人の馬を預かって資飼することに伴う紛擾《ふんじょう》で、市司・渡子の調賦《ちょうふ》廃止ともども、役民《えきみん》等の京上・往来に伴う交通関係の規定整備を企図したのであろう。これは、東国等国司の京上時の実体験をふまえ、また後述の難波宮《なにわのみや》造営に関連する人びとの往来を見据えた措置と言える。

次いで八月十四日に、（え）大化二年（六四六）八月癸酉条が出された。ここでは部民制の状況が次のように説明されている。

　而《しか》るに王《きみ》の名名《みなみな》に始めて、臣《おみ》・連《むらじ》・伴造《とものみやつこ》・国造《くにのみやつこ》、其の品部《しなじなのとものを》を分《わか》ちて、彼《そ》の名名《なな》に別《わ》く。復《また》、其の民の品部を以て、交雑《まじ》りて国県《くにこおり》に居《お》らしむ。遂に父子《おやこ》姓を易《か》へ、兄弟《はらから》宗異《こと》に、夫婦《おうとめ》更《かはるがはる》互《たがひ》に名《め》殊《こと》ならしむ。一家《ひとついえ》五つに分れ六つに割く。是に由りて、争ひ競《かき》ふ訟《うたえ》、国に盈《み》ち朝《みかど》に充《み》てり。終《つい》に治《おさま》れることを見ずして、相乱《あいみだ》るること彌《いよいよ》盛《さかり》なり。

（ところが、それぞれの王の名をもとにして、臣・連・伴造・国造がその品部を分け、それぞれに名を付けている、またその民である品部を各地方に雑居させ、ついに父子が姓を変え、兄弟が宗を異にし、夫婦が互いに名を別にして、一家が五つ六つに分割されてしまう状況である。そのために争いが起こって、訴えごとが国や朝廷に満ち溢れ、結局治まるどころか、ますます混乱している）

品部（シナジナノトモノヲ）は部民全体を指す語で、その廃止が宣され、「其の王《きみ》の名《みな》を仮《か》借りて伴造とし、其の祖《おや》の名に襲《よ》據りて臣・連とす」（王の名を付けて伴造としている者や、祖先の名を受け継いで臣・連としている者がいる）とあるので、部民の領有主体は中央の臣・連・伴造らで、これも、（あ）大化元年（六四五）九月甲申条の構造と合致する。したがって、ここでは中大兄が全面的には賛同しなかった部民制廃止の方策を、再度呈示したものと解される。

父子・兄弟・夫婦の姓が異なるとか、「一家五分六割」という状況については、例えば上総《かずさ》の印波国造《いんばのくにのみやつこ》は丈部直《はせつかべのあたい》と大生直《おおみぶ》（壬生直《みぶのあたい》）、常陸《ひたち》の仲国造《なかのくにのみやつこ》は宇治部《うじべ》直と壬生直というように、東国では後発の壬生部《みぶべ》設定（『日本書紀』推古十五年〈六〇七〉二月庚辰朔条）により、国造の一族が複数の氏姓に分かれる事態が起きており、部民制による国制の分節化を示すものである。そこで、部民制廃止の代償として、新しい官職・冠位の制度を創出するという提案がなされている。この方策は、（い）大化二年正月甲子朔条とは必ずしも符合していない。なお、同日には国司・国造の発遣が行われ、前年の発遣時と同様の指示が下され、収数田《おさめかぞうるた》の民への均給、調賦《ちょうふ》として男身《おのこのみ》の調を収取すべきこと、仕丁は五〇戸に一人とすること、また国県の名称確定や築堤・穿溝《うなてほる》・墾田地の均給などが令された（東国等国司への詔Ⅳ）。

この部民対策をめぐっては、翌大化三年（六四七）四月二十六日に、（お）大化三年四月壬午条が出された。ここでは「神の名《みな》・天皇《すめらみこと》の名《みな》より始めて、或いは別れて臣《おみ》・連《むらじ》の氏《うじ》と為《な》れり、或いは別れて造《みやつこ》等の色《しな》と為れり」（神の名や代々の天皇の名をもとにし、別れて臣・連の氏となったり、造らの名称となったりしている）と、部民制に基づく氏姓《うじかばね》の由来とのつながりの深さに言及するとともに、弊害の大きさが次のように指摘されている。

斥弱《つたな》き臣・連・伴造《とものみやつこ》・国造《くにのみやつこ》、彼《その》の姓《うぢ》となれる神の名《みな》・王《きみ》の名《みな》を以て自《おの》が心の帰《よ》る所に逐《したが》ひて、妄《みだり》に前前処処《ひとひとところところ》に付けたり〈前前とは、猶人人《なおひとひと》を謂《い》ふぞ〉。爰《ここ》に神の名・王の名を、人の賂物《まひなひ》とするを以ての故に、他《ひと》の奴婢《おのこやつこめのこやつこ》に入れて、清き名を穢汚《けが》す。

〈未熟な臣・連・伴造・国造は、自分の姓としている神の名や王の名を、自分の思いつくままに、みだりに人びとやあちこちの場所に付けている〈前々とは人びとのことをいうようだ〉。ここに神の名・王の名

の人が賄賂とされることで、他人の奴婢に入り交じって、清い名を汚すことになる）

同様の状況は、（え）大化二年八月癸酉条にも次のように記されていた。

而《しか》るを王《きみ》の名《みな》を以て、軽《かろがろ》しく川野《かわの》に掛けて、名を百姓《おおみたから》に呼ぶ。誠に可畏《かしこ》し。凡そ王者《きみ》の号《みな》は、将《まさ》に日月《ひつき》に随ひて遠く流れ、祖子《みこ》の名は、天地《あめつち》と共に長く往《ゆ》くべし

（しかし、王の名を軽々しく川や野の名に付けて呼ぶことは、人民として実に畏れ多い。およそ王者の名、またその皇子・皇孫の名は、日月を経て天地とともに長く伝わらねばならない）

ただ、これらの意味は難解で、具体的にどのようなことを言っているのか不明の部分が大きかったが、以前から知られていた穴穂部《あなほべ》を孔王部《あなほべ》、丹比部《たじひべ》を蝮王部《たじひべ》とも記す事例に加えて、近年出土点数が増加する七世紀木簡には建王《たける》（公）部《べ》、雀王部《さざきべ》、蝮王《たじひ》（公）部《べ》などの表記方法が見られる（『飛鳥・藤原宮発掘調査出土木簡概報』十七—四六・八一・一〇七号、十八—二四・三一・三七・一一七号）。これらは名代・子代の部の例で、そこでは「〇〇王（公）」という王名、その王を資養する王宮の名称（これが推古女帝の幼名額田部《ぬかたべ》皇女のように、「〇〇部」という王名になる）を明記するのが本来の表記形式であったと解されるので、その一端が判明してくる。

部民制的貢納の維持

さて、この（お）大化三年（六四七）四月壬午条では、新官職と冠位の実施までの間は、皇子（史料では「祖子《みこ》」）・群臣《まえつきみ》、そして百姓に「庸《よう》」「調《ちょう》」を賜与するという点が伝達され

ている。「百姓《おおみたから》」は一般民衆ではなく、(え) 大化二年八月癸酉条の分註に記された「名名《なな》の王民《おおみたから》」、部民の管理に携わる末端の官人身分と考えられる。「調」は、改新詔の田の調と戸別の調や東国等国司への詔Ⅳの男身《おのこのみ》の調を示すとも見られるが、その実態が不明であること、またここまで部民制の解体は実現していないことを考慮すると、(あ) 大化元年九月甲申条の「調賦《ちょうふ》」と同じものを指すと思われる。「庸」は仕丁《しちょう》などの資養に用いられていたから、「庸《よう》・調《ちょう》」とは仕丁の差点と資養、そしてミツキで、これは部民制的貢納の内容に他ならない。

田《た》の調《みつき》は畿外、戸別の調は畿内を対象とするものとする説があり(大津透「律令国家と畿内」)、男身の調は畿外を対象とする法令に出てくるので、田の調が男子のみに賦課されたことを示すのか、あるいは調全体が男子を対象とするものとすれば、田の調・戸別の調の両方を指すと見ることもできるが、いずれにしてもその詳細や実施の明証は不明とせねばならない。この大化三年の時点まで、諸豪族にとって品部は朝廷への奉仕を支えるもので、彼らは品部から「庸・調」＝仕丁と調を得ていたことがわかる。

また、後述の評制《ひょうせい》施行時期や、大化五年冠位制度による地方豪族への大々的な冠位授与の開始をふまえると、ここで言う新官職・冠位の対象には国造は含まれず、中央豪族のみであったと目され、これも部民制廃止が一気には実現できない要因となる。

大化三年冠位制の施行

とすると、部民制廃止の実態は新官職・冠位のあり方と関わってくるが、大化三年(六四七)には七色《なないろ》十三階の冠位制度が制定され、翌大化四年に施行されている。これは冠位十二階以来の冠位制度の改訂であった。全体の冠位数は微増に留まるものの、冠位十二階では後の大宝令《たいほうりよう》制の一～三位相当の冠位を設定せず、蘇我本宗家《ほんそうけ》など最有力豪族は冠位授与による序列の枠外であったのに対して、一～三位相当の冠位を規定した点において、一つの画期、となった。

また、大宝令制以前では唯一、冠の材質・装飾や服色との連関がわかる事例であることも注目される。ただし、この冠を着用するのは、即位・元日の儀などの大会《たいえ》、外国使節に対する饗客、四・七月斎時《さいじ》(灌仏会《かんぶつえ》と盂蘭盆会《うらぼんえ》)と、非日常的な場面に限定されていた。冠位数も一三階と、冠位十二階に近似しており、部民制に依拠する諸豪族を広範に冠位体系のなかに包摂するには不充分である。したがって、大化三年冠位制《かんいせい》は、官僚機構の改変・構築がまだ過渡的な段階で示された措置であったと位置づけられよう。

大化三年冠位制が施行された時、大化四年(六四八)四月一日には次のような出来事があった。

古き冠《かんむり》を罷《や》む、左右大臣《ひだりみぎのおおおみ》、猶《なお》古き冠を着《こうぶ》る。

新冠位制度が徹底されず、左大臣阿倍内麻呂《あべのうちまろ》と右大臣蘇我倉山田石川麻呂《そがのくらのやまだのいしかわまろ》が孝徳天

表3　冠位・位階の変遷表

推古11年	大化3年	大化5年	天智3年	天武14年		大宝元年	
	大織	大織	大織	明・浄 正	大広壱	一品	正一位
	小織	小織	小織				従一位
	大繡	大繡	大縫		大広弐	二品	正二位
	小繡	小繡	小縫		大広参		従二位
	大紫	大紫	大紫			三品	正三位
	小紫	小紫	小紫		大広肆		従三位
大徳	大錦	大花上	大錦上	直	大広壱	四品	正四位上
			大錦中				正四位下
小徳		大花下	大錦下		大広弐		従四位上
							従四位下
大仁	小錦	小花上	小錦上		大広参		正五位上
			小錦中				正五位下
小仁		小花下	小錦下		大広肆		従五位上
							従五位下
大礼	大青	大山上	大山上	勤	大広壱		正六位上
			大山中		大広弐		正六位下
小礼		大山下	大山下		大広参		従六位上
					大広肆		従六位下
大信	小青	小山上	小山上	務	大広壱		正七位上
			小山中		大広弐		正七位下
小信		小山下	小山下		大広参		従七位上
					大広肆		従七位下
大義	大黒	大乙上	大乙上	追	大広壱		正八位上
小義		大乙下	大乙中・大乙下		大広弐		正八位下
大智	小黒	小乙上	小乙上		大広参		従八位上
小智		小乙下	小乙中・小乙下		大広肆		従八位下
	建武（初位立身）	立身	大建	進	大広壱		大初位上
					大広弐		大初位下
			小建		大広参		小初位上
					大広肆		小初位下

難波遷都

表4　大化三年冠位制の服制

冠位	冠材質	縁飾り	鈿	服色
大織	織	繍	金銀	深紫
小織	織	繍	金銀	深紫
大繍	繍	織	金銀	深紫
小繍	繍	織	金銀	深紫
大紫	紫	織	金銀	浅紫
小紫	紫	織	金銀	浅紫
大錦	大伯仙錦	織	金銀	真緋
小錦	小伯仙錦	大伯仙錦	金銀	真緋
大青	青絹	大伯仙錦	銀	紺
小青	青絹	小伯仙錦	銀	紺
大黒	（黒絹）	車形錦	銅	緑
小黒	（黒絹）	菱形錦	銅	緑
建武	黒絹	紺	ナシ	不明

（　）は推測のものを意味する。

皇の改革を積極的に支持していない様子が看取され、ここにも「抵抗勢力」が存した。次の大化五年冠位制が木簡など他の確実な史料にも見えているのに対して、大化三年冠位制が『日本書紀』以外では確認できないのは、あるいはこうした施行時の混乱によるのかもしれない。

二　蘇我倉山田石川麻呂事件

話は少し遡るが、乙巳《いっし》の変《へん》後の大化元年（六四五）十二月、孝徳《こうとく》天皇は難波長柄豊碕《なにわながらとよさき》の地に遷都した。後代の史料でも孝徳朝は「難波長柄豊碕朝廷之世」と称されている。難波宮《なにわのみや》の所在地は大阪市中央区の大坂城跡の南の上町《うえまち》台地上で、奈良時代の後期難波宮と、それを遡る前期難波宮の二時期の遺構が検出されており、前期難波宮が孝徳朝の難波長柄豊碕宮にあたる（積山洋『東アジアに開かれた古代王宮　難波宮』）。ただし、『日本書紀』には難波長柄豊碕宮以外に難波地域の宮がいくつか登場し、孝徳天皇の居所が複雑に変動したことがわかり、大化元年十二月にただちに難波宮が完成したのではなかった。

難波地域での造都活動を整理すると、A小郡宮《おごおりのみや》＝子代離宮《こしろかりみや》、B豊碕宮＝味経宮《あじふのみや》（『万葉集』巻六―九二八・一〇六二番歌も参照）の二段階での造営が行われたようである（吉川真司「難波長柄豊碕宮の歴史的位置」）。小郡宮は大坂城跡の北、東生郡酒人郷御輿殿村《ひがしなりぐんさかひとごうみこしどの》の地に位置し、ミコシドノは「ミコシロドノ」＝子代屯倉《こしろのみやけ》から転化した名称とされる。大化元年から建設がはじまったのはこの小郡宮で、小郡宮は突貫工事の末、大化三年夏秋ころには竣工したらしく、これが大化年間の「難波遷都」である。孝徳天皇は、大化二年正月には子代離宮にいたようであるが、その後に飛鳥に戻り、また難波の地に移るという落ち着かない日々であった。

小郡宮では、出勤・退出の時刻や作法などを規定した礼法が定められた（『日本書紀』大化三年是歳条）。それは寅の時（午前四時ころ）に南門に列立し、日の出とともに朝庭《ちょうてい》に入り再拝、その後に庁にて執務という出勤の方式を令するもので、遅刻者には出勤を認めず、退出は午の時（一二時ころ）で、退出時は鐘の音で知らせるといい、なかなかに厳格な内容である。これは、舒明《じょめい》朝以来の課題であった官人統制を確立しようとしたものであった。

また、この礼法では、官人は毎日の朝参において、庁座に就いて政務を執る前に、朝庭で必ず天皇に対する拝礼を行うことが定められているので、朝庭の空間を主宰するのが天皇であり、朝政は天皇出御の下に行われるものだとする理念を体現し、天皇の権威を強調する方策であったと評されている（熊谷公男「跪伏礼と口頭政務」）。

一方、豊碕宮については、大化四年（六四八）正月一日に行幸《ぎょうこう》した難波碕宮を豊碕宮と同じものと見て、小郡宮《おごおりのみや》完成後、大化三年ころから造営がはじまったとする説もあるが（市大樹「難波長柄豊碕宮の造営過程」）、いずれにしても大化年間には未完成で、難波ではさまざまな造営事業が行われていた。当該期の情勢に関連して、大化三年冠位制の施行に抵抗した左右大臣の動向を見ておきたい。

左大臣阿倍内麻呂の活動

左大臣阿倍内麻呂《あべのうちまろ》は孝徳天皇の妃小足媛《おたらしひめ》の父で、小足媛は舒明《じょめい》十二年（六四〇）に有間《ありま》皇子を産んでおり、孝徳天皇と密接な関係にあったはずである。ただし、内麻呂は推古《すいこ》三十二年（六二四）に、蘇我馬子《そがのうまこ》が葛城県《かずらきのあがた》の封県を願い出た時に、その使者の一人になり、推古天皇の死後、次の天皇を誰にするか、舒明天皇即位時の紛争の発端になった蘇我蝦夷《えみし》邸で群臣《まえつきみ》会議が開かれた際にも、その議長を務め、蘇我本宗家《ほんそうけ》に近い立場の処世をとっていた。

彼はまた、女《むすめ》の橘 娘《たちばなのいらつめ》を中大兄に嫁がせており、中大兄ともつながりを有している。内麻呂は大化四年二月に、難波宮の南の四天王寺に僧尼を屈請して、塔内に仏像四躯を安置し、霊鷲山像《りようじゆせん》を造ったといい、独自の仏教擁護活動を展開していたようである。

右大臣の動静

右大臣蘇我倉山田石川麻呂《そがのくらのやまだのいしかわまろ》は、蘇我本宗家《ほんそうけ》に反発して乙巳《いつし》の変《へん》に協力した人物で、女乳 娘《むすめちのいらつめ》が孝徳天皇の妃であり、また中大兄とも親しく、乙巳の変の前に女遠智 娘《おちのいらつめ》を嫁がせ、大田《おおた》皇女、大化元年（六四五）には鸕野《うのの》皇女（持統天皇）が誕生している。その妹の姪 娘《めいのいらつめ》も中大兄の妃になり、御名部《みなべ》皇女・阿陪《あへ》（阿倍・阿閇）皇女（元明天皇）を産んでいる。彼は乙巳の変後の蘇我氏の中心と目される存在で、飛鳥《あすか》の地では舒明十三年（六四一）ころから山田寺《やまだでら》の造営を開始しており、山田寺は皇極《こうぎよく》二年（六四三）に金堂を建立し、大化四年ころから僧侶が居住しはじめたという（『上宮聖徳法王帝説』裏書）。

なお、難波の地での造都が進むなか、飛鳥での造営を続ける者は他にもいた。皇極前天皇は夫舒明が着手した百済大寺《くだらのおおでら》の完成に執心しており、左大臣阿倍内麻呂が造百済大寺司を務めている（『大安寺伽藍縁起《だいあんじがらんえんぎ》 幷《ならびに》 流記資財帳《るきしざいちよう》』）。白雉元年（六五〇）十月には、丈六繡仏と俠侍《きようじ》八部等四六像を造りはじめたといい、翌年三月に完成、皇極前天皇は十師《じつし》らを請じて設斎しているので、当該期にも造営・整備が進展していたものと考えられる。このような飛鳥での造営活動は、孝徳天皇の難波一元化とは必ずしも歩調が合わない行為であったと言えよう。

事件の勃発

こうしたなか、大化五年(六四九)三月十七日に左大臣阿倍内麻呂《あべのうちまろ》が死去する。孝徳天皇は「朱雀門《すざくもん》」に幸して挙哀《こあい》(死者を祭るために哭泣《こっきゅう》すること)し、皇極前天皇・中大兄や中央有力豪族の人びとが哀哭《あいこく》した。二十四日になると、右大臣蘇我倉山田石川麻呂の異母弟日向《ひむか》(身刺《むさし》)が、石川麻呂の謀反を密告する。その内容は、石川麻呂が海浜での遊興の際に中大兄の殺害を計画しているというもので、中大兄も日向の告発を信用してしまう。孝徳天皇は、大伴連狛《おおとものむらじこま》・三国公麻呂《みくにのきみまろ》・穂積臣嚙《ほづみのおみくい》を石川麻呂の所に派遣し、謀反の虚実を尋問させるが、石川麻呂は天皇に直接対面して弁明したいと述べるばかりで、使者に対しては明確な返答をしなかった。天皇は再び狛と嚙を派遣するが、石川麻呂の返事は同じであった。そこで、天皇が石川麻呂の邸宅を包囲させたところ、石川麻呂と二人の子法師《ほふし》・赤猪《あかゐ》(秦《はだ》)は茅渟道《ちぬのみち》(難波から南下して茅渟を経て大和に入る道)から倭国《やまとのくに》の境に逃去《とうきょ》する。

この時、石川麻呂の長子興志《こごし》は山田の家にいて、山田寺造営に従事していた。興志は今来《いまき》の大槻《おおつき》の下で石川麻呂を迎え、追撃軍への抗戦を主張するが、石川麻呂は許さない。興志はまた、小墾田宮《おはりだのみや》襲撃を提案し、士卒を集めるが、石川麻呂は臣下として君主である天皇に逆らうことはできないと考え、興志にも父への孝養として同意するようにと諭したので、小墾田宮の焼損が回避された（大化五年〈六四九〉三月己巳条）。推古天皇以来の小墾田宮は存続しており、天皇家も飛鳥を放擲《ほうてき》してしまったのではなく、飛鳥には朝廷の諸施設や豪族たちの居宅・寺々が維持されていたのである。

この三月二十五日に石川麻呂は、山田寺を建立したのは自らのためではなく、天皇のために誓願したのだ、寺を建立したのは穏やかに臨終の時を迎えるためであると称し、仏殿の戸を開いて、「君主《きみ》に対して怨みを残さない」と誓約して自害したといい、妻子ら八人もそれに殉じた。この日、将軍の大伴連狛と蘇我日向が黒山《くろやま》（河内国丹比郡黒山郷）に到来した時、土師連身《はじのむらじみ》・采女臣使主麻呂《うねめのおみおみまろ》が山田寺から馳せ来ってこの顚末を告げたので、将軍らは丹比《たじひ》坂から難波に戻っている。二十六日には穂積臣嚙が、石川麻呂の与党である田口臣筑紫《たぐちのおみちくし》らを捕縛したとあり、蘇我氏一族の中心にいた石川麻呂の人脈がうかがわれる。

石川麻呂の死

この日の夕方、木臣麻呂《きのおみまろ》（紀麻利耆拕臣《きのまりきたのおみ》か）・蘇我日向・穂積臣嚙は軍を率いて山田寺を包囲、物部二田造塩《もののべふたたのみやつこしお》という者を召喚して、石川麻呂の頭を斬らせたという。これは自害ではなく、斬刑に処したことを意味しており、天皇の石川麻呂に対する怨念が看取される。三十日には田口臣筑紫・耳梨道徳《みみなしのどうとこ》・高田醜雄《たかたのしこを》・額田部湯坐連《ぬかたべのゆあのむらじ》・秦吾寺《はだのあてら》ら一四人

中大兄の立場

が斬殺、九人は絞殺に処せられ、流罪になった者が一五人であったと記されている。

蘇我倉山田石川麻呂事件は中大兄殺害を企図したものとされていたが、石川麻呂没後にその資財を調査すると、「好《よ》き書《ふみ》の上には、皇太子《ひつぎのみこ》の書《ふみ》と題《しる》す。重宝《おもきたから》の上には、皇太子の物と題す」という状況が判明し（大化五年三月是月条）、中大兄は石川麻呂の冤罪を悟ったが、もう遅かった。そこで、蘇我日向は筑紫大　宰　帥《つくしのおおみこともちのかみ》に任じられ、都から遠隔地に赴任させられたので、世人は「隠流《しのびながし》か」（陽に栄転させ、陰にはこれを退けたもの）と風評したという。

中大兄の妃造媛《みやつこひめ》（遠智娘との関係は二一一頁を参照）は父の死を悲しみ、ついに死去してしまったので、これも中大兄には大きな痛手となった。この時、野中川原史満《のなかのかわらのふびとみつ》は、

山川に　鴛鴦《をし》二つ居《ゐ》て　偶《たぐひ》よく　偶《たぐ》へる妹《いも》を　誰か率《ゐ》にけむ

（山川に鴛鴦が二つならんでいるように、仲よく並んでいた妹を誰が連れ去ったのでしょうか）

本毎《もとごと》に　花は咲けども　何とかも　愛《うつく》し妹《いも》が　まだ咲き出来ぬ

（もとごとに花は咲いているのに、どうしていとしい妹が再び咲いて来ないのでしょうか）

という歌を奉り、中大兄の心を慰めたので、絹四匹・布二〇端・綿《わた》二裹《かます》を賜与されている。

その後の山田寺

なお、山田寺の造営は天智朝に再開され、本尊の丈六仏開眼は天武十四年（六八五）のこ

とになる。天智朝の造営は、石川麻呂の弟で大臣であった連子《むらじこ》の手によるものであり、天智三年（六六四）に彼が死去すると、その前年の白村江《はくそんこう》戦での敗戦や天智六年の近江《おうみ》遷都、壬申《じんしん》の乱（六七二年）といった緊急事態が続き、頓挫したものと思われる。再び造営がはじまるのは天武二年（六七三）で、この時点では蘇我氏にはとくに有力者がいないので、遠智娘所生子で、石川麻呂の孫にあたる皇后鸕野《うのの》皇女（持統天皇）の後援があったのではないかと考えられる。

石川麻呂の死、朝廷に対する態度は美談として描かれており、これには鸕野《うのの》皇女の祖父・母に対する思慕の念が作用しているのではないだろうか。石川麻呂が天皇への陳弁に固執したこと、天皇の石川麻呂に対する過酷な処置を考えると、この事件は東国《あずまのくに》等国司《ぐにのくにのみこともち》への功過《こうか》や大化三年（六四七）冠位制など孝徳朝の改革をめぐる微妙な距離感に起因し、孝徳天皇による「抵抗勢力」の排除、中大兄との結合の芽の除去に利用されたのではないかと思われる。中大兄は乙巳の変以来の支柱を失ったことになり、政治の非情さを改めて認識する仕儀であった。

三　新冠位・官職と評制の施行

新冠位制の施行

阿倍内麻呂《あべのうちまろ》の死去・蘇我倉山田石川麻呂《そがのくらのやまだのいしかわまろ》の事件に先立って、大化五年（六四九）二月には十九階の新冠位制度が施行されており、また国博士《くにのはかせ》高向玄理《たかむこのげんり》と僧旻《そうみん》が「八省・百官」を置いたといい、新官職も制定されている。石川麻呂事件の後、四月に巨勢臣徳太《こせのおみとこだ》が左大臣、大伴長徳《おおとものながとこ》（馬養）が右大臣に任じられ、二人は新冠位の大紫《だいし》を授けられたことが見え、彼らが新冠を着することで、中央豪族全員がこの大化五年冠位制《かんいせい》を受け入れたのである。上述のように、彼らは上宮王家《じょうぐうおうけ》滅亡事件以来、孝徳天皇と行動をともにしており、ここに至って孝徳天皇はようやく自分の腹心、改革の賛同者を大臣に登用することができた。

大化五年冠位制は、飛鳥京跡出土木簡にいくつかの冠名が見えており、実施されたことは確実である。冠位・位階制度の変遷のなかでの特色を検討すると、大宝令《たいほうりょう》制の四・五位以下の区分が細分化されており、後述の評制《ひょうせい》施行に伴う地方豪族への冠位授与と合せて、諸豪族を冠位秩序のなかに広く取り込もうとする工夫の跡が看取される。この冠位制度に対応すべき中央・地方の官制も、大化五年を一つの画期として整備が図られる。

新官職の制定

孝徳朝の中央新官職としては、次のような事例が知られる。

・将作大匠《しょうさくたいしょう》荒田井直《あらたいのあたい》比羅夫《ひらふ》（『日本書紀』白雉元年〈六五〇〉十月条／大化三年〈六四七〉是歳条では工人《たくみ》で大山位《だいせんい》として所見）

・難波朝廷《なにわのみかど》刑部《ぎょうぶ》尚書《しょうしょ》大花上《だいかじょう》高向臣国忍《たかむこのおみくにおし》（『続日本紀』和銅元年〈七〇八〉閏八月丁酉条に死去記事がある高向朝臣麻呂《あそんまろ》の父）

・難波朝《なにわのみかど》衛部《えぶ》大華上《だいかじょう》物部連宇麻乃《もののべのむらじうまの》（『続日本紀』養老元年〈七一七〉三月癸卯条に死去記事がある石上朝臣麻呂《いそのかみあそんまろ》〈物部連麻呂〉の父）

・祠官頭《しかんとう》小花下《しょうかげ》諱部首作斯《いんべのおびとさかし》（『古語拾遺《こごしゅうい》』／白雉四年〈六五三〉任）

・判事《ことわるつかさ》（『日本書紀』斉明四年〈六五八〉十一月庚寅条分註所引或本に所見）

孝徳朝初年に任命された左右大臣は、いずれも臣《おみ》の姓《かばね》を持つ豪族から起用されており、従来の大臣（オホオミ）を左・右に分けたにすぎない。大化五年任命の二人は巨勢臣と大伴連で、従来の大臣《おおおみ》、大連《おおむらじ》という区分を改めて、連《むらじ》の姓《かばね》の者でも登用できることになった。名称を持つ新官職としての大臣（だいじん）という新しい性格が付与されることになった。新官職の事例ともども、就任者はいずれも大化五年冠位制の冠位を帯しており、ここには、官位相当制の萌芽となる官職と冠位の対応を考慮するという方向が看取される。

中央官制の実態

ちなみに、祠官頭は「王族・宮内の礼儀・婚姻・卜筮《ぼくぜい》のことを掌り叙《つぎ》てしむ」とあり、王族の世系《せいけい》・継嗣の管理、朝廷の礼儀、婚姻、卜筮（亀卜《きぼく》と易占《えきせん》）を職掌とする官職で、これは隋・唐以前の中国北朝の官制に範を求めたものと考えられている（東野治之「大化以前の官制と律令中央官制」）。高向玄理・僧旻は、北朝の系譜を引く隋・唐に留学しており、彼らが学んできた制度がどのようなものであったかがわかる。

ただし、この祠官頭は諱部首作斯以後の継承者がおらず、その職務内容も後代の律令官制下では治部省《じぶしょう》（世系・継嗣・婚姻）、式部省《しきぶしょう》（儀礼）、神祇官《じんぎかん》（卜筮）などに分散していることから見て、必ずしも律令体制の中央官制に直結するものではなかったようである。従来から倭王権の軍事・警察を掌ってきた物部氏の宇麻乃《うまの》が、それに類似する職務内容を持つと推定される新官職の衛部に就いている。とすると、孝徳朝の新官職の実態は、基本的には旧来の伴 造《とものみやつこ》—品部制《しなべせい》の上に立つ有力豪族に、引き続き国政諸部門を分掌させ、単に官名を中国風に改称したにすぎないと言わねばならない（笹山晴生「難波朝の「衛部」をめぐって」、福原栄太郎「孝徳朝の「刑部尚書」について」）。

大化五年（六四九）冠位制の施行により、乙巳の変ですでに蘇我本宗家が滅亡し、最上位に相当する豪族も天皇の下で冠位の秩序に組み込まれたことは重要であるが、基本構造は冠位十二階を継承する形になっており、劇的な変化ではなかった。各人の帯する冠位もおおむね旧来の豪族の秩序に基づいており、官職による序列定立は不充分である。したがって、(え)大化二年八月癸酉条と、(お)大化三年四月壬午条で企図した部民制《べみんせい》に基づく国家体制の変革は、依然として成し遂げられておらず、孝徳朝段階では部民制全廃には至らなかったと考えられ、「大化改新」の評価はかなり割り引く必要がある。天皇家が国家組織を掌握し、難波遷都を行ったことにより、中央官制を組み替える試みがあったことはわかるが、それは律令中央官制の確立を意味するものではない。ここに孝徳朝の改革の限界があった。

評制の施行

こうした中央での改革の困難さの一方で、抵抗の少ない地方の変革に取り組み、構造改革を図る方途も模索された。大化五年(六四九)の評制《ひょうせい》施行である。これは、大化元年の東国等国司《あずまのくにぐにのくにのみこともち》の派遣以来、地方豪族の実状調査を進め、従来の国造《くにのみやつこ》以外でも、国造が管轄する地域(クニ)において国造に匹敵する勢威・能力を有する豪族の歴史的支配地域を評とし、その豪族を評の官人(評司《ひょうし》)に任用し、地方支配の強化、縦割り的組織とは異なる地域編成の定立を目指したものである。

孝徳朝の立評の様子を示すものとして、伊勢(『皇太神宮儀式帳《こうたいじんぐうぎしきちょう》』)、常陸(『常陸国風土記《ひたちのくにふどき》』)、近江(難波宮跡北西出土木簡/凡国評《おおくにのこおり》〈愛智郡大国評か〉)、丹波(辛亥年〈白雉二＝六五一〉法隆寺献納御物《ぎょぶつ》金銅観世音菩薩立像台座銘/笠評《かさのこおり》)などが挙げられる。その他、大化二〜四年の立評を伝え

表5　伊勢・常陸における立評

国造のクニ	分割過程 大化五	分割過程 白雉四	分割過程 天智三	立評申請者 冠位・肩書等	立評申請者 人名
（伊勢）神国造のクニ	度会評	一〇郷			新家連阿久多
					礒連牟良
＝神庤を通じて太神宮に奉仕（太神宮司）	多気評	一〇郷			麻続連広背
					礒部真夜手
			飯野評（四郷）	小乙中	久米勝麻呂
（常陸）新治国造のクニ	新治評				〔新治直〕
		白壁評			〔白髪部直カ〕
筑波国造のクニ	筑波評				〔丈部直カ〕
		河内評			
		信太評（七〇〇戸）		小山上	物部河内
				大乙上	物部会津
茨城国造のクニ	茨城評				〔茨城直カ〕
		行方評（八里・七里）		茨城国造小乙下	壬生連磨
				那珂国造大建	壬生直夫子
那珂国造のクニ	那珂評（七里）				〔宇治部直〕
（下海上国造のクニ）	香島評（一里）			大乙上	中臣（　）子
				大乙下	中臣部兎子
久慈国造のクニ	久慈評				
多珂国造のクニ	多珂評				〔君子部臣〕
		石城評		多珂国造	石城直美夜部
				石城評造	部志許赤

〔　〕は郡領氏族が推定されるもの。

る史料もあるが（『因幡国伊福部臣古志《いおきべのおみこし》』、『日下部《くさかべ》系図』など）、改新詔《かいしんのみことのり》第二条をふまえたもので、年次の信拠性は認められない。『皇太神宮儀式帳』には「難波朝庭天下評を立て給ひし時」とあり、これは大化五年（六四九）のことを示し、大化五年こそ全国的立評が行われた年であると考えられる。

立評と評司任命

『常陸国風土記』によると、大化五年にはまず国造のクニや後の神郡《しんぐん》に相当する特殊な地域を評とし、次いで白雉四年（六五三）に新しい評の分立を認めるという形で評制が施行されている。立評《りつひょう》を求める人を「立評人」といい、この立評人がクニノミコトモチに申上し、評の分立が実施された。立評人は初代の評司《ひょうし》になり、評の長官である督《かみ》、次官である助督《すけ》に任命され、大宝令《たいほうりょう》制下の郡制《ぐんせい》においても、彼らの子孫が譜第郡領《ふだいぐんりょう》として郡司《ぐんじ》の地位を世襲する例が多い。督・助督の下には実務官である史《ふひと》が置かれ、評は三等官制をとっていた。また、評には官員人数による等級の概念は導入されておらず、改新詔第二条③は造作であると考えられる（森公章「評家」）。

この督系統の官名は「評」という名称ともども、評制が六世紀の朝鮮三国の制度に倣ったものであることを示している。朝鮮三国の地方支配は、自然発生的共同体の把握を目指しており、倭国の評制にも地方豪族が歴史的支配を築き一個の共同体となっているような地域を掌握するという同様の目的が看取される。これは、中国的な律令制地方支配とは発想を異にするものであった（森公章「評の成立と評造」）。評司になった地方豪族は、その時点で初めて冠位を与えられた。その冠位は大化五年冠位制のもので、等級は大宝令制の郡司の初叙位階と同じく八位相当の例が多い。

評の下部組織

常陸では、評制施行により、宇治部直《うじべのあたい》が評司を務める那珂評《なかのこおり》と、壬生部《みぶべ》の管掌者である壬生連《みぶのむらじ》・直《あたい》が評司になった行方評《なめがたのこおり》のように、部民《べみん》制との連関を残しつつも、新たな地域区分の構築が試みられている。部民制との関連では、評の下部組織として、上述の五〇戸に一人の仕丁《しちょう》貢進《こうしん》とも関わり、里《さと》の前身である「五十戸《さと》」の単位が編成されたことにも留意したい。

大化五年（六四九）冠位制の冠名を記した木簡とともに出土した「白髪部《しらかべ》五十戸」の荷札木簡（飛鳥京跡第五一次調査）や、「癸亥年（天智二＝六六三）山部《やまべ》五十戸」と記された法隆寺命過《めいか》幡《ばん》などにより、天智三年冠位制が施行された天智三年以前に「五十戸」編成が存在したことは確実で、その初源は孝徳朝にまで遡る可能性は高いと思われる。

また、石神《いしがみ》遺跡第一五次調査出土木簡（『飛鳥・藤原宮発掘調査出土木簡概報』十七―三四号、『評制下荷札木簡集成』一〇二号）には、

（表）乙丑年十二月三野国《みののくに》ム下評《むげのこおり》
（裏）大山五十戸《おおやまのさと》造《のみやつこ》　ム下部知ツ《むげべのちつ》

従人《ともびと》田ア児安《たべのこやす》　152・29・4　032

とある。「乙丑年」については、飛鳥池《あすかいけ》遺跡出土の同様の木簡に「丁丑年」（天武八＝六七九）とあるので（『評制下荷札木簡集成』一〇五・一〇七号）、誤記の可能性も指摘されているが、文字は「乙丑」でまちがいない。とすると、天智三年冠位制の発布を含む甲子宣《かっしのせん》と称される施策を宣した翌年である乙丑年＝天智四年（六六五）には、早くも国《くに》―評《こおり》―五十戸《さと》の整備された行政区画が存し、最初の全国的戸籍である庚午年籍《こうごねんじゃく》作成（天智九＝六七〇）による人民把握の進展以前に、部民制に依拠しない地名を冠する「五十戸」の編成が看取される（市大樹「飛鳥藤原地域の遺跡と木簡」）。

令制国の成立時期

ただし、この状況を孝徳朝まで遡及することができるかどうかは疑問である。今のところ、このような「国」表記を持つ早い段階の年紀が記された木簡が見つかっているのは美濃（三野）地域だけである。壬申の乱の際の湯沐邑《とうもくゆう》の存在（安八麻評《あはちまのこおり》）とあわせて、甲子宣以来の天智・天武による中央集権的律令制地方支配確立の実験の場であったとも憶測され、「国」表記が安定し、律令制下の国と同様の令制国が成立するのは、天武十二年（六八三）～十四年の国境画定作業を経た段階であったと考えておきたい（森公章「国宰、国司制の成立をめぐる問題」）。

改新詔第二条は、「畿内国司・郡司」ではなく、「畿内・国司・郡司」と読むべきだとする意見もあるが、副文には国司の規定はなく、「畿内国」の範囲も四至《しいし》を示すのみであるから、たとえ原詔が存在したとしても、孝徳朝には「国」の規定は構想されていなかったであろう。

五十戸の内実

なお、「五十戸」については、部民制的名称のものも、すべてその部民で構成されていたのではなく、他姓者を含んでいたとする指摘がある（浅野啓介「庚午年籍と五十戸制」）。とすると、「五十戸」には縦割り的な部民制収取を止揚する措置が体現されているのであろうか。大山五十戸に関しても、「五十戸」を管理する五十戸造には、牟義都国造《むぎつのくにのみやつこ》を引き継ぐ評司身毛君《むげのきみ》（牟義都公《むぎつのきみ》）配下の豪族と目されるム下部《むげべ》姓の者が任じられており、国造の歴史的支配地域を評《ひょう》としたム下評では、大宝二年（七〇二）御野国戸籍《みののくにこせき》に看取される牟義都君（身毛君）―牟下津造《むげつのみやつこ》―牟下津―牟下津部《むげつべ》の序列が残っていたと見られる。さらに木簡では、五十戸造の下に田部《たべ》姓者が「従人」として徴税上の役割を果たしており、大山五十戸は屯倉《みやけ》などと関連する要素もあったのではないかと思われる。

「五十戸」の内実については、国造の奉仕を五〇戸単位で数量化する作業を想定すると、部民制的名称を持ち、なお部民制的貢納とつながる「五十戸」の存在とともに、評制による地域支配の浸透を通じて、部民の五〇戸編成とは異なる原理での「五十戸」の単位化が進行していくのかもしれない。このような推定も含めて、地方支配の動向はなお検討課題としておきたい。

四　飛鳥還都

白雉改元

次に中大兄の動向が知られるのは、白雉《はくち》改元の行事である。白雉元年（六五〇）の元日朝賀は味経宮《あじふのみや》、つまり造営中の難波長柄豊碕宮《なにわながらとよさきのみや》で行われており、賀正の礼が終わると、孝徳天皇は小郡宮《おごおりのみや》に戻った。二月九日には穴戸《あなと》（長門）から白雉が献上され、孝徳天皇は、百済君《くだらのきみ》（皇極朝に「質《ち》」として到来した百済王子余豊璋《よほうしょう》ら）と十師《じっし》の道登《どうとう》・僧旻《そうみん》らの講釈によって、祥瑞であることを確定する。僧旻は「王者《きみ》四表《よも》に旁《あまね》く流《ほどこ》るときは、白雉見《しろきぎす》ゆ」「王者の清素《しずか》なるときは、山に白雉出《い》づ」などの知見を示し、孝徳天皇の徳を称揚した。この白雉出現は天皇の儒教好みの風潮の一つを示し、また、天皇権威の強化を企図するものと言えよう。

なお、この白雉は穴戸国司《あなとのくにのみこともち》草壁醜経《くさかべのしこぶ》が献上したものであるが、実際には正月九日に国造首《くにのみやつこのおびと》の同族の贄《にえ》という者が麻山《おのやま》（山口県美禰郡美東町赤とする説もあるが、不詳）で捕獲したものという。西国における国司の派遣状況を教えてくれるとともに、地方支配における国造など地方豪族の働きを示す事例である。また、献上された白雉は園に放た

改元の行事

れており、難波の地には苑池があったことがうかがわれる。

二月十五日に、朝庭《ちょうてい》（小郡宮か）で、白雉献上の儀と改元が挙行された。朝庭の隊《つわものの》仗《よそおい》は、元日の儀式のように壮大なものであったという。左右大臣・百官人らが四列で紫門《みかど》（天皇の居所である内裏の門）に列立するなか、粟田臣飯虫《あわたのおみいいむし》ら四人が、白雉の輿を担いで先頭に立って進む。左右大臣は、百官人や百済君豊璋、弟の塞城《さいじょう》（塞上）と叔父の忠勝《ちゅうしょう》、高句麗《こうくり》《コグリヨ》の侍医毛治《もうじ》、新羅《しらぎ》《シルラ》人の侍学士《じがくじ》某などを引率して中庭《おおば》に至る。ここで三国公麻呂《みくにのきみまろ》・猪名公高見《いなのきみたかみ》・三輪君甕穂《みわのきみみかほ》・紀臣乎麻呂岐太《きのおみをまろきた》（東国等国司《あずまのくにぐにのくにのみこともち》の紀麻利耆拕臣《きのまりきたのおみ》か）ら四人が代わって白雉の輿を持ち、殿前に進んだ。この時に左右大臣は輿の前、伊勢王《いせのおおきみ》・三国公麻呂・倉臣小屎《くらのおみをくそ》が輿の後を執り、御座《みまし》の前に置くと、孝徳天皇が中大兄を召し、ともに白雉を観たのである。

中大兄は天皇の御座から退き、再拝、左大臣巨勢臣徳太《こせのおみとこだ》に白雉出現の賀詞を奏上させ、次いで天皇の詔《みことのり》、白雉改元が宣布される。白雉献上の際には孝徳天皇と中大兄は並立しているが、賀詞奏上の場面では、中大兄は天皇の臣下を代表する存在と位置づけられており、孝徳天皇の信頼の厚い巨勢臣徳太が中大兄の名代として賀詞を捧呈しているのが注目される。賀詞は「公卿《まえつきみ》・百官人《つかさつかさのひとども》等、賀《よごと》奉《たてまつ》らく、陛下《きみ》、清平《しづか》なる徳《いきおい》を以て、天《あめ》の下を治《しら》すが故に、爰《ここ》に白雉《しろきぎす》、西の方より出づること有り」で始まる官人たちが奉賀する内容であるが、一連の儀式の流れでは、中大兄が孝徳天皇の下位にあることが明示されている。この儀式には、余豊璋ら朝鮮三国から倭国に来ている人びとも参加していたから、国際的な発信も期待されていたと思われる。

国際情勢の推移

ここで孝徳朝開幕直後以降の東アジアの国際情勢の動向を見ておく。唐・太宗《たいそう》の高句麗征討が不首尾に終わった時、新羅では六四三年（皇極二）に唐が告げた軍事援助の条件、つまり唐の皇子を国王に迎えることをめぐって、唐に全面的に依存すべきだとする意見（親唐依存派）と、唐に依存はするが、新羅の独自性を保つべきだとする意見（親唐独立派）の対立が激化した。そして、六四七年（大化三）に依存派の毗曇《ひどん》《ビダム》らが王宮を攻撃する毗曇の乱が勃発した。時の善徳女王《ソンドクニョワン》は混乱のなかで死去したようであるが、この乱は親唐独立派の金春秋《きんしゅんじゅう》《キムチュンチュ》（後の太宗《たいそう》武烈王《ムヨル》）らによって鎮圧され、真徳《チンドク》女王が即位、新羅では女王と王族の有力者を核に権力集中を達成することができた。

とはいうものの、百済《くだら》《ベクチエ》・高句麗の圧力はなお脅威であり、新羅は唐との提携をさらに進めるか、あるいは倭国との関係を強化するという道も模索したらしい。六四六年（大化二）九月に新羅に派遣されていた高向玄理《たかむこのげんり》は、この乱の一部始終を観察しており、乱後の大化三年中の帰朝時には、金春秋が自ら「質」として倭国に到来し、春秋は「姿顔《かほ》美《よ》くして善《この》みて談笑《ほたきこと》す」（大化三年是歳条）と高い評価を得ているが、倭国との提携は実現しなかったようである。

そこで、金春秋は翌年には唐に赴く。以後新羅は、中国風の衣冠を服《ふく》す（六四九年）、唐の年号を使用する（六五〇年）、把笏《はしゃく》（中国風の衣冠着用に伴って、官人が威儀を正すために笏を持つこと）の制度を導入する（六五〇年）、賀正の礼を開始する（六五一年）、唐の律令を斟酌《しんしゃく》して理方府格《りほうふきゃく》六十余条を修定する（六五四年）など、一連の唐風化政策を進め、唐と同様の国家組織を構築し、同質の文化を形成することで、唐の信頼を得ようとしている。

一方、百済は六五三年に倭国と通好して以後、遣唐使を派遣しなくなり、唐との対立の道を選んでいくから、この時期は東アジア情勢の大きな転換期になる。

倭国の対外政策

白雉二年（六五一）に唐国服を着した新羅使が来航した時、倭国では勝手に唐国服を採用していたことを問題として、放還するという応対を示したが（白雉二年是歳条）、新羅側は唐との結合を誇示する目的もあったのであろう。左大臣巨勢臣徳太は難波から筑紫《ちくし》まで船を連ねて威嚇した上で、新羅を詰問すべきであると上奏したが、朝廷では具体的な行動に出ておらず、倭国は従来の均衡外交路線を墨守しようとしたのである。

倭国では白雉元年に、倭漢直県《やまとのあやのあたいあがた》・白髪部連鐙《しらかべのむらじあぶみ》・難波吉士胡床《なにわのきしあぐら》を安芸《あき》国に派遣して、百済船二隻を造らせたという（白雉元年是歳条）。孝徳天皇は白雉四、五年と連年の遣唐使派遣を実施するので、大化五年（六四九）に孝徳朝の改革が具体化するなかで、舒明朝

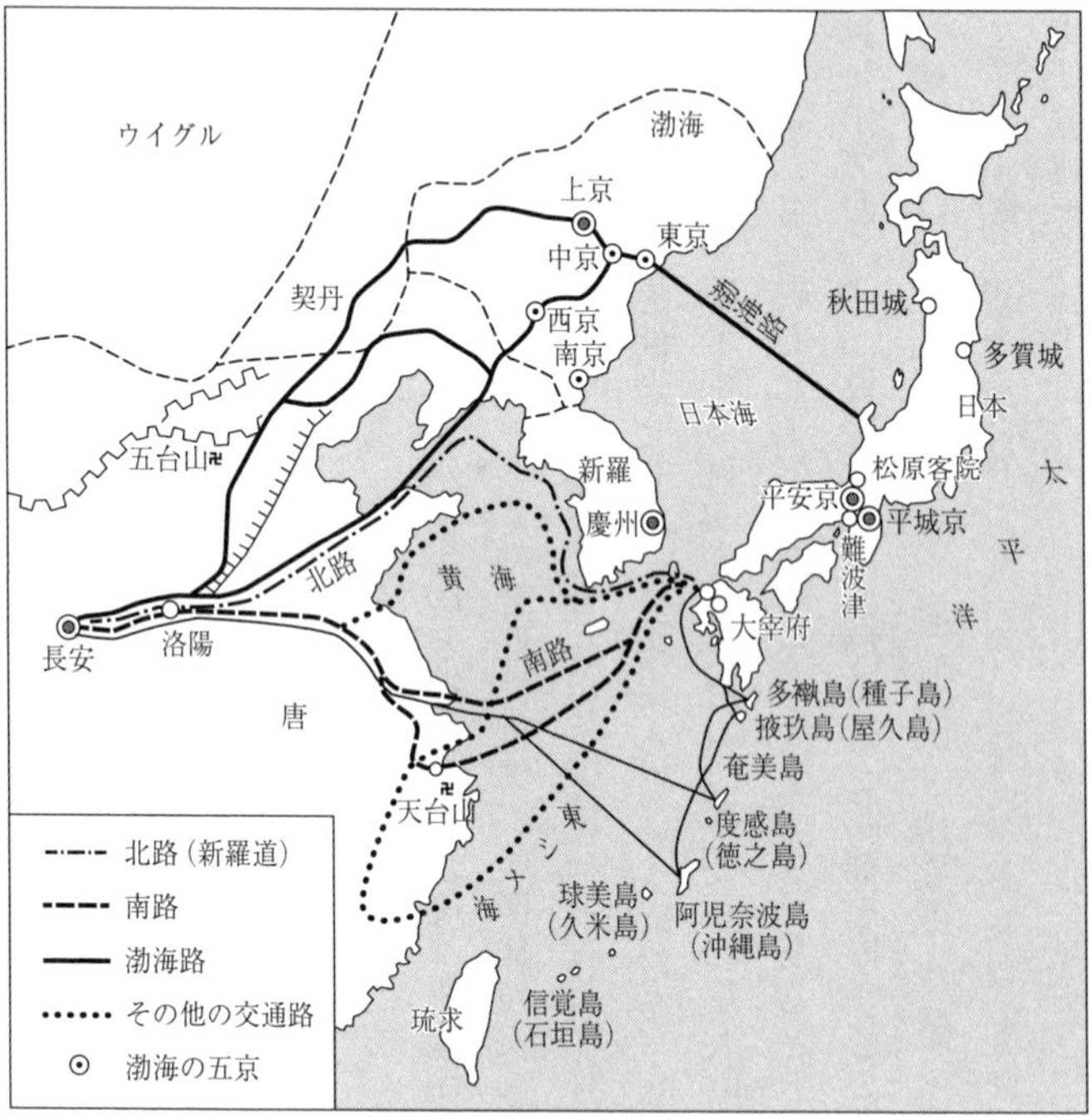
ウイグル
渤海
上京
中京
東京
契丹
西京
南京
秋田城
多賀城
日本
日本海
五台山
新羅
慶州
松原客院
平安京
平城京
難波津
太
平
洋
北路
黄海
大宰府
長安
洛陽
南路
唐
多褹島(種子島)
掖玖島(屋久島)
奄美島
天台山
東
シ
ナ
海
度感島
(徳之島)
球美島
(久米島)
阿児奈波島
(沖縄島)
信覚島
(石垣島)
琉求
北路(新羅道)
南路
渤海路
その他の交通路
渤海の五京

遣唐使の航路

以来、約四半世紀ぶりの唐との通交、先進文物の移入を企図していたのかもしれない。それもあって、親唐策をとる新羅と事を荒立てないようにしたのであろう。徳太の発言はガス抜き的行為であったのかもしれない。

遣唐使派遣

白雉四年（六五三）の遣唐使は船二隻で、第一船の大使は吉士長丹《きしのながに》、副使は吉士駒《きしのこま》であり、難波を拠点に六世紀以来外交に活躍してきた吉士集団の人びとが起用されている。この船の乗員は一二一人で、学問僧道厳《どうごん》・道通《どうつう》・道光《どうこう》・恵施《えせ》・覚勝《かくしょう》・弁正《べんしょう》・恵照《えしょう》・僧忍《そうにん》・知聡《ちそう》・道昭《どうしょう》・定恵《じょうえ》・安達《あんだち》・道観《どうかん》・知弁《ちべん》・義徳《ぎとく》、学生巨勢臣薬《こせのおみくすり》・氷連老人《ひのむらじおきな》・坂合部連《さかいべのむらじ》磐積《いわつみ》ら多くの留学者が渡海した。このうち、道昭は玄奘《げんじょう》に学んでいる。

定恵は中臣連鎌足《なかとみのむらじかまたり》の長子、安達は中臣連渠毎《こめ》の子、道観は粟田臣百済《あわたのおみくだら》の子であり、左大臣巨勢臣徳太の一族である学生の巨勢臣薬ともども、中央豪族が次代を担う子弟を留学させており、孝徳朝の改革が進むなかで、さらなる知識を唐に求めたのであろう。道観は後に還俗《げんぞく》し、粟田真人《あわたのまひと》の名で知られ、大宝律令の編纂に参画し、大宝度遣唐使の執節使《しっせつし》として唐との通交の新たなページを開くことになる。

また、道光は帰国後、『依四分律撰録行事《えしぶんりつせんろくぎょうじ》』を著し、恵施は文武二年（六九八）に僧正に就任した。坂合部連磐積は、天武十一年（六八二）に『新字《しんじ》』一部四十四巻を作成した。

遣唐使は五月に出発、第一船は朝鮮半島の西南部から黄海を横断する航路で、無事入《にっ》唐《とう》を果たしている。第二船は大使高田首根麻呂《たかたのおびとねまろ》、副使掃守連《かにもりのむらじ》小麻呂《おまろ》の下、学問僧道福《どうふく》・義向《ぎきょう》ら一二〇人で編成されていたが、こちらは新しい航路、南路あるいは南島路を開拓する目的もあったのか、七月になって薩摩《さつま》の曲《くま》・竹島《たかしま》（硫黄島の西）の間で漂没してしまい、わずかに五人が生還しただけであるという悲報がもたらされた。

難波宮の完成

話は前後するが、この間の白雉元年（六五〇）十月に、難波長柄豊碕《なにわながらとよさき》の宮地全域の整地が終了すると、先住の人びとに最終的な補償を行い、将作大匠《しょうさくたいしょう》荒田井直《あらたいのあたい》比羅夫《ひらふ》が宮堺の標《しめ》を立てている。そして白雉二年末、ついに造営が完成し、二一〇〇余の僧尼を請じて一切経《いっさいきょう》、夕刻には二七〇〇余燈を朝庭内に燃して、安宅《あんたく》・土側《どそく》等の経を読ませたといい、孝徳天皇が遷居して「難波長柄豊碕宮」と命名した。

なお、細部の造作は残り、白雉三年になって元日朝賀儀の後にしばらく大郡《おおごおり》宮に移居したのは、内裏の仕上げ作業のためと推定される。三月には新宮に戻り、四月に内裏で恵隠《えおん》が無量寿経《むりょうじゅきょう》を講説し、恵資《えし》（十師《じっし》の恵至か）が論議者で、沙門一〇〇〇人が作聴《さちょう》衆《じゅ》となったという。こうした宮内での法会《ほうえ》も、孝徳朝の新行事であり、仏教による結合強化を企図したものと考えられる。

前期難波宮の構造

九月に宮全体が竣工し、「其の宮殿《おおとの》の状、殫《ことごとく》に論《い》ふべからず」であったという。発掘調査によって判明した前期難波宮の全体規模は、東西・南北ともに約六五〇メートルである。

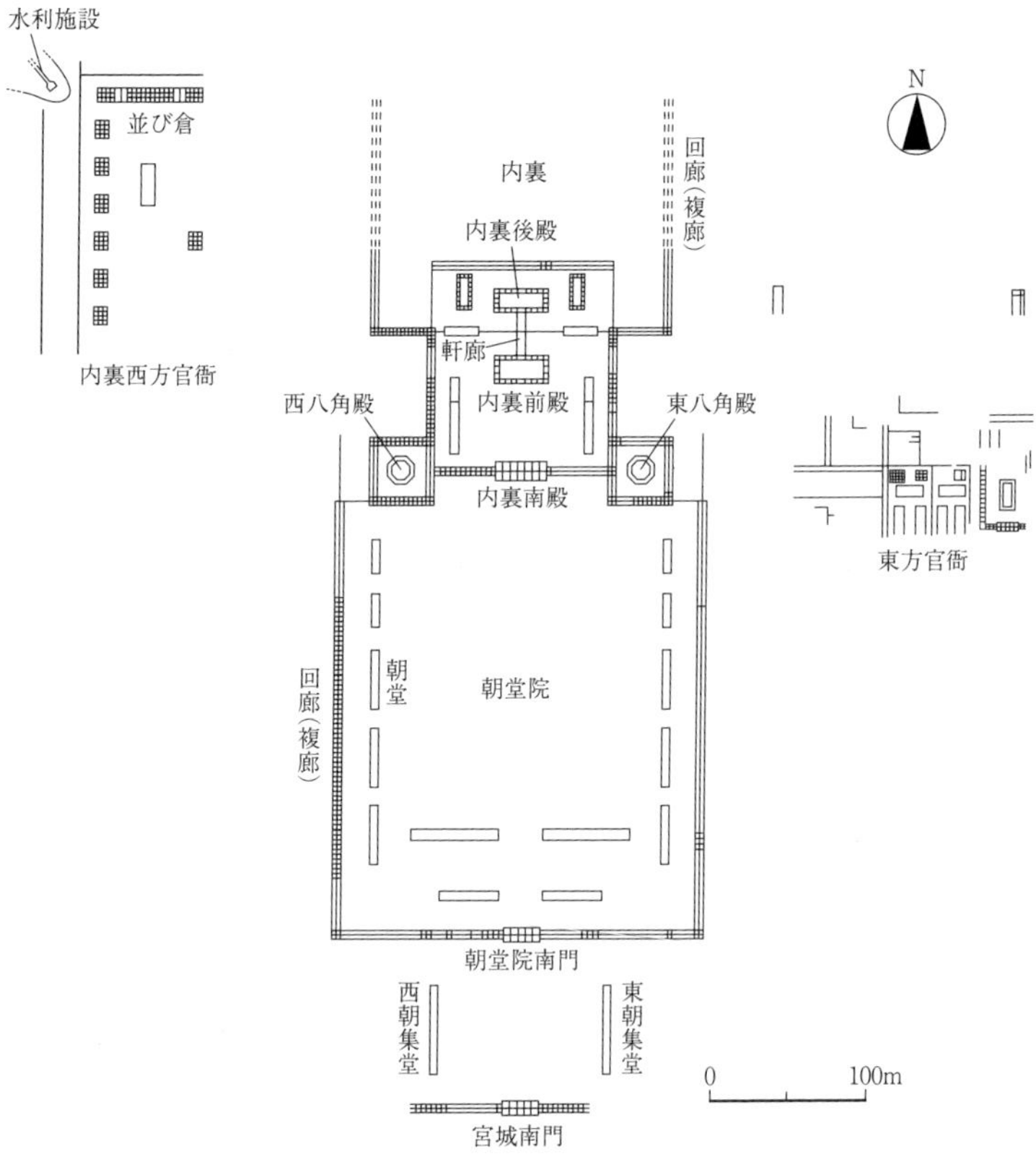

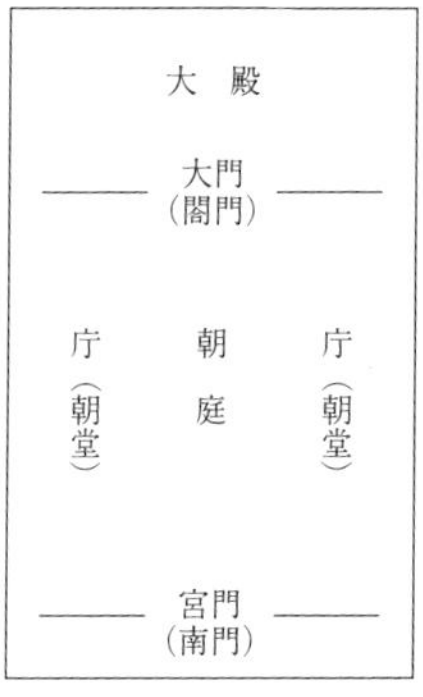

前期難波宮遺構配置図（上）と小墾田宮復原図（左）
積山洋『東アジアに開かれた古代王宮　難波宮』（新泉社，2014年）33頁をもとに作図．

その歴史的意義

中心部には、天皇の居住空間である内裏と、国家的政務の場である朝堂院《ちょうどういん》が存する。宮城北西部には倉が林立し、後の大蔵省相当の役所の存在が推定される内裏西部官衙、朝堂院の東側にも官衙《かんが》と目される東方官衙が検出されているが、これらの官衙域の具体相は未解明である（積山洋『東アジアに開かれた古代王宮　難波宮』）。

内裏は、内裏後殿《こうでん》と後世の大極殿《だいごくでん》相当施設である内裏前殿《ぜんでん》がつながっており、天皇の日常的空間である内裏と国家的政務の場が未分化な状況を反映している（中尾芳治「難波宮から藤原宮へ」）。内裏南門の東西には、複廊で囲まれた八角形の楼閣がそびえる。これは仏殿とも、時を告げる鐘楼《しょうろう》・鼓楼《ころう》とも言われているが、他の宮都には例がなく、用途はなお未確定である。

政務運営の中枢になる朝堂院は、南北二六二メートル、東西二三三メートルで、中央の朝庭を一四棟（以上）の朝堂が囲んでいる。朝堂院の南側には、東西に南北五〇メートル以上に達する建物があり、朝庭に出仕するために朝集した官人たちが待機する朝集堂相当建物と見なされる。その南には朱雀門《すざくもん》相当の宮城南門があるが、東西二三・五メートル、南北八・八メートルで、内裏南門よりは一回り小さい規模である。ここから朱雀大路に相当する道路が南下するが、京域の有無、その様相の解明は今後の課題になっている。

以上の前期難波宮は、それまで飛鳥で営まれてきた諸宮とは隔絶した規模を持つものであり、その構造も例を見ない部分が存する。ただ、内裏の様態や朝堂（庁）での政務については、推古朝の小墾田《おはりだ》宮でのそれと共通する構造にあると言えよう。飛鳥では、推古朝以降に官司《かんし》的要素の萌芽が看取されるものの、中央有力豪族は、それぞれの本拠地で実務を執っていたと推定される。

　これに対して難波宮では、諸豪族が本拠地から離れて政務を執ることを前提としており、天皇の威信を示す目的もあって、巨大な宮室が造営されたのであろう。実務を執る官衙域（曹司《そうし》）の出現も、そうした変化に対応するものである。

　広大な朝庭は、中央官人と、東国等国司《あずまのくにぐにのくにのみこともち》の帰還などに随伴して上京する地方豪族を収容するためであり、当時の政務が朝堂での口頭伝達を基本としていたので、このような規模が必要になったのである（早川庄八「前期難波宮と古代官僚制」）。一四堂（以上）という歴代宮都のなかでも最大数の朝堂も、当時の官司のあり方に対応するものであって、部民制《べみんせい》的な構造の存続をうかがわせる。なお、難波宮では、後代に「難波朝廷《なにわのみかど》之《の》立礼《たついや》」（天武十一年〈六八二〉九月壬辰条）と称される、起立して行う中国風の拝礼方式が定められたとある。これも孝徳朝の先取性を示すものであるが、小郡宮《おごおりのみや》の礼法との関係やその詳細な内容は不明である。

　『日本書紀』孝徳紀の構成では大化三年（六四七）まで、とくに大化元、二年に大きな変革を遂げたことになっているが、難波宮の造営過程を見ても、孝徳朝の改革が本格化するのは大化末年から白雉年間にかけてであったと考えられる。

こうしたなか、白雉四年（六五三）五月には僧旻《そうみん》が病気になり、天皇は阿曇寺《あづみでら》に幸じ、旻の手を取って「若し法師今日亡《し》なば、朕《われ》従ひて明日《あすのひ》に亡なむ」と嘆いたというが、僧旻は六月に死去してしまう。その死の際に、画工狛竪部子麻呂《えかきこまのたてべのこまろ》・鯽魚戸直《ふなとのあたい》らに命じて多くの菩薩像を作らせ川原寺《かわらでら》、あるいは山田寺《やまだでら》に安置されたとある。川原寺は、斉明《さいめい》天皇の飛鳥川原宮《あすかかわらのみや》を寺院にしたもので、山田寺もなお未完成であったから、これは最終的な安置先を示しているのであろう。

このようにして難波宮が完成し、改革への本格的着手、遣唐使派遣などが行われるなか、中大兄は突如として都を飛鳥に戻すべきことを進言する。孝徳天皇は勿論承諾しなかったが、中大兄は母皇極《こうぎょく》前天皇・間人《はしひと》皇后や大海人《おおあま》皇子らを率いて飛鳥河辺行宮《あすかかわべのかりみや》に遷居してしまった。公卿大夫《まえつきみたち》・百官人、中央有力豪族や官人たちも行動をともにしたといい、孝徳天皇は間人皇后に、

鉗着《かなきつ》け　吾《あ》が飼ふ駒は　引出せず　吾が飼ふ駒を　人見《ひとみ》つらむか

（鉗をつけ私が飼っていた駒はどうしたのだろうか。厩から引き出しもせずに、私が大事に飼っていた駒をどうして他人が見たのだろうか）

という歌を送ったが、ついに戻ってこなかった。天皇はまた、この反逆を恨み、国位《くに》を捨てようとし、山埼《やまさき》に宮を造営する。

白雉五年の遣唐使

一方、孝徳天皇は、白雉五年（六五四）二月に高向玄理《たかむこのげんり》を押使《おうし》として、大使河辺臣麻呂《かわべのおみまろ》、副使薬師恵日《くすしのえにち》、判官書直麻呂《ふみのあたいまろ》・宮首阿弥陀《みやのおびと》・岡君宜《おかのきみよろし》・置始連大伯《おきそめのむらじおほく》・中臣間人連老《なかとみのはしひとのむらじおゆ》・田辺史鳥《たなべのふひととり》ら二船からなる遣唐使を派遣している。彼らは、新羅道と呼ばれる半島西南部を北上して渡海する航路（北路）で莱州《らいしゅう》に到着し、唐都長安《ちょうあん》で皇帝高宗《こうそう》に謁見することができた。唐側は、東宮監門《とうきゅうのかんもん》の郭丈挙《かくじょうきょ》に命じて、倭国の地理や国初《くにはじめ》の神名などを尋ねさせたといい、遣唐使はこの審問に答えている。

この遣唐使派遣は、孝徳天皇の政治力がなお健在であったことをうかがわせる。その遣使目的としては、上述の東アジア情勢の推移、とくに白雉四年遣唐使の渡海後に起きた百済の外交方針の決定に関する情報を得て、倭国が唐と交渉して、半島情勢の仲介を行おうとしたとする説が呈されている（西本昌弘「東アジアの動乱と大化改新」）。

しかし、倭国はこの段階でも均衡外交を維持しており、また、白雉四年遣唐使の帰朝はこの年の七月であったから、今回の遣使時点では、唐への到着の有無やその成否、唐の動向も不明のままであって、唐と百済の関係も一気に険悪化したわけではないので、倭国がその調停を行うといった状況は考えがたいのではなかろうか。

遣使の企図

白雉五年遣唐使の構成員を見ると、押使高向玄理は、僧旻と並ぶもう一人の国博士《くにのはかせ》で、孝徳天皇の改革を支える立場にあり、大使河辺臣麻呂は蘇我氏一族、副使薬師恵日はかつての遣隋留学生で、第一回遣唐使にも参加した唐文化の讃仰者である（推古三十一年〈六二三〉七月条を参照）。判官のなかには、間人皇女と関係のある中臣間人連老（中臣氏の一員でもある）や、鎌足とのつながりが推定される田辺史鳥（鎌足の子不比等〈史〉の資養氏族）などがおり、孝徳朝の諸勢力が相乗りする形になっている。

なお、白雉五年遣唐使は、唐にて立派な琥珀《こはく》・瑪瑙《めのう》を献じた様子が知られる（『旧唐書』巻四高宗本紀上・永徽五年〈六五四＝白雉五〉十二月癸丑条）。唐側はまた、「王の国は新羅・高麗・百済と接近す。若し危急有らば、宜しく使を遣してこれを救へ」（『善隣国宝記』白雉五年条所引唐録）、「高宗《こうそう》、璽書を賜ひて、兵を出して新羅を救はしむ」（『新唐書』日本伝）と、倭国に新羅救援を命じたという。しかし、倭国がこれに対応した様子は見えない。とすると、今回の遣使は白雉四年遣唐使の一船が漂没するなか、さらなる知識・文物を唐に求める孝徳天皇の熱意に、諸勢力が妥協したものではなかったかと見ることができよう（森公章「大宝度の遣唐使とその意義」）。

この白雉五年遣唐使の帰朝は、翌斉明元年（六五五）八月である。この時には唐・高宗の高句麗征討が発動され、朝鮮三国の情勢は最終局面に突入しており、中大兄にはこうした激動のなかでの歴史的役割が期待されることになる。

『日本書紀』には、中臣鎌足に紫冠《しかん》を授けて、増封すること若干戸（大織冠伝《たいしょくかんでん》では八〇〇〇戸）と記される〈白雉五年〈六五四〉正月壬子条〉。その内容の信憑性には問題があるが、この段階では、飛鳥に戻った中大兄との交渉も模索され、中大兄を支える鎌足に対して、孝徳天皇が何らかの配慮を示すことがあったのかもしれない。

孝徳天皇の崩御

ただ、押使高向玄理は唐で客死し、孝徳天皇も十月には病になって、中大兄・皇極前天皇・間人皇后・大海人皇子や有力豪族らが難波宮にかけつけるが、十日には天皇は崩御してしまう。

南庭に殯宮《ひんきゅう》を造り、百舌鳥土師《もずのはじのむらじつちとこ》連土徳が殯礼《ひんれい》を主宰、十二月八日に大坂磯長《おほさかのしながのみささぎ》陵に埋葬したという。六世紀以降では、記録に不備があると思われる安閑《あんかん》（同月中に埋葬）や弑殺された崇峻《すしゅん》の同日葬を除けば、おおむね数ヵ月の殯《もがり》の上、埋葬されているから、この二ヵ月の殯は最低限の礼式であり、中大兄らとの政治的対立の果てに死去したという観が強い。

第四　斉明朝と飛鳥の荘厳化

一　飛鳥の都

中大兄が即位しなかった理由

孝徳《こうとく》天皇の崩御をうけて即位したのは、乙巳《いっし》の変《へん》で退位した皇極《こうぎょく》前天皇であり、史上初の重祚《ちょうそ》で、斉明《さいめい》天皇となった。孝徳朝に皇太子《ひつぎのみこ》であったはずの中大兄《なかのおおえ》は、この時三十歳になっており、最有力の皇位継承候補者であることは衆目一致するところであるが、なぜ即位しなかった（できなかった）のであろうか。

ここで六・七世紀の天皇即位年齢を調べてみると、継体《けいたい》五十八歳、安閑《あんかん》六十九歳、宣《せん》化《か》六十九歳、欽明《きんめい》三十九歳、敏達《びだつ》三十五歳、用明《ようめい》四十六歳、崇峻《すしゅん》三十六歳、推古《すいこ》三十九歳、舒明《じょめい》三十七歳、皇極《こうぎょく》四十九歳、孝徳五十歳、斉明六十二歳、天智《てんち》四十三歳、天《てん》武《む》四十三歳、持統《じとう》四十六歳となっており、おおむね四十歳前後（以上）で即位するものという通念があったのではないかと考えられる（仁藤敦史「古代女帝の成立」）。欽明天皇の時は、群臣《まえつきみ》たちの即位の要請に対して、三十九歳の欽明が「余《おのれ》、幼年《としわか》く識《さとり》浅《すくな》くして、未だ政事《まつりごと》に閑《なら》はず」と述べて一旦は辞退しており、仁賢《にんけん》天皇の女《むすめ》で安閑天皇の皇后であった春日山田《かすがのやまだ》皇女の進言によってようやく即位に至るという状況であった（欽明即位前紀）。

そもそもこの時点では皇太子制は未成立であったと見られ（荒木敏夫『日本古代の皇太子』）、たとえ中大兄が孝徳朝の皇太子であったことを認めるとしても、皇太子からスムースに即位した事例は奈良時代末の山部《やまべ》親王（桓武《かんむ》天皇）が嚆矢《こうし》と目されるので、中大兄の即位は既定路線ではなかった。また、弟大海人《おおあま》皇子は措くとして、中大兄・大海人と同世代の皇位継承候補者としては、孝徳天皇の子有間《ありま》皇子がいる。有間皇子はこの時十六歳であるが、中大兄が政治的な場に登場したのと同年齢であり、孝徳朝の終幕の事情を考えると、舒明即位時の争乱と同じような混乱が生じる可能性も危惧されるところである。

しかし、舒明即位時とは異なり、今回は前天皇という経歴ながら、一つ上の世代の皇極前天皇が健在であったので、斉明天皇としての即位に落ち着いたのであろう。また、孝徳朝では、百済《くだら》型の国王専制による権力集中が企図されたが、これはうまくいかなかった（中大兄の「抵抗《ペクチエ》」も要因であった）。そこで倭国では、推古朝の成功体験や新羅《しらぎ》《シルラ》の当該期の権力集中も参考にして、女帝—王族の有力者による権力核構成を目指すことになったものと思われる。

斉明天皇の即位

飛鳥の再開発

斉明天皇は、乙巳の変の舞台にもなったかつての自らの宮殿である飛鳥板蓋宮《あすかいたぶきのみや》で、即位する。しかし、斉明元年（六五五）七月、越《こし》の蝦夷《えみし》九九人・陸奥《みちのく》の蝦夷九五人と百済の調使《みつきのつかい》一五〇人を饗賜した時には、難波宮《なにわのみや》を用いており、その際には柵養蝦夷《きこう》九人・津刈《つがる》蝦夷六人に冠二階を与えたという。ここでは、孝徳朝以来の北方への版図拡大の方向を予想させるとともに、板蓋宮は「板蓋」という特色を持つ宮殿ではあったが、従来の飛鳥諸宮の伝統に縛られており、難波宮の出現を経た段階では、新しい天皇の権力を示す上で限界を露呈していたことが看取される。

孝徳朝の一〇年間は難波宮造営に費やされ、蘇我本宗家《ほんそうけ》討滅後の飛鳥の地を、天皇家の都として整備する事業は未着手であった。そこで、この年の冬に飛鳥板蓋宮が火災に遭うと、斉明天皇は飛鳥川原宮《あすかかわらのみや》に遷居し、飛鳥の再開発・都造りに乗り出す。早くも十月には小墾田《おはりだ》に瓦葺きの宮殿を造ろうとし、深山広谷に木材を求めたが、瓦葺きの宮殿は前例がなく、技術的に難しかったためか中止となり、木材は朽爛《きゆうらん》してしまう。

そこで斉明二年（六五六）には、夫舒明の宮殿であった飛鳥岡本宮《あすかおかもとのみや》の地に宮室を造営し、後飛鳥《のちのあすか》岡本宮と号している。まだ宮地を定めただけの段階で、当該地に紺幕を張って朝鮮三国の使者を饗したと伝えられており、難波宮に代わる格式を有する宮殿の建設にかける斉明天皇の意気込みがうかがわれる。

さらに田身嶺《たむのみね》（多武嶺《とうのみね》）に周垣《めぐりがき》を築き、嶺の上の両槻《ふたつき》の樹の付近に観《たかどの》を造営し、両槻

宮と命名し、また天宮《あまつみや》とも称した。斉明元年五月庚午朔条には、

空中《おおぞらのなか》にて龍《たつ》に乗れる者有り。貌《かたち》、唐人《もろこしびと》に似たり。青き油《あぶらぎぬ》の笠を着て、葛城嶺《かずらきのたけ》より、馳《は》せて膽駒山《いこまのやま》に隠れぬ。午《うま》の時に及至《いた》りて、住吉《すみのえ》の松嶺《まつのみね》の上より、西に向ひて馳せ去ぬ。

とあり、斉明紀にはこうした神異的記事が散見している。両槻宮に関しては、「観」「天宮」の語から道教的信仰に関わる道観とする説があり、一方「周垣《しゅうえん》」に着目して、東アジアの激動に備えた神籠石《こうごいし》系山城とする説も呈されているが、その性格を決定する材料がなく、不明と言わねばならない。

両槻宮（二槻宮）には、持統十年（六九六）に持統天皇が行幸《ぎょうこう》しており、宮は七世紀末にも存続している。文武《もんむ》天皇・持統太上《だいじょう》天皇治下の大宝二年（七〇二）には「二槻離宮」の繕治を命じるとあるから（『続日本紀』大宝二年三月甲申条）、造営当初の両槻宮も山中の離宮という性格を視野に入れておきたい。なお、山の離宮としては、両槻宮造営とともに、吉《よし》野宮《ののみや》の造営も行われた。

そして、香具山《かぐやま》の西から石上山《いそのかみやま》まで渠《みぞ》を掘らせ、舟二〇〇隻で石上山の石を運んだといい、石上山を天理市の石上神宮《いそのかみじんぐう》付近の山と見れば、直線距離でも一二キロはある。これは、後飛鳥岡本宮の東の山の造成に関するもので、渠の掘削に三万余、垣の造立に

は七万余の人夫を徴発したと記録されている。「狂心渠《たぶれこころのみぞ》」「石の山丘《やまおか》を作る。作る随《まま》に自《おの》づからに破《こぼ》れなむ」という評言は、工事が困難をきわめた様子をうかがわせる。また「宮材《みやのき》爛《ただ》れ、山椒埋《すゑ》れたり」という評言もあり、これは後岡本宮、あるいは両槻宮の造営に関わるものであろう。さらに、造営中の後岡本宮には火災があったといい、一連の「興事」（造作事業）には苦難が続いた。

発掘の成果

以上の斉明朝の飛鳥再開発については、近年の発掘成果によって具体的な様相が判明している。両槻宮は不詳であるが、後岡本宮は飛鳥京《あすかきょう》跡の地に比定される。飛鳥寺《あすかでら》の南方に位置する飛鳥京跡は、伝承飛鳥板蓋宮跡《あすかいたぶきのみや》という史跡名で、岡本宮・後岡本宮などは別の場所に求められていたが、発掘調査により三期の宮殿遺構が検出され、下層（Ⅰ期）＝舒明の岡本宮、中層（Ⅱ期）＝皇極の板蓋宮、上層はさらに二期に小区分され、Ⅲ—A期＝斉明の後岡本宮、Ⅲ—B期＝天武・持統の浄御原宮《きよみはらのみや》であることが確定している（小澤毅「伝承飛鳥板蓋宮跡の発掘と飛鳥の諸宮」）。

Ⅲ—B期の浄御原宮は、東南郭《かく》（エビノコ郭）と呼ばれる区画（エビノコ大殿《おおとの》＝大極殿の萌芽形態が所在）が加わったもので、内郭《ないかく》と称される中心部分は、Ⅲ—A期に造営されていた。内郭の北西、飛鳥川に隣接する部分には飛鳥京跡苑池《あすかきょうあとえんち》遺構が検出され、出土木簡や土器には斉明朝のものがあるから、これも後岡本宮の施設であったことがわかる（奈良県立

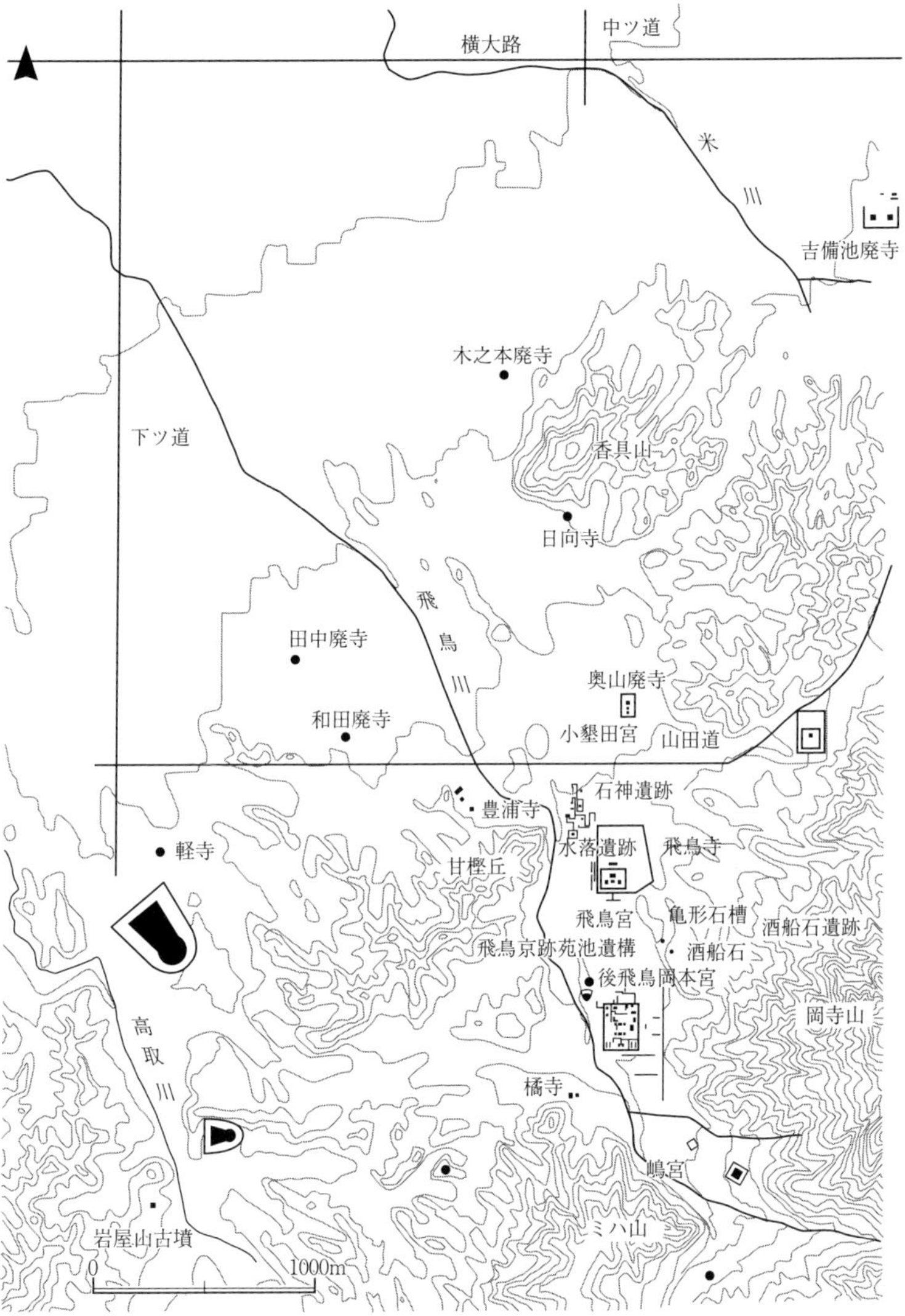

斉明朝の飛鳥

林部均『飛鳥の宮と藤原京』(吉川弘文館, 2008年) 85頁をもとに作図.

橿原考古学研究所編『飛鳥京跡苑池遺構調査概報』)。内郭には、天皇の居住空間である内裏部分とつながる形の内裏前殿《ぜんでん》があり、これは孝徳朝の難波宮建設で習得した宮殿建築のあり方を踏襲したものであろう。

飛鳥京跡の東には岡寺《おかでら》山と呼ばれる丘陵があり、ここには飛鳥の石造物の一つとして著名な酒船石《さかふねいし》が存する。後岡本宮の東の山とはこの丘陵を指す。一九九二年には、壁面に砂岩切石《さがんきりいし》を積み重ねた大規模な版築土塁《はんちくどるい》が存在するのが確認されており(酒船石遺跡)、その石材は天理市の石上・豊田周辺に産する天理砂岩であることも判明している。これは石垣の実在を示すものであるが、その構築方法は朝鮮式山城《ちょうせんしきやまじろ》・神籠石《こうごいし》遺跡とは異なるので、防衛施設というよりは、むしろ荘厳化装置として理解される。

一九九七年には、この丘陵の西側から飛鳥寺の寺域東側にかけて、自然の谷川を人工的に改修した大規模な流路が見つかった。それより北は途中不明の箇所もあるが、香具山の西裾を流れる現在の「中の川」につながると考えられる。「中の川」は、現在では小川にすぎないが、かつては幅二五《メートル》ほどの大規模な流路であり、これが「狂心渠」に相当する。

宮の東の山での造営

この宮の東山周辺の整備に関連するものとして、二〇〇〇年に、酒船石がある丘陵の北麓で発見された、亀形・船形の二つの石製水槽と湧水《ゆうすい》施設にも注目される(酒船石北遺跡）。これらは雛壇状の大がかりな石敷に囲まれており、周囲からは遮蔽された空間を形成している。湧水施設は砂岩切石を積み上げたもので、水は二つの水槽を経由して南流していくしくみである。これは、丘陵上の酒船石ともども、閉鎖的な空間で行われる水を用いた儀式・祭祀に関わるものと思われるが、文献上の所見はなく、その性格究明は今後の課題である（明日香村教育委員会『酒船石遺跡発掘調査報告書』）。その他、飛鳥京跡を取り巻く丘陵部尾根筋には、長大な掘立柱塀《ほったてばしらべい》が検出されており（八釣《やつり》マキト遺跡、酒船遺跡向イ山《むかいやま》地区など）、羅城《らじょう》（都城の城壁）に相当する王都の荘厳化装置と考えられている（井上和人「日本古代の都城の展開と東アジアの都城」）。

漏尅の造営

斉明三年（六五七）七月には飛鳥寺の西の広場で覩貨邏《とから》人を、五年三月には甘檮丘《あまかしのおか》の東の川上で蝦夷《えみし》を、そして六年五月には

水時計（漏尅）復原模型（画像提供：奈良文化財研究所）
最上段の桶に水をそそぐと，管を通って下の桶に順に流れ込み，一番下の桶に水が溜まると，時刻を示す目盛りの矢が浮かぶしくみになっていた．

石上池《いそのかみのいけ》辺で粛慎《しゅくしん》を饗宴《きょうえん》するために須弥山《しゅみせん》を造ったとあり、外国人や夷狄《いてき》を饗応する施設の存在も知られる。斉明六年五月にはまた、中大兄が漏剋《ろこく》（水時計）を造ったという。これは後に近江大津宮《おうみおおつのみや》に移建されるが、その記述に漏剋を新しい台の上に置き、時刻を知らせるのに鐘《かね》・鼓《つづみ》を用いたとあって（天智十年〈六七一〉四月辛卯条）、当初の施設の様子がわかる。漏剋造営の目的は「民《おおみたから》をして時を知らしむ」と説明されており、空間とともに時間を管理する君主のあり方を目指したものと考えられる。

これらは、飛鳥京跡北方の飛鳥寺の西の広場と、その周辺の整備を示すものである。飛鳥寺の西の広場は、乙巳の変の前に中臣鎌足が中大兄に接近した場であり、須弥山は、推古朝に百済から渡来した工人が、小墾田宮の南辺に建立したというのが初見である（推古二十年〈六一二〉是歳条）。上述の須弥山を設置した三ヵ所は、おおむね同じ地域を指しており、石上池は石神《いしがみ》遺跡に比定される。一九〇二年には、須弥山に相当する須弥山石《しゅみせんせき》が、翌年に老翁と老女が抱擁する石人像《せきじんぞう》が見つかった。

石神遺跡と水落遺跡

石神遺跡では、斉明朝から奈良時代前半までの四時期の遺構が検出されている。斉明朝の石神遺跡（A期）は、飛鳥寺の寺域の北に東西大垣が作られて区画され、石敷《いしじき》の広場や複雑に流れる石組渠《いしぐみみぞ》、石敷をめぐらした井戸など多数の遺構がある。長廊状の建物が画された区画が東西に並ぶ構造を有しており、石上池に相当する方形の石組池の存在も判明している。蝦夷・粛慎の饗応に対応する東北地方の土器も多数出土している。須弥山石と石人像は一種の噴水施設で、水と石を用いた饗客装置であり、この段階の石神遺跡が、饗宴《きようえん》施設や客館として機能を果たしていることがうかがわれる。

石神遺跡の南に位置する水落《みずおち》遺跡は、中大兄が漏尅を置いた漏尅台である。正方形の基壇《きだん》上に楼閣状の建物があり、その外周を建物で正方形に取り囲んだ特異な構造であった。楼閣建物は四間四方の総柱構造、中央には加工した台石が埋設され、その上に漏尅の最下部にあたる漆塗りの木箱が置かれていた。これを中心に導水や排水用の銅管・木《もく》樋《ひ》がはりめぐらされ、その一部は北の石神遺跡に続いている。建物の基壇部分は地中に礎石を据え、石を並べた地中梁で礎石間をつなぐ形になっており、きわめて堅固な構造である。楼閣建物の上階には水が貯められ、水位差を利用して、北の石神遺跡の饗客施設へと、水圧をかけて給水がなされ、これが須弥山石や石人像などの噴水施設に連動していたと推察される。楼閣上階にはまた、鐘・鼓が設営され、飛鳥京全域に時刻を告げていたのであろう（奈良文化財研究所『飛鳥・藤原宮発掘調査報告Ⅳ—飛鳥水落遺跡の調査—』）。

二　阿倍比羅夫の北方遠征

北方への版図拡大

　斉明朝では、首都飛鳥の荘厳化とともに、推古朝以来進められてきた、北方世界の倭国の版図《はんと》への編入という事業でも、大きな進展が見られる。当時の蝦夷《えみし》には「遠き者をば都加留《つかる》と名《なづ》け、次の者をば麁蝦夷《あらえみし》と名け、近き者をば熟蝦夷《にきえみし》と名く」（斉明五年〈六五九〉七月戊寅条分註所引伊吉連博徳書《いきのむらじはかとこがふみ》）と、三種類があると考えられており、「熟蝦夷」は毎年朝貢《ちょうこう》してくるという状況であった。実際に、斉明元年（六五五）には柵養蝦夷《きこう》と津刈《つかる》（津軽）蝦夷を難波で饗宴しており、最遠の「都加留」とのつながりはできていたから、「麁蝦夷」の扱いが課題であったのであろう。

　北方遠征を担当したのは、越国守阿倍比羅夫《こしのくにのかみあべのひらふ》である。その遠征について『日本書紀』は斉明四（六五八）〜六年の三年間に記事を配し、三度の遠征が行われたかのように描いている。しかし記事には、「阿倍引田臣比羅夫《あべのひけたのおみひらふ》」と書いてある場合と、欠名の「阿倍臣《あべのおみ》」の二類型があり、それぞれの史料の典拠が異なることや配列の混乱・重複が看取される。また、比羅夫は日本海側の越国司で、主に日本海側の動向が記されるが、一連の記事には道奥《みちのく》（陸奥）の国司《くにのみこともち》や道奥《みちのく》蝦夷も登場し、太平洋側でも何らかの征討が行われたと考えられる。

第一回目の遠征

そこで、次のような三年二度の遠征と解してみたい（佐藤和彦「斉明朝の北方遠征記事について」）。第一回目は斉明四年（六五八）四月で、船一八〇艘を率いて日本海側を北上し、齶《あぎ》田《た》・渟《ぬ》代《しろ》・津軽方面の蝦夷を服属させた。齶田浦《あぎたのうら》では、齶田蝦夷恩荷《おが》が浦神を仲立ちとして、「官軍《みいくさ》の為の故に弓矢《ゆみや》を持たらず」「清き白《あきらか》なる心を持ちて、朝《みかど》に仕官《つかへまつ》らむ」と、服属を誓ったという。この時、渟代・津軽には評《ひょう》が置かれ、また有間浜《ありまのはま》（後代の江流間郡《えるまのこおり》の地で、津軽十三湊《とさみなと》か）で北海道南部の渡嶋《わたりしま》蝦夷とも接触し、彼らを大いに饗して帰還させた。

七月には蝦夷二〇〇余人の朝献があり、上京した渟代・津軽二評《ひょう》の評司《ひょうし》には、冠位と指揮具・武具などを賜与し、渟代評司には戸口の検覆を命じている。その他、柵養《きこう》蝦

北方遠征関係地図
熊谷公男『日本の歴史』03（講談社, 2001年）295頁をもとに作図.

夷や都岐沙羅柵造《つきさらのきのみやつこ》・渟代柵造にも冠位を与えており、これはこの遠征への従軍・協力を賞したものであろう。この蝦夷の朝献には陸奥方面の蝦夷も参加したらしく、陸奥・越蝦夷を饗宴するために、甘檮丘《あまかしのおか》の東の川上に須弥山《しゅみせん》を造った（斉明五年〈六五九〉三月甲午条）というのは、今回の遠征に関わるものであり、石神《いしがみ》遺跡での饗賜を示す。

なお、この時に朝献した蝦夷のうち、道奥蝦夷男女二人は、斉明五年七月に発遣された遣唐使とともに入唐《にっとう》した。遣唐使が上述の蝦夷に関する情報を唐の皇帝に披露し、倭国が毛人《もうじん》国を服属させている証左を明示することができたのである。『旧唐書』日本伝の「東界《えみし》・北界は大山有りて限りをなし、山外は即ち毛人の国なり」とあるのは、ここでの地理説明に依拠したものであろう。

第二回目の遠征は斉明五年三月で、船師二〇〇艘を率い、陸奥《みちのく》蝦夷の兵力と合流して出陣した（斉明六年三月条）。阿倍比羅夫は、飽田《あきた》（齶田）・渟代・津軽・膽振鉏《いぶりさへ》の蝦夷らに饗賜、船一隻と五色綵帛《いつつのいろのくしみのきぬ》で土地の神を祭ったといい（斉明五年三月是月条）、蝦夷を慰《い》撫《ぶ》して協力を得ながら肉入籠《ししりこ》まで進み、問菟《とひう》の蝦夷膽鹿島《いかしま》・菟穂名《うほな》という者の進言により、後方羊蹄《しりべし》に政所《まつりごとどころ》（蝦夷郡のこと）を設けている。

粛慎との戦い

比羅夫はさらに北上して北海道に渡り、前回につながりができていた渡嶋《わたりしま》蝦夷一〇〇余の願いを聞いてその服属を認め、粛慎《しゅくしん》と対峙した。粛慎は蝦夷とは異なる人間集団として描かれており、北東アジア系の人びとが南下したものと見られる。当初は海畔に綵帛・武器・鉄などを置き、粛慎側がそれを受け取れば、「無言交易」による和平が成立しそうであったが、結局は交渉が決裂、さらに弊賂弁島《いろべのしま》に拠った粛慎に講和を求めるが、これも拒否され、柵に籠もった粛慎との戦闘がはじまった。この戦役では、能登臣馬身龍《のとのおみまみたつ》という者が戦死しており、比羅夫の遠征軍が、北陸地方の国造《くにのみやつこ》級の地方豪族に依存したものであることが知られる。

比羅夫は、五〇人ほどの粛慎を捕虜として帰還し、羆皮《ひぐまのかわ》七〇枚を献上しており、この羆皮は朝廷に保管された。この年に高句麗使が到来、羆皮一枚を示してその価を綿《わた》六〇斤と称したが、市司《いちのつかさ》はとり合わなかったという。高麗画師子麻呂《こまのえかきこまろ》が私家で「同姓賓《うがらのまらうと》」を設けた時、朝廷の羆皮七〇枚を借りて、宴席に敷き詰めたので、高句麗使は大いに羞じ入ったとあり（斉明五年是歳条）、羆皮の高級さをうかがわせるとともに、倭国の威信を示すのに有益であったことがわかる。

粛慎人は石上池《いそのかみのいけ》辺で饗応を受けており（斉明六年五月是月条）、この時にも須弥山が作られたとあるので、須弥山は常設ではなく、そのつど組み立て可能になっていたのではないかと考えられる。

三　有間皇子事件

斉明朝の権力構成

首都の荘厳化、北方遠征と、斉明《さいめい》朝の大規模事業が続くなか、斉明四年（六五八）十一月には有間《ありま》皇子の謀反が発覚する。上述のように、有間皇子は皇位継承候補者の一人であった。孝徳天皇を支えた左右大臣のうち、右大臣大伴連長徳《おおとものむらじながとこ》（馬飼）は白雉《はくち》二年（六五一）七月に死去したが（『公卿補任』）、左大臣巨勢臣徳太《こせのおみとこだ》は健在で、斉明朝にも引き続き大臣であったようである。継母ながら、間人《はしひと》皇女の庇護もあったのかもしれない。ただ、斉明―中大兄の母子が権力の中枢にある状況では、政治的逼塞を余儀なくさせられていたと思われる。

有間皇子は斉明三年（六五七）九月に紀伊牟婁温湯《きいむろのゆ》に行くが、これは「陽狂《うほりくるひ》」（狂人を装ったもの）、「病を療《をさ》むるを偽《まね》して」と評されており、彼の動向が時の為政者に警戒されていたことをうかがわせる。この時、有間皇子は牟婁温湯の効能を報告し、斉明天皇も湯《とう》治《じ》に行きたいと考えたという。こうしたなか、斉明四年正月十三日に、左大臣巨勢臣徳太が死去する。徳太の死は、有間皇子の政治的立場に大きな傷手となったであろう。

そして、五月には斉明天皇の孫で、中大兄と蘇我倉山田石川麻呂《そがのくらのやまだのいしかわまろ》の女《むすめ》遠智娘《おちのいらつめ》との間に生まれた建王《たけるのみこ》が八歳で夭折する。建王は生まれつきしゃべることができなかったが（天智七年〈六六八〉二月戊寅条）、斉明天皇は大変かわいがっており、悲しみは深く、その遺骸を将来は自分の墓に合葬するように命じている。また、挽歌《ばんか》（死者をいたむ詩歌）を作り、時々唱えては悲嘆にくれたという。

謀反の企図

この年十月、斉明天皇は中大兄らを伴って紀伊牟婁温湯に行幸《ぎょうこう》した。やはり建王への思いは忘却することができず、途中に歌を詠み、秦大蔵造《はたのおおくらのみやつこ》万里《まろ》に命じて、「斯《こ》の歌を伝へて、世に忘らしむること勿《なか》れ」と指示したという。

天皇らが不在中の飛鳥では、留守官の蘇我赤兄《そがのあかえ》が有間皇子に謀反の計画を持ちかけていた。十一月三日に赤兄は、天皇の政治に三つの失策、すなわち①「大《おお》きに倉庫《くら》を起《た》てて、民財《おおみたからのたから》を積み聚《あつ》むること」、②「長《とほ》く渠水《みぞ》を穿《ほ》りて、公粮《ひとのくらいもの》を損《おと》し費《ついや》すこと」、③「舟に石を載いて、運び積みて丘にすること」があると非難した。②③は「狂心《たぶれこころ》の渠《みぞ》」など飛鳥の土木工事に関わる事柄、①もそれに関連する財源の貯蓄・保留を指すものと思われる。有間皇子はこの指摘を妥当なものと見なし、また赤兄が自分に好意的であることを知って、「吾《あ》が年始めて兵《いくさ》を用ゐるべき時なり」と応じたという。

有間皇子の謀反

十一月五日に有間皇子は赤兄の家に行き、楼に登って、塩屋連小戈《しおやのむらじこのしろ》・守君大石《もりのきみおおいわ》・坂《さか》合部連薬《いべのむらじくすり》らと謀反の相談をし、短籍《ひねりぶみ》を取って成否を占った。計画はまず後岡本宮《のちのおかもとのみや》を燔《や》き、五〇〇人の兵士を発して牟婁津に急行させ、船師に命じて淡路国を遮断することで、斉明天皇らを牟婁温湯に閉じ込めてしまうというものであった。ある人が「計画としてはよいが、皇子は十九歳で、まだ成人していないので、成人してから徳を積むべきである」と諌めたが、なお相談を続けていたところ、有間皇子の夾膝《おしまづき》（脇息）が自然に折れるという不祥事があり、この日は散会している。

しかし、この夜半に、赤兄は物部朴井連鮪《もののべえのいのむらじしび》に造宮の人夫を率いさせ、有間皇子の市経宮《いちふ》（奈良県生駒郡生駒町一分に比定する説があるが、飛鳥近辺に求めるべきであろう）を包囲、急使を牟婁温湯に派遣して、天皇に有間皇子の謀反を告げた。赤兄は石川麻呂の弟で、元来中大兄と親しかったと思われる。中大兄が即位した天智朝では、左大臣に起用されており、女《むすめ》を中大兄、また大海人《おおあま》皇子に嫁がせているから、有間皇子への接近はまったくの計略であったと解せられる。

紀温湯での処断

十一月九日に有間皇子は牟婁温湯に護送され、中大兄の尋問を受けたが、「天《あめ》と赤兄と知らむ。吾《おのれ》全《もは》ら解《し》らず」（天と赤兄とが知っているでしょう。私は存じません）と返答したという。十一日に有間皇子は藤白坂《ふじしろのさか》（和歌山県海南市内海町藤代）で絞殺され、塩屋連鯯魚《このしろ》（小戈）と舎人新田部連米麻呂《にいたべのむらじこめまろ》は斬殺、守君大石は上野《こうずけ》、坂合部連薬は尾張に流罪になった。

塩屋連鯯魚は、大化の東国等国司《あずまのくにぐにのくにのみこともち》の功過《こうか》において、数少ない順法者として褒賞されており、孝徳天皇―有間皇子を支持していたと見られる。守君大石は、後述の百済《くだら》救援の出兵で将軍に起用され、天智四年（六六五）には遣唐使にもなっており、坂合部連薬《ペクチエ》も壬申の乱で近江方の将として登場するので、彼らはむしろ中大兄とつながる人びとで、蘇我赤兄と同様、有間皇子を謀反に導くために送り込まれたのではないかと考えられる。

『万葉集』巻二―一四一・一四二番歌には「有間皇子自ら傷みて松が枝を結ぶ歌二首」として、

岩代《いわしろ》の　浜松が枝《え》を　引き結び　ま幸《さき》くあらば　またかへり見む

（岩代の浜松の枝を引き結んで、幸いに無事でいられたら、また立ち帰って見ることであろう）

家にあれば　笥《け》に盛る飯《いい》を　草枕《くさまくら》　旅にしあれば　椎《しい》の葉に盛る

（家に居れば器に盛る飯を、旅にあるので椎の葉に盛るのか）

が挙げられており、前者の「結松《むすびまつ》」は後代の歌人の哀惜を誘う歌題になっている（一四四～一四六、巻九―一七一六）。

ただ、現実の政治上では、有間皇子事件によって、中大兄の皇位継承者としての地位は盤石になったと思われる。中大兄は斉明二（六五六）・三年ころに女《むすめ》の大田《おおた》皇女、鸕野《うのの》皇女を弟大海人皇子に嫁がせ、良好な関係を築いており、上述の漏尅《ろこく》（水時計）造営ともども、次代の天皇に相応しい人脈、政治能力を涵養しつつあったのである。

以上の国内情勢の展開とともに、斉明五年（六五九）七月には、上述の道奥《みちのく》男女二人を伴った遣唐使が発遣されている。斉明朝になってからは、元年・二年に朝鮮三国からの使者が到来し、高句麗《こうくり》《コグリヨ》・百済には倭国からも遣使を送っていた。新羅《しらぎ》《シルラ》も斉明元年には「質《ち》」を送ってきており、新羅に対しては斉明三年に沙門智達《ちだち》・間人連御厩《はしひとのむらじみうまや》・依網《よさみの》連《むらじ》稚子《わくご》らの入唐《にっとう》仲介を依頼している。この時は新羅に断られたが、斉明四年七月に沙門智通《ちつ》・智達は新羅船に乗って入唐し、玄奘三蔵《げんじょうさんぞう》の下で無性衆生義《むしょうしゅじょうのことわり》を受学したといい、倭国の均衡外交維持、唐文化移入の熱意がうかがわれる。斉明五年にはまた、高句麗使の到来もあった。

斉明五年の遣唐使

そこで、斉明五年の遣唐使である。遣唐使は、小錦下《しょうきんげ》坂合部連《さかいべのむらじ》石布《いわしき》・大山下《だいせんげ》津守《つもりの》連《むらじ》吉祥《きさ》の二船で、吉祥の船に同乗した伊吉連博徳《いきのむらじはかとこ》の詳細な報告が残っており（伊吉連《いきのむらじ》博徳書《はかとこがふみ》）、渡海の様子や入唐後の行事が知られる。

八月十一日に筑紫《ちくし》の大津を出帆、百済の南畔を経由し、石布の船は南海の島に漂着、島人に襲撃され、わずかに五人が脱出して何とか括州《かっしゅう》（浙江省麗水付近）に到着することができた。吉祥の船は、十六日には越州会稽県《えつしゅうかいけいけん》の管内に着き、閏十月末に長安《ちょうあん》に入り、皇帝と相見して、蝦夷を披露するとともに、皇帝といくつかの問答を交わしている。国内情勢を尋ねられて、「倭国の統治は天地の道理にかなっており、万民が無事です」と答えているのは、通常では中国皇帝の徳化にも言及すべきところであるが、冊封《さくほう》下にはないという気概を見せたのか、あるいはこうした外交辞令に無知であったためと考えておきたい（森公章「遣唐使の時期区分と大宝度の遣唐使」）。

遣唐使の抑留

その後、十一月一日には冬至《とうじ》の会《え》に参列し、その際に、来朝した諸蕃《くにぐに》のなかで、倭客が最も勝れていたと自賛しているが、倭国が唐の「諸蕃」であることは自覚しており、あくまでも朝貢《ちょうこう》姿勢で臨んだのであろう。皇帝との問答には前回の白雉五年（六五四）遣唐使の時の新羅救援の件は触れられておらず、倭国は国際情勢を充分に認識しないままに、自国の論理で唐と通交しようとしたのではないかと思われる。

十二月三日には、事情は不明であるが、遣唐使の一員である韓智興《かんちこう》は、傔人《けんじん》西漢《かわちのあや》大麻呂《おほまろ》の讒言によって三〇〇〇里外に配流されそうになる。この件は伊吉連博徳《いきのむらじはかとこ》の活躍で赦免されたものの、唐側は来年に必ず「海東《わたのひむがし》の政《まつりごと》」、すなわち朝鮮半島での軍事行動を起こす予定であるとして、倭国の使者に帰国を禁じ、遣唐使一行は洛陽《らくよう》に抑留されてしまう。

これは、翌年の百済征討を控えた唐による機密漏洩《ろうえい》防止の措置である。倭国が国内体制の整備に意を注いでいる間に、東アジアの国際情勢は大きな激動期に入っていた。遣唐使が帰朝するのは斉明七年（六六一）五月であり、この国際情勢変動の予告・推移の実状を伝えることができないままに、倭国は次の選択に踏み出してしまうことになる。

第五　百済救援の出兵と称制

一　百済滅亡と百済救援

唐の戦略

唐の高宗《こうそう》は、太宗《たいそう》が完遂できなかった高句麗《こうくり》《コグリョ》征討を六五五年（斉明元）から再開していたが、高句麗戦線では一進一退の攻防が続いていた。この高句麗征討再開に前後して、新羅《しらぎ》《シルラ》が唐に、高句麗・百済《くだら》《ペクチェ》が新羅の三三城をとったと二国の行状を訴えたが、翌年には新羅から百済の軍兵を破った旨の報告が届き、この時には唐はこの方面に介入しなかった。しかし六五九年（斉明五）四月、百済が新羅の独山《どくさん》・桐岑《とうしん》二城を奪うと、新羅は唐に救援を要請し、唐は高句麗攻略に集中する前提として、まず百済の成敗を決定する。

唐は元来、百済を「海の険《けん》を負ひて、兵械《へいかい》を修《しゅう》せず、男女分離し、相《たが》ひに宴聚《えんしゅう》するを好めり」と評し（『冊府元亀《さつぶげんき》』巻九九一外臣部三六備禦第四・貞観十七年〈六四三〉九月庚辰条〈太宗の言〉）、海上からの攻撃を想定しない防備の不充分さや人心の不統一と宴会好きな気質で、与《くみ》しやすしと考えていたようである。倭国の遣唐使が抑留されるなか、六六〇年（斉明六）三月、唐は将軍蘇定方《そていほう》に一三万の軍を率いさせて海上から、新羅王には五万の軍隊を発動させて陸上から、百済を攻撃する作戦を遂行した。

義慈王《ぎじおう》《ウイジャワン》の専制体制下にあった百済では、「外には直臣を棄て、内には妖婦を信じ、刑罰の及ぶ所はただ忠良に在り」（定林寺址石塔碑銘〈大唐平百済国碑銘《だいとうへいひゃくさいこくひめい》〉）、「君の大夫人の妖女無道《あぢきな》くして、擅《ほしいまま》に国柄を奪ひて、賢良を誅殺《ちゅうさつ》す」（斉明六年〈六六〇〉七月乙卯条分註所引「日本世記」〈高句麗僧道顕が著した史書〉）と記されるような、国政の破綻が生じつつあった。『三国史記』には王妃についての言及はないが、義慈王の淫荒・飲酒と、それを諫言《かんげん》した忠臣の殺害や配流が記されており、六五四年（白雉五）・六五七年（斉明三）には大旱魃《かんばつ》も知られる。

唐・新羅軍の侵攻に際して、百済では、国王に諫言を続けていた忠臣が、陸は炭峴《たんけん》、海は白江《はっこう》（伎伐浦《きばつほ》）—ともに要路で防御に有利—で防ぐべしと提言したが、無視された。そして、陸上の新羅軍と海上の唐軍のどちらと先に戦うべきかで議論しているうちに、両軍は炭峴、白江を越えて侵入してしまう。それでも、黄山《おうざん》の戦での将軍階伯《かいはく》《ケベク》の奮戦や、伎伐浦の海岸のぬかるみで唐軍が上陸に苦労する場面があった。

しかし、七月十八日には義慈王が降伏し、百済は滅亡する。唐軍は義慈王および太子の孝（太子隆は七月十三日の降服により降格か）、王子の泰・隆・演、そして大臣・将軍八八人と百姓一万二八〇七人を本国に連行した。倭国の遣唐使は九月十二日にようやく帰国を許されているが、十一月一日に長安《ちょうあん》で護送されてきた百済王族・高官の入京を目のあたりにして、百済滅亡を実感したことであろう。

百済復興運動の興起

唐は旧百済領を占有したが、百済の統治方式を温存し、州・県の長官である刺史《しし》・県《けん》令《れい》には在地の者を抜擢したという（『旧唐書』百済伝）。唐・新羅は、王都の攻略を急ぐあまり、地方の平定まで手が回らなかったのであり、両軍の主力が高句麗戦線に向かい、旧百済領の守備が手薄になると、百済遺民《いみん》の反乱が各地に勃発し、百済復興運動が興起することになる（森公章『「白村江」以後』、盧泰敦『古代朝鮮　三国統一戦争』）。早くも八月二日には、佐平《さへい》正武《しょうぶ》が豆尸原嶽《ずしげんがく》（忠南青陽郡定山面《チュンナムチョンヤングンチョンサンミョン》あるいは同錦山郡富利面《クムサングンブリミョン》）に駐屯し、唐人・新羅人を掠めとったといい、新羅軍が二十六日に任存大柵《にんぞん》（忠南大興郡大興面《デフングンデフンミョン》）を攻撃したが、百済遺民に撃退されている。

唐側では、九月三日に将軍劉仁願《りゅうじんがん》が旧王都泗沘《しひ》城（忠南扶余郡扶余邑《ブヨグンブヨウプ》）に駐留することになると、百済遺民は各地で蜂起し、一時は王都に迫る勢いになったが、新羅軍の来援で、百済人の二〇余城が降服し、王都陥落の危機は当面回避された。しかし、百済遺民の抵抗拠点は、西部恩率鬼室福信《せいぶおんそつきしつふくしん》、僧道琛《どうちん》、黒歯常之《こくしじょうし》の任存城、達率余自信《たつそつよじしん》（進）の中部熊津《くまなり》城あるいは周留《する》城など、いくつかに分かれており、一朝一夕に鎮圧することは困

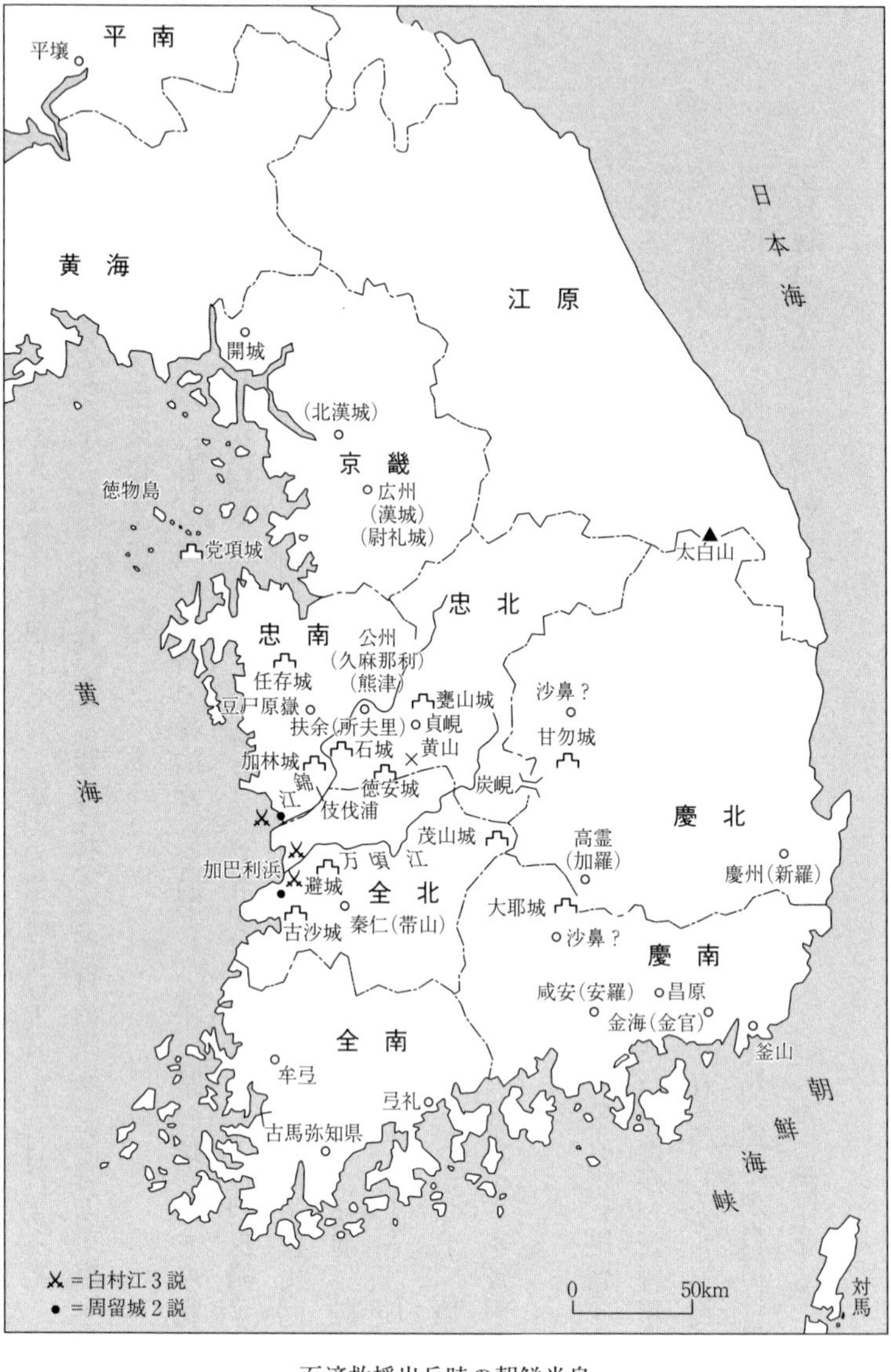

百済救援出兵時の朝鮮半島

森公章編『日本の時代史』3（吉川弘文館，2002年）65頁をもとに作図.

難な状況であった。

百済遺民からの連絡

百済遺民は、倭国に連絡して支援を求めようとしたらしく、斉明六年（六六〇）九月に沙《しゃ》弥《み》覚従《かくじゅ》らが倭国に到来する。倭国は、この時点ではじめて百済の滅亡・復興運動の興起を知ることになる。その中心人物としては鬼室福信、余自進の名前が挙げられているが（斉明六年九月癸卯条）、使者が沙弥であるように、この段階では僧道琛《どうちん》が復興運動の中心であった。その後ほどなくして権力交替があり、道琛は殺害され、福信が中心人物になるようである（『旧唐書』劉仁軌伝）。

福信は、百済滅亡時の義慈王の父武王と何らかの関係にあり（甥、または従子〈母方の姉妹の子である従兄弟あるいは兄弟の子である甥〉）、世代的には義慈王と同世代にあたる。福信は十月に、佐平貴智《さへいきち》らを倭国に派遣し、皇極《こうぎょく》朝以来、倭国に滞在している義慈王の子扶余《ふよ》《ブヨ》豊璋《ほうしょう》《ブンジヤン》の帰国と百済王への推戴を求めた。これに対して斉明《さいめい》天皇は、ただちに救援を承諾したといい、一説には豊璋を立てて王とし、塞上《さいじょう》（豊璋の弟、禅広《ぜんこう》・善光とも）をその補佐役にすると詔したとも伝えられている（斉明六年十月条）。

倭国の対外政策

倭国は等距離外交をとり、この段階までどちらかの陣営に一方的に肩入れすることはなかった。ここで百済復興を支援したのは、長らく倭国に滞在し、白雉《しろきぎす》献上の際にも学識を示して、倭国の人びとと交流が深まっていた豊璋の存在、また何よりも倭国が基調とする等距離外交と先進文物獲得の方策――この面での百済の役割は歴史的にも大きかった――を維持することが要因であったと思われる。救援決定の詔《みことのり》には、「沙喙《さたく》」を目指して軍を集結させれば、敵を倒し、百済復興が実現するとの見通しが述べられている。「沙喙」は新羅の六部の一つで、新羅のことを意味するから、倭国には唐と戦うという意識は希薄で、新羅だけが視野にあり、与しやすしと考えていたのかもしれない。

天皇は、十二月には難波宮《なにわのみや》に行幸し、最前線基地となる筑紫《ちくし》への軍旅に赴く準備を進めた。駿河《するが》で造営された船が、伊勢の多気評《たきのこおり》の績麻《をみの》郊付近に到来した時、夜中に艫《とも》と舳《へ》が反り返ってしまったといい、科野《しなの》からは蠅《はえ》の大群が西に向かい、巨坂《おおさか》（美濃との堺の神坂峠《みさかとうげ》か）を飛び踰《こ》えて行き、大きさは十圍《い》ほどで、高さは蒼天《あめ》に達するくらいであったという怪異も報告されている。これらは「或いは救軍《すくいのいくさ》の敗績《やぶ》れむ怪《しるまし》といふを知る」と評されており（斉明六年〈六六〇〉是歳条）、不吉な前兆を示唆するものである。

西征と募兵

斉明七年（六六一）正月六日、斉明天皇は「西征」に出発した。中大兄・大海人らも随行しており、倭国の朝廷を挙げての決意の軍旅であった。八日に吉備の大伯海《おおくのうみ》に到着した時、中大兄の女で大海人皇子に嫁いでいた大田《おおた》皇女が女子を産み、出産の地にちなんで大伯《おおく》皇女と名づけられた。十四日には伊予の熟田津《にきたづ》の石湯行宮《いわゆかりみや》に到着、筑紫の娜大津《なのおおつ》には三月二十五日に入り、磐瀬行宮《いわせのかりみや》に居しているから、この熟田津でしばらく待機していたようである。

『万葉集』巻一第八番歌、

熟田津《にぎたづ》に　船乗りせむと　月待てば　潮《しお》もかなひむ　今は漕《こ》ぎ出《い》でな

（熟田津で、船出しようとして、月の出を待っていると、潮も幸いに満ちてきた。さあ漕ぎ出そうよ）

は額田王《ぬかたのおおきみ》作あるいは斉明天皇の御製とされ、いよいよ筑紫に向かって出発する際の気持ちをよく示す歌である。延喜十四年（九一四）の三善清行《みよしきよゆき》意見十二箇条に引用された『備《びっ》中国風土記《ちゅうのくにふどき》』逸文《いつぶん》には、中大兄が下道郡邇磨郷《しもつみちぐんにまごう》で兵を募ったところ、二万人の兵士を得ることができたという地名起源説話がある。一郷から二万人の兵士徴発は不可能で、これは藤原宮木簡（『評制下荷札木簡集成』二二三号）に見える「邇磨」を「二万部」と記す文字から想起したものであろうが、熟田津での逗留はこうした徴兵の進捗を待っていたと考えられる。ここではまた、中大兄がそうした実務の先頭に立っていたことがうかがわれる。

斉明崩御

熟田津に二ヵ月以上滞在した点に関しては、斉明天皇がかつて夫舒明《じょめい》天皇とともに行幸した伊予温湯《いよのゆ》（道後温泉《どうご》）が近在し、すでに高齢であった斉明天皇が温泉で療養していたためとする説もある（寺内浩「斉明天皇と熟田津」）。

ともかくも、三月二十五日に那津《なのつ》（博多）の磐瀬行宮に入った斉明天皇は、五月九日に朝倉橘宮《あさくらのたちばなのみや》に遷り、ここを前線基地とした。二十三日には遣唐使が、百済の附庸国《ふようこく》（外交権を奪われて従属）であった耽羅《たんら》（済州島《さいしゅうとう》《チェジュド》）の王子を随伴して帰朝した。遣唐使らは百済滅亡を予告できなかった埋め合わせに、国際情勢を伝えるべく耽羅に寄港したのであろうが、倭国では百済救援の方針を決定済みで、天皇以下が筑紫に遷居してしまっていた。

しかし、六月には伊勢王《いせのおおきみ》が死去、そして七月二十四日に斉明天皇が朝倉宮《あさくらのみや》で崩御する。宮の造営の際に朝倉社《あさくらのやしろ》の木を伐った祟《たた》りであるという風聞があり、また八月一日に中大兄が天皇の遺体に付き添って磐瀬宮《いわせのみや》に移った時に、天皇の葬儀を朝倉山《あさくらやま》から鬼が見ていたとする怪異も伝えられている。

百済遺民は、この年二月から再び活動を盛んにしており、四月には新羅軍を撤退させ、勢力を回復していた。四月にはまた、鬼室福信が遣使して、豊璋の帰還を申請しており、百済遺民の興起ぶりが看取できる。

二　白村江戦の敗北

斉明天皇が崩じると、中大兄は素服して称制《しょうせい》（即位せずに、君主位を代行）を開始し、七月中に長津宮《ながつのみや》＝磐瀬宮《いわせのみや》に遷居、「水表《おちかた》の軍政」を聴いたといい、八月一日に斉明天皇の遺体を磐瀬宮に移したのは、百済《くだら》《ベクチェ》救援の派兵が最重要課題であったことを示す。

八月には、前将軍大花下《だいかげ》阿曇《あずみの》連《むらじ》比邏夫《ひらふ》・小花下《しょうかげ》河辺臣百枝《かわべのおみももえ》、後将軍大花下阿倍引《あべのひけ》田臣比羅夫《たのおみひらふ》・大山上《だいせんじょう》物部《もののべの》連《むらじ》熊《くま》・大山上守君大石《もりのきみおほいわ》らの派遣、兵仗《ひょうじょう》・五穀の供与が決まり、また大山上狭井《さいの》連《むらじ》檳榔《あじまさ》・小山下《しょうせんげ》朴市《えちの》秦《はたの》造《みやつこ》田来津《たくつ》らも、衛送に加わることになった。北方遠征で活躍した阿倍比羅夫は、筑紫大《ちくしのおおみ》宰《こともち》に任じられており（『続日本紀』養老四年〈七二〇〉正月庚辰条）、同時に渡海した人びとには九州の豪族がいたことが知られるから（持統四年〈六九〇〉十月乙丑条）、この第一次派遣軍は九州の豪族を中心とする兵力であったと考えられる。

九月、中大兄は長津宮で豊璋《ほうしょう》に織冠《しょくかん》を授け、多臣蒋敷《おおのおみこもしき》の妹を妻として、五〇〇〇余の軍勢で衛送して百済に送った。阿倍比羅夫はすぐに倭国に戻ったようであるが、狭井連檳榔・朴市秦造田来津は百済に留まり、復興運動と一体となって奮闘する。ここまでは百済救援軍の渡海と豊璋の帰国が急務であり、中大兄は最前線基地を離れることができなかった。

なお、豊璋に倭国の冠位を賜与し、倭国の女性を妻として付したのは、百済復興が実現した暁には、倭国が百済の上位に立つ、というもくろみがあったのかもしれない。福

表6　百済救援の出兵者と募兵地域

国名	郡名	出典	人名	備考
駿河		斉明7・是歳条		船を造らせる
甲斐	山梨	古屋家家譜	大伴山前連淵守	唐で戦死
常陸	石城	風土記香島郡条		＊「淡海之世」に石城で造った船が香島郡に漂着
陸奥	信太	慶雲4・5・癸亥条	生王五百足	40余年後に帰国
但馬	朝来	粟鹿大神元記	神部直根閇	帰国後，大領に
播磨		風土記讃容郡条	国宰道守臣	＊官船を造る
備中	下道	風土記逸文		邇磨郷で軍士2万人を徴発
備後	三谷	日本霊異記上—7	三谷郡大領之先祖	百済の僧侶をつれて帰国
讃岐	那賀	慶雲4・5・癸亥条	錦部刀良	40余年後に帰国
伊予	風速	持統10・4・戊戌条	物部薬	帰国，追大弐授与
	越智	日本霊異記上—17	越智郡大領之先祖	帰国後，立評．小市国造か
筑前	早良	天武13・12・癸亥条	筑紫三宅連得許	帰国
筑後	山門	慶雲4・5・癸亥条	許勢部形見	40余年後に帰国
	上妻	持統4・9・丁酉条 持統4・10・乙丑条	大伴部博麻	軍丁．30余年後に帰国
		天智10・11・癸卯条	筑紫君薩夜馬	帰国．筑紫国造か
豊前	宇佐	天智10・11・癸卯条	韓嶋勝娑婆	帰国．宇佐の有力豪速か
肥後	皮石	持統10・4・戊戌条	壬生諸石	帰国．追大弐授与
不詳		天智10・11・癸卯条	布師首磐	帰国．越中国射水郡・土佐国安芸郡に布師郷がある．讃岐国山田郡・鵜足郡に布敷臣が居住
		天武13・12・癸亥条	猪使連子首	帰国
		持統4・10・乙丑条	土師連富杼 氷連老 弓削連元宝児	天智10・11・癸卯条で帰国か
第1次派遣軍		斉明7・8・条 斉明7・9・条	前将軍阿曇連比邏夫・河辺臣百枝 後将軍阿倍引田臣比羅夫・物部連熊・守君大石 別将狭井連檳榔・秦造田来津〔近江・愛智〕	
第2次派遣軍		天智2・3・条	前将軍上毛野君稚子・間人連大蓋 中将軍巨勢神前臣訳語〔近江・神崎〕・三輪君根麻呂 後将軍阿倍引田臣比羅夫・大宅臣鎌柄	
第3次派遣軍		天智2・8・甲子条	廬原君臣〔駿河・廬原〕	

（備考欄に＊を付したものは参考記事）

『続 明日香村史』上巻（2006年）544頁に加筆・修正

信は豊璋の帰還を迎え、国政をすべて委ねたといい、百済王となった豊璋の下に復興運動の統制が確立したかに思われる。

飛鳥での殯

十月になってようやく、中大兄は斉明天皇の遺体の還御、飛鳥での殯礼《ひんれい》挙行が可能になった。十月三日には天皇の遺骸を飛鳥の都に戻すため、中大兄もいったん畿内に戻る。この時、中大兄は、

君が目の　恋《こほ》しきからに　泊《は》てて居《ゐ》て　かくや恋《こ》ひむも　君が目を欲《ほ》り

（ただあなたの目が恋しいばかりにここに舟泊りしていて、これほど恋しさに耐えないのも、あなたの目を、一目みたいばかりなのです）

と詠ったという（斉明七年〈六六一〉十月癸亥条）。十月二十三日に難波に到着、十一月七日に飛鳥の川原で殯《もがり》をはじめ、九日まで発哀《ほっあい》の儀を行った。いよいよ中大兄が倭国を双肩に担う時が到来する。

戦局の推移

この年十二月には、高句麗戦線では唐軍が雲車《たかくるま》・衝輣《つきくるま》などの機械力を駆使する一方で、厳寒に苦しみ、高句麗側に二塁を奪還された旨が伝えられている。渡海した倭軍は「高麗《こま》を救ふ軍《いくさのきみたち》将等《ら》」とも記されているが（天智称制前紀斉明七年是歳条）、高句麗救援が主目的ではなく、あくまで百済復興運動を支えることで、唐・新羅が高句麗戦線にのみ集中することができなくなり、結果として高句麗の助力になるということであろう。

倭国は天智元年（六六二）正月に、福信に矢一〇万隻・糸五〇〇斤・綿《わた》一〇〇〇斤・布一〇〇〇端・韋《おしかわ》（なめし皮）一〇〇〇枚・稲種《たなしね》三〇〇〇斛《さか》を、三月には豊璋に布三〇〇端を賜与し、援助物資を送り続けている。六月には百済から達率萬智《だちそちまち》らが到来し、調《みつき》を献じたとあるから、倭軍の渡海によって、百済方面でも復興運動優勢の状況が確立していくのであろう。しかし、百済遺民《いみん》の数が多くなることは、一面では新たな問題を惹起し、これが良好な戦局を転換させることになる。

周留城から避城へ

十二月に豊璋と福信は、狭井連檳榔《さいのむらじあじまさ》・朴市秦造《えちのはたのみやつこ》田来津《たくつ》に対して、現在の拠点である山険で、防御に有利な周留城《する》（州柔《つぬ》、疎留《そる》とも）から、豊饒な土地を擁する避城《へさし》（全北金堤）への遷都を提案した。避城は西北には水流、東南には泥堰があり、防衛と食糧供給の両立が可能であるというのである。

これに対して、田来津は避城は敵の陣地と一夜行程しかなく、不測の事態には対応できないこと、食糧不足による飢えよりも存亡の方が重要であると述べて、強硬に反対したが、結局は百済側の意思で避城への遷都となった。

百済の内部対立

天智二年（六六三）二月になると、田来津が警告したように、新羅軍が攻勢に出て、百済南畔の四州を焼燔し、安徳《あんとく》（百済五方の一つ徳安城《とくあん》）などの要地を奪取する。このため避城は最前線に近くなり、百済側は再び周留城に拠点を戻さざるを得なかった。そこで、倭国は三月に、前将軍上毛野君稚子《かみつけぬのきみわくご》・間人連大蓋《はしひとのむらじおおふた》、中将軍巨勢神前臣訳語《こせのかんざきのおみおさ》・三輪君根麻呂《みわのきみねまろ》、後将軍阿倍引田臣比羅夫・大宅臣鎌柄《おおやけのおみかまつか》ら二万七〇〇〇人の軍勢を渡海させる。この第二次派遣軍は新羅攻撃を目的としており、六月には新羅の沙鼻岐奴江《さびきぬえ》二城を攻略しているから、新羅本国を脅かすことで、百済の不利な戦況を転換しようとする方策であったと推定される。

唐・新羅軍は、五月ころから兵力を増強し、周留城攻撃を計画しており、決戦の時が迫る。こうしたなか、五月に高句麗と連絡を取って帰ってきた犬上君《いぬかみのきみ》は、石城《しゃくさし》（忠南扶余郡石城里《チュンナムプヨグンソクソンリ》）で豊璋から福信の罪を聞いたといい、百済側には内部分裂が生じつつあった。避城遷都を強行し戦局が不利になったこととともに、長らく倭国に滞在していた豊璋と復興運動を支えてきた自負がある福信の齟齬、両者をそれぞれに支持する人びとの存在など、矛盾が表面化したのであろう。六月には豊璋が福信を殺害し、復興運動の実質的な中心人物を失うことになる。

最初は、福信が病気を口実に穴蔵の部屋に臥し、豊璋が病気見舞いに来るのをとらえて殺害しようと企てたが、豊璋側はこの計略を見破り、親衛隊に福信を殺害させたという（『旧唐書』百済伝）。豊璋は福信を成敗すべきかどうか迷っていたが、達率執得《だちそちしゅうとく》という者の進言により決意したとも伝えられ、福信は執得に吐唾《とだ》して「腐狗癡奴《くちいぬかたくなやつこ》」と罵っ

白村江での戦闘

たが、ついに健児《ちからひと》に斬首されたとある（天智二年〈六六三〉六月条）。

倭国は、周留城に迫る唐・新羅軍との決戦に備えて、八月に万余の軍を渡海させる。これは、第二次派遣軍の一部が迂回したものとする説もあるが、救将は廬原君臣《いおはらのきみおみ》で、別部隊、第三次派遣軍を投入したものと見ておきたい。

百済滅亡時と同様、新羅軍は陸上から、唐軍は海上から周留城に進撃するなか、八月十三日に、豊璋は周留城を出て、白村《はくそん》に倭軍を待饗しようとする。豊璋は百済遺民《いみん》よりも、長らく親しんだ倭国の方を信頼しており、それが先の内部対立にも表出したのかもしれない。

八月十七日、新羅軍は周留城を包囲し、唐軍は戦船一七〇艘で白村江《はくそんこう》に陣列を整えた。倭国の軍隊は八月二十七日に到着し、早速に唐軍と戦火を交えるが、「不利《ま》けて退く」。大唐《もろこし》陣を堅めて守る」という状況であった。そして、翌二十八日が白村江戦の本番である。『旧唐書』劉仁軌《りゅうじんき》伝には、次のように記されている。

仁軌、倭兵と白江の口に遇《あ》ひ、四たび戦ひ捷《か》つ。其の舟四百艘を焚き、烟焔《えんえん》天に漲《みなぎ》り、海水皆な赤し。賊衆大潰《たいかい》す。余豊は身を脱して走る。其の宝剣を獲たり。偽王子扶余忠勝《ちゅうしょう》・忠志等、士女及び倭衆并びに耽羅《たんら》国使を率て、一時に並び降《くだ》る。

（「白江の口」で倭兵と四戦し、勝利した。「舟」四〇〇艘を焚き、炎は天までとどき、海水は血に染まり、

「賊衆」である倭軍は潰滅した。豊璋は逃走したが、その宝剣を獲得した。「偽王子」である扶余《ふよ》《プヨ》忠勝・忠志らは、士女や倭兵、また耽羅国使を率いて降服した）

白村江戦の様子

白村江戦の様子は、『日本書紀』天智二年（六六三）八月己酉条では次のように記述されている。

日本の諸将と、百済の王《こにきし》と、気象を観《み》ずして、相謂《あいかた》りて曰《い》はく、「我等先を争わば、彼自《かれおの》づからに退くべし」といふ。更に日本の伍《つら》乱れたる中軍《そいのいくさ》の卒を率《ゐ》て、進みて大唐の陣を堅くせる軍を打つ。大唐、便《すなわ》ち左右より船を夾《はさ》みて繞《かこ》み戦ふ。須臾之際《ときのま》に、官軍敗続《やぶ》れぬ。水に赴きて溺れ死ぬる者衆《おお》し。艫舳《へとも》廻《めぐら》旋すことを得ず。朴市田来津、天に仰ぎて誓ひ、歯を切《くいしば》りて嗔《いか》り、数十人を殺しつ。焉《ここ》に戦《たたかい》死せぬ。是《こ》の時、百済の王豊璋、数人と船に乗りて、高麗《こま》に逃げ去りぬ。

（日本の諸々の将軍と百済王とは、状況を見きわめもせずに相談して、「我らが先制すれば、敵は自然に退却するだろう」と言った。再び混乱している日本の中軍の兵士を率いて、進撃して堅く陣を固めた大唐の軍を討った。大唐はたちまち左右から船を挟み囲んで攻撃した。あっという間に官軍〈倭軍のこと〉は大敗した。入水して溺死する者が多かった。船は向きを変えることもできなかった。朴市田来津は天を仰いで誓い、歯噛みして怒って数十人を殺したが、ついに戦死した。この時、百済王豊璋は数人と船に乗って高句麗へ逃げ去った）

大敗北と撤退

倭国側は戦場の状況を精査することなく、単純な突撃作戦を敢行しており、戦列は混乱し、稚拙な戦法は隠しようもなかった。倭軍の兵力は「舟」一〇〇〇艘で（『三国史記』新羅本紀・文武王十一年〈六七一〉七月二十六日条）、このうち四〇〇艘が焚かれたという。なかには朴市秦造田来津のように個人的に奮戦する者もあったが、ついに敗死しており、倭軍は壊滅的な敗北を被ったことになる。その後、九月七日には周留城が陥落、百済は完全に滅亡する。

百済遺民は、豊璋のように高句麗に逃走し、さらに唐・新羅と戦争を続けるか、唐軍が駐留する百済の故地に残るか、そして倭国に亡命するか、いずれかの道を選択せざるを得なくなる。倭国に亡命を求める人びとは、九月十一日に牟弖《むて》（弥弖＝全南《チヨルナム》羅州郡《ナジュグン》南平《ナムピョン》面《ミヨン》）を出発し、十三日に弖礼《てれ》（全南宝城郡《ポソングン》鳥城面《ツオソンミヨン》冬老里）に至り、二十四日には倭国の船師と亡命百済貴族らが弖礼に到着、二十五日に倭国に進発するという過程で、帰朝・亡命を果たした。

倭国の敗因

百済救援の出兵から白村江戦までを総括すると、三次にわたる派兵は、それぞれに個別の目的のために、しかも戦局を追いかける形で小出しの出兵になったと評さざるを得ず、倭国には百済救援の全体的軍略が欠如していた。また、劉仁軌伝に、倭国の軍船が「舟」と記されているように、唐から見れば、小舟にすぎない貧弱な兵備であったことがわかる。唐側は「戦船」、後代の史料であるが、『武経総要集』に図像が見える蒙《もう》衝《しょう》・楼舡《ろうこう》といったいわば〝戦艦〟が配備されており、機械力に大きな較差があった。

こうした戦法・戦略や軍備面の相違に加えて、倭国の軍隊には構造的な問題があった。白村江戦の場面には、倭国の「中軍」が見え、第一・二次派遣軍でも前・中・後軍による軍隊引率が記されるが、倭国の軍隊には全体を統括する指揮者がいなかった。前・中・後は渡海の順序を示すにすぎず、倭国の軍事編成は、独自の勢力を保持する地方豪族が集めた兵を主力とする国造《くにのみやつこ》軍を基盤に、将軍に起用された中央豪族がこれを引率するという形をとる。中央豪族もまた、それぞれ独自の兵力を有していたから、その関係は並立的で、指揮系統が統一されなかったのである。

ここには、孝徳朝の改革が完遂されず、中央集権的国家体制が未確立であった状況が看取される。これは、国家の総力を傾けた外征においては、敗戦に帰着せざるを得ない要因になり、白村江戦の敗北は倭国、とりわけ中大兄が中央集権的律令国家構築の必要性を痛感する場になったという点で、大きな歴史的転換であったと言える。

三　防衛体制の整備

白村江戦の敗北により、倭国には唐・新羅軍侵攻の脅威がのしかかり、防衛網の整備が急務になる。中大兄の活動としては話がやや前後するが、まずは防衛網構築の様子や亡命百済人の動向、また当面の外交のあり方などを見ていきたい。

唐使の到来

天智三年（六六四）三月には、百済王豊璋《ほうしょう》の弟善光《ぜんこう》らを難波に安置しており、彼らはここに百済評《こおり》を立て、安住の場を得ることになる。その一方で、五月には、唐の百済鎮将劉仁願《りゅうじんがん》が朝散大夫《ちょうさんだいぶ》郭務悰《かくむそう》らを派遣し、表函《ふみひつ》（外交文書を納めた函）と献物を進上してきている。『善隣国宝記《ぜんりんこくほうき》』（文明二年〈一四七〇〉成立、禅僧瑞渓周鳳《ずいけいしゅうほう》撰の外交史書）天智三年条所引「海外国記」によると、郭務悰らは三〇人で、これに百済の佐平禰軍《さへいねぐん》ら一〇〇人、つまり旧百済領に留まり唐軍に協力する百済人たちが随伴していたことが知られる。

唐使一行は四月に対馬《つしま》に来着した。倭国側が、采女造《うねめのみやつこ》信侶《しんりょ》と僧智弁《ちべん》を派遣して来由を尋ねさせると、唐側は将軍牒《ちょう》という文書を呈したので、これを受納した。九月になって、斉明五年（六五九）のあの抑留経験のある遣唐使であった津守連《つもりのむらじ》吉祥《きさ》・伊吉史《いきのふひと》（連）博徳《はかとこ》、そして僧智弁を派遣して、表向きは筑紫大宰《ちくしのおおみこともち》の辞と称し、実際には朝廷の回

答を示している。その要旨は、

既に天子の使に非ず。又天子の書無し。唯是れ総管の使、乃ち執事の牒たり。牒は是れ私意なれば、唯すべからく奏すべし。人は公使に非ざれば、入京せしめず。

というもので、唐本国からの使者ではなく、旧百済領駐留軍からの使者であって、「牒」という文書形式も私的なものであるという点を理由に、来由は奏上するが、使者の入京は許さない、と伝えた。

唐使が入京すれば、白村江戦後の倭国の混乱ぶりがわかるし、唐側は高句麗征討に多忙で、今回は倭国の状況に探りを入れる程度の遣使であったことを見越して、このような返答になったのであろう。しかし、十月には、中臣鎌足《なかとみのかまたり》が沙門智祥《ちしょう》を遣して郭務悰に贈物をしたといい、倭国側は唐使を丁寧に応接して帰国させている。

中臣鎌足の登場

ここでは、乙巳《いっし》の変《へん》以来、中大兄を支えてきた鎌足が、はじめて明確な形で政治の表舞台に登場することも注目される。この年五月には大臣蘇我《そが》連子《むらじこ》が死去しており、連子は石川麻呂《いしかわまろ》・日向《ひむか》の弟で、旧来の蘇我氏の権勢を引き継ぐ存在であった（巨勢臣徳太《こせのおみとこだ》の死後、斉明朝に大臣に就任か）。この時点で鎌足が登場するのは、白村江戦の敗北、中央有力豪族の政務担当者不在のなかで、非常事態に対処するための抜擢であり、従来の倭王権の伝統では、異例の出来事であったと目される（森公章「中臣鎌足と乙巳の変後の政権構成」）。

大宰府の防衛

唐使来航は、倭国の緊張感を高めるものであった。この年には、対馬《つしま》・壱岐《いき》から筑紫《ちくし》にかけて、辺境防衛に従事する防人と情報伝達網となる烽《とぶひ》を設置した。防人は、八世紀には東国出身者を充てたことが知られているが、当初から百済救援の負担・打撃が少なかった東国の人びとが配備されたのかもしれない。

そして、北部九州の軍事・外交の中心となる大宰府防備のために、水城《みずき》（博多湾方面からの攻撃に備えた直線状の堀と土塁）を築いている。水城跡は、現在は鉄道や道路で分断されているが、大水城・小水城と称されるものが地上に残っている。大水城は全長一・二キロ、高さ一三メートルの人工の盛土で、その前面に配された幅六〇メートル、深さ四メートルの堀に水をたたえれば、たとえ唐・新羅《しらぎ》《シルラ》軍が上陸したとしても、大宰府に進撃・攻略することは容易ではない。

次いで天智四年（六六五）八月には、達率憶礼福留《たつそつおくらいふくる》・達率四比福夫《しひふくぶ》が大宰府の北に大野《おおの》城、南に基肄《きい》城を築いて大宰府の防衛を強化し、達率答本春初《とうほんしゅんしょ》が長門に城を建設している。彼らは「兵法に閑《なら》へり」（天智十年〈六七一〉正月是月条）と評される亡命百済人の軍事技術者で、大宰府の防衛構想は、百済の旧都泗沘のそれに相似しているとされる。この防衛方式は、唐にはまったく通用しなかった旧式のものであるとする意見もあるが（井上和人「日本古代都城と展開と東アジア」）、百済が滅亡したのは防衛方式云々よりも、人心の混乱によってそ

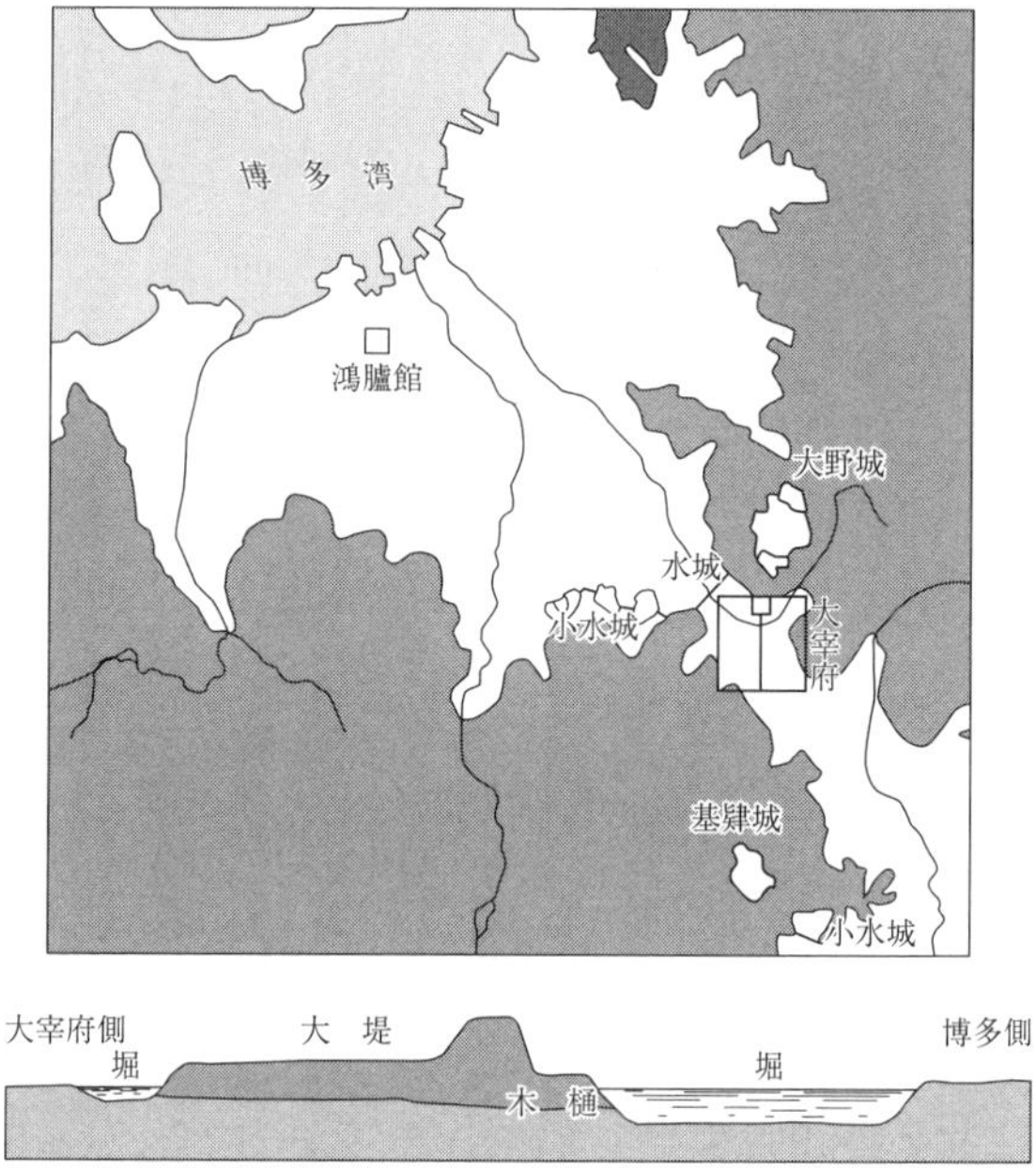

大宰府の防衛構想と水城図

濃い網かけ部分は丘陵・山地部分を示し，水城が大宰府に向かう平野部を効率的に防衛している様子がわかる．

森公章編『日本の時代史』 3，74頁・79頁をもとに作図．

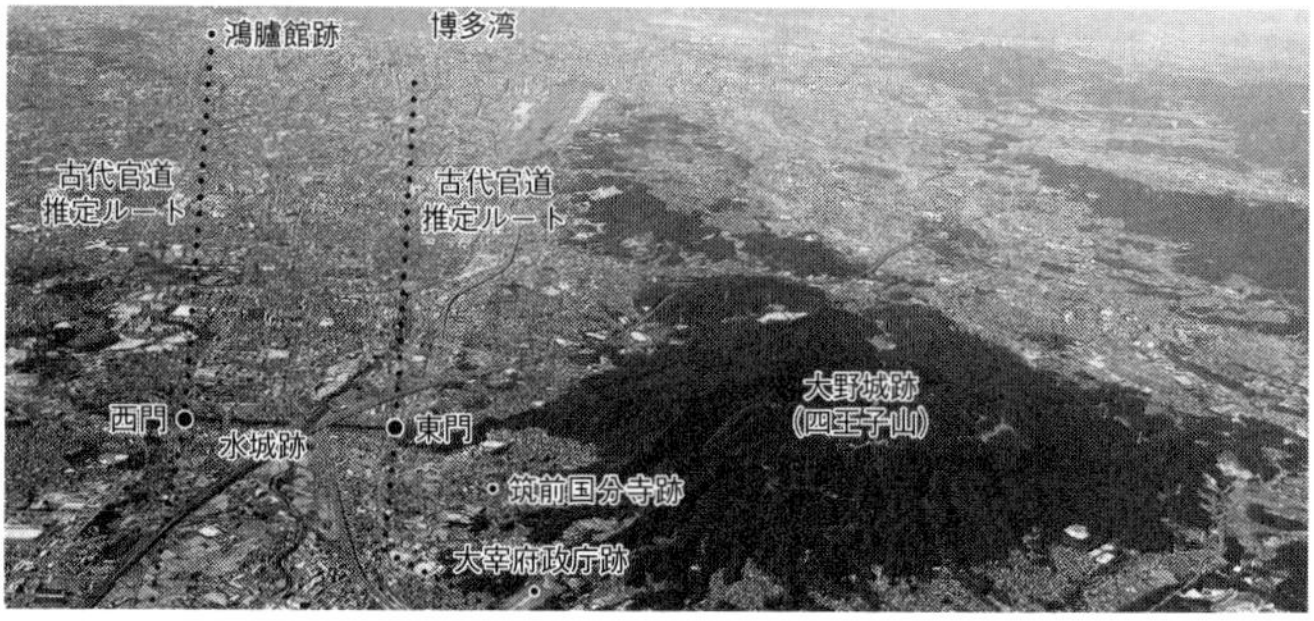

上空から見た水城周辺

(画像提供：太宰府市教育委員会．古都大宰府保存協会ほか制作「特別史跡 水城城 文化遺産巡りマップ」をもとに作成)

れが機能しなかったことが要因であり、亡命百済人たちも技術には自信があったと思われる。

再度の唐使

こうしたなか、九月には唐から朝散大夫《ちょうさんだいぶ》沂州《きしゅう》司馬《しば》上柱国《じょうちゅうこく》劉徳高《りゅうとくこう》が到来した。今度は唐本国から派遣された使者であったため、倭国も入京を認めざるを得なかった。今回も朝散大夫柱国《ちゅうこく》郭務悰《かくむそう》、また右戎衛郎将《うじゅえいろうしょう》上柱国百済禰軍《くだらのねぐん》らが同道、一行は二五四人で、七月二十八日に対馬に来着、九月二十日に筑紫に至り、二十二日に表函を呈している。倭国は、十月十一日に菟道《うじ》（宇治）で閲兵《えっぺい》を行っており、これは劉徳高らの入京に際して、倭国の健在ぶりを示威するものである。十一月十三日に賜饗、十二月十四日に賜物を行い、劉徳高は帰国の途に就くが、その際に小錦守君大石《しょうきんもりのきみおおいわ》、小山坂合部連石《しょうせんさかいべのむらじいわ》積《つみ》、大乙吉士岐弥《だいおつきしきみ》・吉士針間《はしま》を送使とし、唐に派遣している。

劉徳高は、中大兄の子大友《おおとも》皇子と相見し、「此の皇子の風骨は世間の人に似ず。実《まこと》に此の国の分に非ず」と評したといい（『懐風藻《かいふうそう》』大友皇子伝。『懐風藻』は天平勝宝三年〈七五一〉成立の漢詩集で編者不詳。大友皇子の曾孫淡海三船とする説もある）、倭国の朝廷の枢要者とも交流したことがうかがわれる。唐では翌年正月に高宗《こうそう》が泰山《たいざん》で封禅《ほうぜん》の儀《ぎ》（王の即位を知らせ、天下太平を天地に感謝する儀式）を挙行しており、これには高句麗からも参加があるので、劉徳高は一応は倭国に参加を要請するために来航したと見られる（葛継勇「禰軍倭国出使と高宗の泰山封禅」)。

『唐会要《とうかいよう》』巻七封禅の記事によると、諸王は十月に洛陽《らくよう》、諸州都督《ととく》・刺史《しし》は十二月に泰山に集合することになっており、十月に洛陽から高宗の車駕《しやが》に従った人びとには、「倭国及び新羅・百済・高麗等の諸蕃酋長《しゆうちよう》」が見える。この倭人は白村江戦で捕虜になり、半島で留置された人びとであろう。ただ、劉徳高の送使《そうし》となった人びとは、その出発時期からは十二月集合には間にあわず、泰山封禅に参加したかどうかは不明とせねばならない。

防衛網の構築

六六五年十月には、高句麗で泉蓋蘇文《せんがいそぶん》が死去しており、子息らに「汝等兄弟、和《あまな》はむこと魚と水の如くして、爵位《かんむりくらい》を争ふこと勿《まな》。若《も》し是の如くにあらずは、必ず隣に咲《わら》はれむ」と遺言したというが〈天智三年〈六六四〉十月是月条。繫年が一年違っているが、月は正しいとされる〉、その予見通りに、高句麗では内部争いが起こり、唐につく者も現れ、六六八年十月の滅亡に至る。

唐は、六六六年六月には泉蓋蘇文の死去を知り、高句麗征討を再開しているから、劉徳高来倭の目的には、倭国の国情を偵察し、また倭国が高句麗征討などの半島情勢に介入しないように牽制・圧力を加えることもあったかもしれない。

翌年、すなわち天智六年の十一月には、百済鎮将劉仁願《りゆうじんがん》が熊津都督府《ゆうしんのととくふ》熊山県令《ゆうせんのけんのれい》

亡命百済人の役割

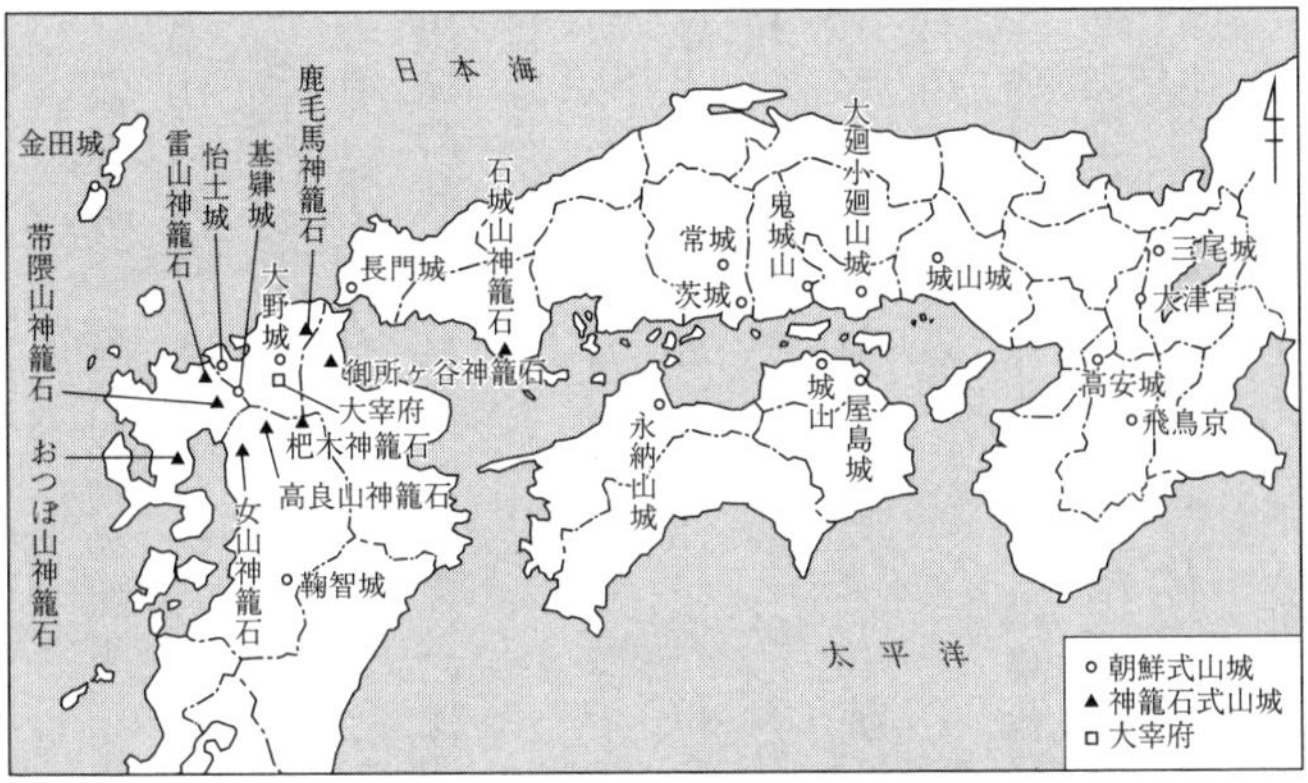

朝鮮式山城・神籠石遺跡の分布図
森公章編『日本の時代史』3，75頁をもとに作図．

上柱国《じょうちゅうこく》司馬法聡《しばほうそう》らを遣し、境（坂合）部連石積らの帰朝を送って筑紫に到来しており、彼らはすぐに帰還したが、倭国は小山下《しょうせんげ》伊《い》吉連博徳《きのむらじはかとこ》・大乙下《だいおつげ》笠臣諸石《かさのおみもろいわ》を送使として派遣している。ともあれ再三の唐使来航は倭国の緊張をさらに高め、倭国ではこの月に畿内の高安《たかやす》城、讃岐《さぬき》の屋島《やしま》城、対馬の金田《かなだ》城を造営し、対馬から大宰府・瀬戸内海を経て首都飛鳥に至る一大防衛網を構築する。その他、現在残る多くの神籠石《こうごいし》遺跡や山城跡も、この時期に建造されたものと目される（磯村幸男「西日本の古代山城」）。

こうした防衛計画を立案・遂行したのは亡命百済人であるが、彼らの活動は多方面に及んでいる。天智三年（六六四）十二月に、近江の坂田評《さかたのこおり》・栗太《くりもと》評で多産の稲の出現が報告されているのは、後述の近江大津宮遷都を予告するものかもしれないが、天智四年二月に、百済人の百姓男女四〇〇余人を神前評《かんざき》に移し、三月に田地を給付したとあるのは、百済人の農業技術に期待するところがあったのであろう。

数千人規模で亡命した百済人の多くは、近江、さらには東国に移住させられ、それらの地域の土地開発に従事するという形で倭国に定住の場が与えられた。東国には広大な未開地が残っており、朝鮮半島との関係に終止符が打たれた倭国としては、国内の開発可能な地域の整備・集約に発展の道を求め、そこに亡命百済人、続いて渡来する亡命高句麗人の投入が進められていくのである（森公章「白村江戦闘と高句麗」）。

百済人貴族はまた、倭国の朝廷で各自の才能によって官人として登用される（天智十年〈六七一〉正月是月条など）。上述の軍事技術の他、儒教・医薬・陰陽などさまざまな学芸に通じた人物がおり、中央集権的国家体制を構築する人的資源として、倭国のなかに溶け込んでいくことになるのである。

第六　即位への道程

一　甲子宣

甲子宣の発布

白村江《はくそんこう》戦の敗北、百済《くだら》《ペクチェ》救援軍の帰還と亡命百済人の到来後に最初に発令されたのは、天智三年（六六四）二月の甲子宣《かっしのせん》と呼ばれる方策であった（天智三年は甲子年）。これは中大兄《なかのおおえ》が大皇弟《おおすめいろど》、つまり同母弟の大海人《おおあま》皇子に命じて発布したもので、

冠位の階名を増し換《か》ふること、及び氏上《うじのかみ》・民部《かきべ》・家部《やかべ》等の事を宣《のたま》ふ。

とある（天智三年二月丁亥条）。冠位の増階と氏の代表者である氏上、民部・家部と称する所属民について定めたといい、後代の史料にも「甲子の年に諸氏に給へりし部曲《かきべ》」（天武四年〈六七五〉二月己丑条）、「甲子の年、氏上を定めし時」（『続日本紀』大宝二年〈七〇二〉九月己丑条）と見え、甲子宣が出されたことはまちがいない。

ちなみに、『日本書紀』天智十年（六七一）正月甲辰条には、

東宮太皇弟奉宣《ひつぎのみこみことのり》して〈或本に云はく、大友《おおとも》皇子宣命《せんみょう》す〉、冠位・法度《のり》の事を施行《おこな》ひたまふ。

天下《あめのした》に大赦す。〈法度・冠位の名は、具《つぶさ》に新しき律令に載せたり〉

とあり、奉宣者が大海人皇子または中大兄の子大友皇子で、冠位の他に、法度（律令のこと か）の施行も記されているが、同様の記事が存する。

天智紀の年立て

天智紀には、称制《しょうせい》元年を天智元年とする数え方、天智即位の天智七年を天智元年とする数え方があり、さらに天智七年正月戊子条の即位記事分註に引かれた或本には、六年三月即位とする史料が知られ、即位年にも複数説が見られる。その他、延年称元法ではなく、当年称元法により斉明《さいめい》崩御後から称制に入るとすると、称制元年を斉明七年（六六一）から起算する数え方（皇極《こうぎょく》四年〈六四五〉から大化元年〈六四五〉も当年称元の方式であった）も想定し得る（坂本太郎「天智紀の史料批判」、森公章「中大兄の軌跡」）。

天智紀にはいくつかの重複・重出記事があり、上述の天智四年（六六五）の長門《ながと》・筑紫《ちくし》での築城は、天智九年に「長門城一つ・筑紫城二つを築く」と記されている。これは天智六年即位説だと、称制四年と即位四年の混同によるもので、年次は前者が正しいと思われる。甲子宣は天智三年（甲子年）が正しいが、これを称制四年とする数え方に依拠すれば、天智十年条は天智元年を称制元年、天智七年即位説により即位四年に繫《か》けたと解することができ、一貫性のない年次の起算ではあるものの、重出記事の由来を説明し得るものと考える。

二十六階の冠位制度

甲子宣の内容としては、まず二十六階の新冠位制度の制定が挙げられる。これは大化五年（六四九）冠位制度を踏襲しながらも、錦位《きんい》から乙位《おつい》、つまり大宝令《たいほうりょう》制では四位相当以下の中下級官人クラスが授与対象となる部分を六階、最下位の立身を大建《だいこん》・小建《しょうこん》の二つに分け、計七階を増加したものである。この天智三年（六六四）冠位制度も授与者の実例があり、施行されたことはまちがいない。授与例には評司《ひょうし》も見え（森公章「評司の任用方法について」）、中央の中下級官人だけでなく、地方豪族も含めて、冠位による秩序構築や豪族の官人的秩序への編入をさらに推進しようとしたのであろう。

ただし、その基本構造はあくまでも大化五年制の延長上にあり、孝徳《こうとく》朝以来の国家体制を継承し、その枠組みのなかで区分を細分化・厳密化することに努めたものである点には注意しておきたい。

なお、上掲の天智十年条の記事、天智三年冠位制度から次の天武《てんむ》十四年（六八五）冠位制度の間に、天武朝において諸王四位の如き数字で示される諸王位（王族の帯する冠位）、贈位の際に外小紫《とのしょうし》や内小錦《うちのしょうきん》のような内外の別が見える事例があることにより、天智十年冠位制度の存在を推定する説もある（押部佳周「近江令の成立」）。しかし、諸王位は、天武朝における王族把握の進展に伴うものと目され、贈位の際の冠位も、天智三年冠位制を基本にしており、やはりこの間の冠位制度の改定は想定できないと思う。

氏上と民部・家部

次に氏上《うじのかみ》と民部《かきべ》・家部《やかべ》の認定である。大氏《おおきうじ》の氏上には大刀《たち》、小氏《ちいさきうじ》の氏上には小刀《かたな》、伴造《とものみやつこ》らの氏上には干楯《たて》・弓矢を賜与《しよ》するとあり、甲子宣が対象とする「氏《うじ》」とは、畿内の氏を中心とするものであったと見るのがよい（平野邦雄「大化改新とその後」、大山誠一「大化改新像の再構築」）。

地方豪族については、孝徳朝の「天下立評《てんかりつひょう》」でその把握を進めており、部民制《べみんせい》的収取も評《ひょう》を中心とする新たな支配機構のなかで変換が進行しつつあったと思われる。しかし、中央豪族に関しては、孝徳朝の官司《かんし》機構の実態が旧来の伴造―品部制《しなべせい》に基づく諸豪族の職務分担を踏襲するものであったことを考慮すると、その権力基盤に対しては、充分な変革、天皇権力の介入・統括は及んでいなかったであろう。

この点は、孝徳朝の部民制全廃に抵抗した中大兄が一番よく承知しており、白村江戦の敗北の要因となる構造的欠陥の根本問題であった。氏上の認定は、氏の範囲を決めることを意味し、氏上の認定・氏への帰属は、上掲の大宝《たいほう》二年（七〇二）条でもなお未決の例があり、容易には確定できなかったようである。

しかしながら、甲子宣により、氏上の認定は朝廷の権限になった。天武朝では、氏上・氏人《うじびと》が決まっていないと、勤務評定に支障が出る仕組みを作って促進しようとしており（天武十年〈六八一〉九月甲辰条、十一年八月癸未条）、中央豪族の官人化を推進する上で、大きな契機になったと評価することができる。

そして、氏の権力基盤となる民部《かきべ》＝部曲《かきのたみ》と家部《やかべ》に対する掌握強化・介入である。孝徳朝の部民対策は未完成であり、とくに中央豪族が依拠する部民制的支配を支える民部＝部曲は存続していたと考えられる。甲子宣ではその実状を把握し、限定・整理することに着手し、上掲の天武四年に全廃する方向に踏み出したのである（北村文治「天智天皇の対氏族策について」）。ただ、甲子宣の段階ではまだ調査がはじまったばかりであり、しばらくは中央豪族の権利を認めるという妥協も企図されていたと見ることができる。家部については、民部以外の豪族隷属民であり、甲子宣で掌握されたものの、天武四年以降も存続したと考えられ、私有民としての性格が強いと見ておきたい。

甲子宣の意義

以上を要するに、甲子宣とは、孝徳朝の部民対策が自らの反対で充分に実現できなかったことを反省した中大兄が、白村江戦の敗戦のなかで、より強力な中央集権国家を構築する第一歩を踏み出したものであった。防衛体制の完成に向けた人的・物的資源の徴発を支えるしくみとともども、新しい国家体制を模索する方策であり、戦後の緊迫した情勢のなかで、はじめて可能になったと考えられる。そして、上述の中臣鎌足の起用と合せて、中大兄—皇太弟大海人皇子、または中大兄—中臣鎌足という形で、中大兄を中心とする権力行使形態が形作られたことも重要である。

甲子宣発布に続く天智紀の記事は、上述の防衛網整備や唐使への対応が中心になり、甲子宣で示された方策の遂行状況は不詳とせねばならない。天智五年（六六六）正月には、高句麗使と耽羅《たんら》使の来航があった。唐・新羅軍に対峙しているこれらの国々から倭国への接近、支援の期待が寄せられたものと思われ（森公章「古代耽羅の歴史と日本」）、東アジア情勢は予断を許さない状況であった。

したがって、甲子宣の実行は急務であり、色々な進捗も推定されるところではあるが、権力を掌握したはずの中大兄は、なかなか即位に踏み出さない。

二　間人皇女の位置

中大兄称制の特殊性

斉明《さいめい》天皇崩御の際、王族のなかで皇位継承可能な候補者は、中大兄、間人《はしひと》皇女、大海人皇子しかいなかった。いずれも舒明《じょめい》と皇極《こうぎょく》・斉明の所生子である。間人は孝徳《こうとく》天皇に嫁ぎ、皇后になっていた。同世代中の最年長者は中大兄であり、四十歳即位適齢説によっても、充分に即位可能な年齢に近づいており、中大兄即位には障害がなかったと思われる。ところが、中大兄は七年間も称制《しょうせい》を続けており、天皇位に空位が生じることになる。

こうした空位は、継体《けいたい》崩御から安閑《あんかん》即位までに二年間がある他は、持統《じとう》が称制三年間の後に即位するのが長期の空位である。これら以外には、前天皇の殯宮《ひんきゅう》儀礼挙行などで短期間の空位が散見する程度である。持統の称制は、天武《てんむ》の殯宮儀礼継続と草壁《くさかべ》皇子の即位予定をふまえたもので、想定外の草壁の死去に接して、すぐに持統が即位している。

したがって中大兄のように、七年間も天皇位の空位期間を挟んで即位するのは、異例中の異例になる。中国の称制には、臨朝《りんちょう》称制（皇帝が幼少などのために皇太后が政務を代行）と僭称《せんしょう》称制（皇帝を勝手に名乗った人物について「称制」と記す）があった（河内春人「天智「称制」考」）。倭国の称制は、持統の例から見て臨朝称制と目されるが、中大兄称制では、後見すべき対象が不明であるという特異性も存する。

称制存続の理由

中大兄が長らく称制を続けた理由としては、

① 白村江戦の敗戦後の防衛体制構築を進めるには、天皇として即位するより、皇太《ひつぎの》子《みこ》として自由な立場で強力に政治を行うためとする説、

② 天智四年（六六五）二月の間人皇女死去、六年二月の斉明と間人の小市岡上陵《おちのおかのうえのみささぎ》への合葬を経て、七年正月に即位するので、間人の存在が障害になっていたと見る説、

などが有力で、その他、

③　乙巳《いっし》の変《へん》や古人大兄《ふるひとのおおえ》殺害など、中大兄の血塗られた足跡が一因であるとする説（遠山美都男『天智天皇』）、も呈されている。

上述のように、当時は皇太子の地位は未確立であり、中大兄が最有力の皇位継承候補者であったとしても、それによって天皇と同じ政治的権限を持つ存在と見ることはできず、①の説明は成り立ちがたい。この時期に政治を領導するには、天皇としての即位こそが求められるのである。③は即位時にもそのような過去を払拭できたとは思われないので、疑問とせざるを得ない。

②には斉明の殯宮儀礼継続を指摘する見解もあるが（今泉隆雄「天智天皇」）、百済救援の発動と敗戦後の騒然・緊迫した状況のなかで、確実な事例中では最長の天武殯宮（足かけ三年）を大幅に越える年限は不審である。空位は、何よりも政情不安を惹起《じゃっき》するので（敏達《びだつ》殯宮での穴穂部《あなほべ》皇子の行為、天武殯宮期間中の大津《おおつ》皇子事件など）、回避すべき事態ではあったと思われる。また、間人皇女の存在を重視する説に対しては、間人没後も称制が続いている点に疑問が呈されている。そこで、

二段階即位説

④　二段階即位説、つまり中大兄の称制を否定し、中大兄は斉明崩御時に「治天下《あめのしたしろしめす》（大）王《おおきみ》」として即位し、国内外の諸問題を克服する強力な政治体制の

構築・王権強化の課題を果たした上で、天智七年（六六八）正月に「治天下天皇《すめらみこと》」として即位したとする見解、

も示されている（河内春人「天智「称制」考」）。これは天皇号の成立とその背景にも関わる知見である。④は、『万葉集』巻一――一六～一九番歌が天智朝の歌に位置づけられているなか、一七・一八番は近江遷都《おうみせんと》の歌であるから、一六番は中大兄即位以前であるにもかかわらず、題詞に「天皇《てんのう》、内大臣藤原朝臣《ないだいじんふじわらのあそん》に詔《みことのり》して、春山万花《しゅんざんばんか》の艶《うるわし》と秋山千葉《しゅうざんせんよう》の彩《いろ》とを競《きそ》ひ憐《あわ》れびしめたまふ時に、額田王《ぬかたのおおきみ》、歌を以て判《ことわ》る歌」とあり、「天皇」、つまり即位したものとされているとして、これを中大兄称制否定、天智七年即位時以前の即位の明証としている。

しかし、これは称制を含めて天智紀に仕立てている『日本書紀』の論理と同様であり、必ずしも天智七年以前即位の確実な証拠とはなしがたいと思われる。『万葉集』巻一――八～一五番歌は斉明朝の歌であるが、八番は熟田津《にきたづ》の歌で斉明七年（六六一）、また、九～一一番は紀温湯《きのゆ》行幸《ぎょうこう》時なので斉明四年と目され、必ずしも年次順に配列されているわけではない点にも留意したい。とすると、上述の中大兄称制の特異性以外には、天智七年（六六八）以前即位を裏付ける材料がないことになり、④も確説とは言えない。

その他、

⑤ 中大兄は子大友皇子《おおとも》を後継者に考えており（遠山美都男『壬申の乱』）、その成長を待っていた（大友は『懐風藻《かいふうそう》』によると、天武元年〈六七二〉死去時に二十五歳とある。大化四年〈六四八〉誕生で、斉明七年には十四歳、天智七年には二十歳）とする説、

もある。しかし⑤は、中大兄の弟大海人皇子がいるという状況、また即位と同時に必ず後継者を定めなければならないというわけではないので、後継者決定のためにも早く即位した方が有利であるという点を顧慮しなかった理由が不明になる。

間人皇女の存在

天智七年即位という時期を考えると、②が指摘する状況、とくに間人皇女の存在に改めて注目してみたい。間人と中大兄との関係については、孝徳朝末期に中大兄らの飛鳥還都・間人の同行に際して、孝徳天皇が詠んだ上掲の歌（一三二頁参照）のなかに「吾《あ》が飼ふ駒を人見《ひとみ》つらむか」の語句があり、この「見る」には男女相会の意があることにより、同母兄弟姉妹間の婚姻の禁忌《きんき》を犯したとする説が呈されている（吉永登「間人皇女」）。

記紀には異母姉妹との婚姻例は多く存するが、允恭《いんぎょう》天皇の太子《ひつぎのみこ》木梨軽皇子《きなしのかるのみこ》が同母妹軽大娘皇女《かるのおおいらつめ》と奸《かん》した罪により、後継者の地位を退けられた話があり、同母所生子同士の婚姻は「奸《かん》」として忌避《きひ》されていた。したがって中大兄が即位すると、皇后を立てることが必要になるが、間人を立后することはできなかったというのである。

ただし、この説は歌謡の字句のみが根拠で、その証明が難しい。間人の存在に関して

は、孝徳天皇崩御後に間人が即位し、「難波朝廷《なにわ》」が維持されていたとする見解も示されている（八木充「乙巳の変後の政権構成」「七世紀中期の政権とその政策」）。この見解は、まず『新唐書《しんとうじょ》』日本伝の「永徽《えいき》初年（六五〇）、其の王孝徳即位し、元を改めて白雉《はくち》と曰ふ」によって、皇極が四年（六四五）六月に孝徳に譲位したとする『日本書紀』の記述・巻構成は必ずしも全面的には認めがたいとし、孝徳即位を白雉元年（六五〇）と見ることが出発点にある。そして、『家伝』下（武智麻呂伝）により、白鳳《はくほう》＝白雉年号は十六年まで続いたとし、白鳳十六年＝天智称制四年の間人の死去によって「難波朝廷」が終焉を迎えるというのである。

しかし、『新唐書』日本伝にはいくつかの誤りもあり、外国史料だからといって、全面的に依拠することはできない。また、白鳳《はくほう》・朱雀《すざく》（『日本書紀』にない私年号）といった年号の存在には疑問があり（坂本太郎「白鳳朱雀年号考」）、孝徳・斉明朝の推移については上述の通りであって、遅くとも有間《ありま》皇子事件の際には孝徳支持勢力は壊滅し、間人が「難波朝廷」を担い続けたという徴証は見出しがたい。

間人皇女即位の可能性

ただ、間人の存在・権能をどのように考えるかという点では、この二つの考え方には学ぶべきところがある。敏達《びだつ》天皇の皇后であった炊屋姫《かしきやひめ》（推古）には私部《きさいちべ》という経済基盤が設置され（敏達六年〈五七七〉二月甲辰条）、このころから天皇の嫡妻である皇后《こうごう》（大后《おおきさき》）

の地位が強化されていく。これまで述べてきたように、推古や舒明の皇后であった皇極・斉明が皇位継承を左右し、自らも即位するなど、政治力を発揮したことは重要であり、間人にも同様の権能が期待されていたと思われる。その他、斉明の急死によって正式な譲位を得ることができなかった中大兄は、女性である間人からの譲位により正統性を確保しようとしたとする見解も呈されている（遠山美都男『天智天皇』）。

『万葉集』巻一―三・四と九番歌には「中皇命」の語が見え、前者は間人連老《はしひとのむらじおゆ》による献歌、後者は紀温湯行幸時のもので、これは「ナカツミコノミコト」と訓み、舒明と皇極・斉明の所生子のなかの二番目のミコにあたる間人皇女を指すと解される（大平聡「「中皇命」と「仲天皇」」）。

そして、『大安寺伽藍縁起幷流記資財帳《だいあんじがらんえんぎならびにるきしざいちょう》』には「仲天皇《なかつすめらみこと》」が登場する。斉明天皇崩御時に、夫舒明の百済大寺《くだらのおおでら》にはじまる造営事業が完遂できないとの憂慮に対して、「近江宮御宇天皇《あめのしたしろしめししすめらみこと》」（中大兄＝天智）が「髻《たぶさ》に墨刺を刺して、肩に鈝《りふ》を負ひ、腰に斧を刺して為し奉る」、「仲天皇」が「妾《われ》も我が妹と、炊女《かしきめ》として造り奉る」と誓約しているのである。男性である中大兄は墨縄を用いたり、斧で木材を切ったりという造営作業を担当し、「妾」、つまり女性の「仲天皇」は炊事担当として食事を準備することで造営を助けると述べている。この「仲天皇」は天智の皇后倭姫王《やまとひめのおおきみ》を指すとする説もあるが、続いて「飛鳥《あすか》浄御《きよみ》原宮《はらのみや》御宇《にあめのしたしろしめす》天皇《すめらみこと》」(大海人＝天武)による造営が記されているので、やはり舒明との所生子による継承を述べていると解され、「仲天皇」は間人を指すと見るのがよいであろう。

野中寺弥勒像台座銘

その他、近年再びその信憑性が話題になっている野《や》中《ちゅう》寺《じ》弥《み》勒《ろく》像《ぞう》台座銘にも関係史料が存する(東野治之「野中寺弥勒像台座銘の再検討」)。これは台座下框《かまち》見付《みつけ》右側から背面を通り左側まで、一行二字、三一行にわたり、計六二字の銘文が鐫刻《せんこく》されたもので、その原文と釈文は次の通りである。

丙寅年四月大朔八日癸卯開記　栢寺智識之等　詣中宮　天皇大御身労坐之時　誓願之奉弥勒御像也　友等人数一百十八　是依六道四生人等　此教可相之也

(釈文)

丙寅の年四月大朔八日癸卯開《かい》に記す。栢寺《かやでら》の智識の等《ともがら》、中宮《ちゅうぐう》に詣《いた》り、天皇の大御《おほみ》身労《みいたづ》き坐《ま》しし時、誓願し奉りし弥勒の御像也。友等《ら》の人数一百十八、是に依りて六道四生《ろくどうししょう》の人等、此の教《おしへ》を相《み》るべき也。

大意は丙寅年(天智五＝六六六)四月八日に銘文を記すとあり、栢寺《かやでら》の仏教事業に結集する人びとが「中宮」に詣でて、天皇の病気平癒のために造営を誓願した弥勒像であること、結縁《けちえん》の人数は一一八人で、この造像により「六道四生《ろくどうししょう》の人」たちが仏教の尊さを知ることができるといった内容である。この銘文には、原漢文における中止法の「之」の多用、「等」の読み方や「六道」「四生」の誤用（人だけでなくすべての生き物を含む語で、法隆寺《ほうりゅうじ》観世音菩薩造像記《かんぜおんぼさつぞうぞうき》では「六道四生衆生《しゅじょう》」とある）、また本像の様式論や製作時期の問題などもあるが、それらは措くとして、丙寅年＝天智五年段階の造像発願《ほつがん》事由として、「中宮」にいた「天皇」の病気に注目したい。

「中宮《ちゅうぐう》」は天皇の妻、皇后を指し、これを舒明天皇の皇后であった斉明天皇崩御時の出来事とする見解も有力であるが（竹内亮「古代の造寺と社会」）、直近の天智四年二月の間人死去を考慮して、間人を指すとする解釈も存する（坂本太郎「古代金石文二題」）。白村江戦の敗戦があるにしても、斉明崩御からかなり時間が経過しており、病気平癒祈願↓死去↓造像を記す法隆寺金堂釈迦三尊造像記《こんどうしゃかさんぞんぞうぞうき》ではおおむね一年くらいで実施されているので、野中寺像も、間人の病気平癒祈願↓死去↓造像という文脈で理解することができる。

倭国の権力集中の変遷

以上を要するに、野中寺像は間人即位説に棹さすものと見るのであるが、風土記の「倭武天皇《やまとたけるのすめらみこと》」（日本武尊《やまとたけるのみこと》／常陸）、「息長帯比売天皇《おきながたらしひめ》」（神功皇后《じんぐうこうごう》／常陸）、「宇治天皇《うじのすめらみこと》」（菟道稚郎子皇子《うじのわきいらつこ》／播磨）のような古い時代の人びとは措くとして、記紀編纂に近接する間人皇女が即位したか否かは、人びとの記憶や事実認識も明白であったと思われるので、なぜ『日本書紀』はそれに触れないのかという大きな問題が残る。『新唐書』日本伝は、入宋僧《にっそうそう》奝然《ちょうねん》が捧呈した「王年代記」に依拠したと目されるが、そこには斉明から天智への継承を伝え、間人の即位云々の痕跡はない（神功皇后については、仲哀《ちゅうあい》崩御後に「王と為る」とある）。

間人皇女の位置づけ

そこで、間人は正式に即位しなかったとしても、天皇位を代行するような役割を果たし、その記憶が「仲天皇」の呼称に反映されているという理解はどうであろうか（坂本太郎「古代金石文二題」）。斉明崩御時に三十六歳の中大兄が即位しなかったのは、四十歳即位適齢説にはまだ少し若かったこと、そして何よりも斉明女帝―中大兄による権力安定の構造を維持し、白村江戦後の諸課題に取り組むには、間人の存在が必要であったことによるのではないか。

これは、新羅《しらぎ》《シルラ》において、善徳女王《ソンドクニョワン》（在位六三二～六四七年）が毗曇《ひどん》《ビダム》の乱の最中に死去した際、王族の実力者である金春秋《きんしゅんじゅう》《キムチュンチュ》らが真徳《チンドク》女王（在位六四七～六五四年）を擁立し、金春秋自身は高句麗《こうくり》《コグリョ》、倭国、そして唐との関係を模索して、唐風化推進、唐との同盟確立の懸案を成し遂げた上で、太宗《たいそう》武烈《ムヨル》王としてようやくに即位、百済討滅を果たすものの、わずか八年間の在位（在位六五四～六六一年）で死去したことと相似している。

倭国の権力集中は、推古女帝―王族の厩戸《うまやど》皇子と権臣の蘇我馬子《そがのうまこ》の安定した状態→舒明と権臣蘇我蝦夷《えみし》の対立萌芽→皇極女帝―権臣蘇我入鹿《いるか》→孝徳による改革推進と挫折

↓斉明女帝―王族の中大兄↓間人大后《おおきさき》―中大兄↓そして天智即位へ、と変遷したことになる。

皇極朝以降では、高句麗型の権臣専制、百済型の国王専制とその失敗、新羅型の女王と王族有力者による補佐と、朝鮮三国の権力集中方式すべてを体験した上で、新羅と同様に、唐に倣った中央集権国家の構想、天皇を中心とする中央集権的律令国家へと歩みはじめると解せられる。

そこへの円滑な移行の過程では、白村江戦後の諸課題への対応と、中大兄即位までの確実な基盤作り（年齢問題も含めて）の時間を得るために、前皇后である間人を表に立てて、斉明↓間人―中大兄の権力構造維持が求められ、「仲天皇」としての間人の存在が不可欠であったと考えてみたい。

越智山陵の造営

天智四年（六六五）二月に間人は死去する。三月には間人のために三三〇人の得度《とくど》を行ったといい、これは天武不予《ふよ》時の一〇〇人よりも多い。間人の死がそれだけ敬意を払われるべきものであったことをうかがわせる。そして、天智六年二月になって、斉明と間人を小市《おち》岡上陵《おかのうえみささぎ》に合葬しており、大海人皇子に嫁いでいた中大兄の女《むすめ》で、斉明には孫になる大田《おおた》皇女も陵の前の墓に埋葬されたとあるから、大田皇女もこのころに死去していたのであろう。

葬儀には高句麗・百済・新羅人の参加もあったとあり、高句麗は前年十月に到来した高句麗使《こうくりし》、百済は亡命百済人で、新羅については、白村江戦後の新羅使《しらぎし》来航は天智八年を嚆矢《こうし》とするから、何らかの形で倭国に滞在する新羅人がいたものと思われる。中大兄は群臣《まえつきみ》らに対して、「皇太后天皇《おほきさきのすめらみこと》」の勅により、墳墓の造営に大々的な徴発をしないと告げたといい、山陵《さんりよう》の整備は十二分には行われなかったようである。

この合葬は間人死去から二年、間人の殯宮儀礼が終了する時点であり（舒明は舒明十三年〈六四一〉十月崩御、皇極元年〈六四二〉十二月埋葬であった）、間人の死から起算して山陵造営が行われたものと思われる。「皇太后天皇」は斉明を指すとするのが通説であるが（『懐風藻』『日本霊異記《にほんりよういき》』に持統を太后天皇と称した例がある）、「大后天皇」＝間人の可能性も皆無ではない。

この点は措くとして、斉明・間人の小市岡上陵は、宮内庁の治定では高取町の車木《くるまぎ》ケンノウ古墳であるが、明日香村越《こし》の牽牛子塚《けんごしづか》古墳がこの時期の天皇陵に相応しい八角《はつかく》形墳《けいふん》で、こちらが正しい。三つの石槨《せつかん》は斉明、間人、そして建王《たけるのみこ》のものであろう。近年、その前面に所在が確認された越塚御門《こしづかみかど》古墳を大田《おおた》皇女の墓に比定することができる（明日香村大字越小字塚御門に所在）。

ちなみに、この小市岡上陵（越智山陵《おちのみささぎ》）は、文武三年（六九九）に修造が行われ（『続日本紀』文武三年十月甲午・辛丑条）、天平十四年（七四二）には長さ一一丈（三三二メートル）・幅五丈二尺（一五・六メートル）の崩壊が報告されている（天平十四年五月癸丑条）。当初の造営で大規模な労働力を差発しなかったため、あるいは葺石《ふきいし》などが不充分であったのかもしれない。

三　近江大津宮遷都

近江への遷都

斉明《さいめい》・間人《はしひと》の埋葬が終了すると、三月には近江大津宮《おうみのおおつのみや》への遷都が行われた。天智四（六六五）・五年には、亡命百済人を近江に移住させるなど、近江への関心が看取されるが、唐突の感は否めない。天智六年三月己卯条には、

是《こ》の時、天下《あめのした》の百姓《おおみたから》、都遷すことを願はずして、諷《そ》へ諌《あざむ》く者多し。童謡《わざうた》亦衆《おほ》し。日日夜夜、失火の処多し。

とあり、百姓は遷都を願わず、風刺の童謡（時の異変の前兆などを暗にうたう歌）があり、失火と目される出来事も多かったという。これは壬申《じんしん》の乱《らん》による近江朝廷瓦解後の史観によるものかもしれないが、遷都に対するとまどい・反対の声を反映するものと考えられる。

『万葉集』巻一―一七・一八番の額田王《ぬかたのおおきみ》・井戸王《いのへのおおきみ》の歌には、慣れ親しんだ三輪山《みわやま》の情景を捨て去り、近江に向かう悔悟の念が察せられる。

廃都からそれほど時代を隔てていない段階で、柿本人麻呂《かきのもとのひとまろ》は、

いかさまに　思《おも》ほしめせか　あまざかる　鄙《ひな》にはあれど　いはばしる　近江の国の　楽浪《さきなみ》の　大津の宮に　天《あめ》の下《した》　知らしめしけむ

（どのように思われたのだろうか、天離る鄙びた地ではあるが、近江国の楽浪の大津宮で天下をお治めになったそうである）

と詠じており（『万葉集』巻一―二九番歌）、遷都理由も古来不明の点が多い。

遷都の理由

遷都理由としては、次の諸説が存する。

A　白村江の敗戦により、宮都防衛のため、内陸部へ遷都したという通説的見解（喜田貞吉「大津京遷都考」）、

B　戦勝国である唐の要求による（田辺昭三『よみがえる湖都』）、

C　軍事・交通上の要地であり、高句麗《こうくり》《コグリヨ》との連絡や蝦夷《えみし》を意識したもの（滝川政次郎「大津京考」）、

D　近江は志賀漢人《しがのあやひと》・大友村主《おおとものすぐり》や依智秦氏《えちはたうじ》など渡来人《とらいじん》の居住地で、生産力が高いこと（水野祐「大津京遷都考」）、

E　中臣氏《なかとみ》や息長氏《おきなが》との関係により遷都したもので、新興勢力と旧勢力の対立、旧勢力の本拠地飛鳥《あすか》からの隔絶を背景としている（喜田貞吉「大津京遷都考」、水野祐「大津京遷

都考」）、

F　海に恵まれない飛鳥人の水への憬《あこが》れによる（岸俊男『日本の古代宮都』）、

G　畿外に出ることで、畿内豪族を本拠地から切り離し、官人化推進を企図した（中西康裕「中大兄皇子と皇位」）。

これらのうち、倭国の主体性が失われていたとするBは成り立ちがたい。Aについても、当時倭国の大防衛網の形成が進み、飛鳥の防衛体制は継続しているのに、近江周辺には防衛網が不在であるという矛盾が存する。Cに関しては、天智七年（六六八）の高句麗滅亡後も飛鳥に戻っていない点をどのように考えるのか。Eには、後述のように、近江朝廷を支えたのは蘇我《そが》氏や亡命百済人であった点と齟齬《そご》することをどう説明するかなど、それぞれに難点・課題が残る。Gについては、伝承的ながら、景行《けいこう》天皇の志賀高穴穂宮《しがのたかあなほのみや》の存在が知られ、大津宮は改新詔《かいしんのみことのり》の畿内の範囲外であるものの、どれほど衝撃があったのか、また孝徳《こうとく》朝の難波《なにわ》遷都のような畿内の範囲で適切な地はなかったのか、という疑問も残る。

複合的な理由

そこで、近江遷都後も飛鳥を中心とする防衛体制は維持され、飛鳥には留守司を残していたので、飛鳥を放棄してしまったのではないことに着目して、

H　斉明朝の再開発によって、飛鳥の開発が頭打ちになり、また、白村江《はくそんこう》戦後の民衆

の疲弊《ひへい》や生産力低下があったと見て、A・C・Dの理由を含めて、近江にも新たな天皇家の基盤を求めて遷都を断行したとする説（仁藤敦史「「大津京」の再検討」）も呈され、遷都理由を複合的に考える方向が示されている。壬申の乱では東漢氏《やまとのあやうじ》系の人びとが大海人《おおあま》側についていることから考えて、近江遷都を計画したのは、彼ら旧来の渡来人ではなく、近江朝廷を支えた蘇我氏および亡命百済人であったと目されるという。

その他に、

Ⅰ　中大兄は自らを秦《しん》の始皇帝《しこうてい》に比し、水徳《すいとく》を主張し、水の都に新王朝を建設する気概を持っており、大友皇子への皇位継承（二世皇帝）を前提に、遷都を断行したという見解（亀井輝一郎「近江遷都と壬申の乱」）

もある。上述のように、『日本書紀』には天智六年（六六七）三月即位とする記述も掲げられており、近江大津宮建設は天智即位を視野に入れたものであるから、こうした思想面にも留意する必要がある。

崇福寺の造営

遷都理由に断案はないが、複合的要因を考慮すべきことを指摘するに留め、次に近江大津宮の比定地とも関わる、宮の西北に造営されたという崇福寺《すうふくじ》について触れておく。崇福寺は志賀山寺《しがやまでら》とも称され（『万葉集』巻二―一一五番歌、『平城京木簡』二―一六八八号、『今昔物語集』巻十一第二十九話など）、大津宮に近在する山寺である。

崇福寺建立のことは『日本書紀』には記載がないが、いくつかの縁起文（『扶桑略記《ふそうりゃっき》』天智六年（六六七）二月三日・七年正月十七日条、『延暦僧録《えんりゃくそうろく》』第二近江天皇菩薩伝、『本朝文集《ほんちょうぶんしゅう》』第二「天智天皇崇福寺縁起」、『日本高僧伝要文抄《にほんこうそうでんようもんしょう》』第三天智天皇所引『崇福寺綵錦宝幢記《さいきんほうどうき》』、『菅家文草《かんけぶんそう》』巻七―五二八「崇福寺綵錦宝幢記」など）、また『日本紀略《にほんきりゃく》』延喜二十一年（九二一）十一月四日の焼失記事に「建立の後、二百五十三年なり」とあることなどから、天智朝の創建と目されていたことがわかる。

縁起文によると、中大兄は当初、弥勒仏《みろくぶつ》を信仰して堂舎建立を計画したようであり、大津宮の西北の山中に勝地を得る。寺地獲得の経緯としては、火光に導かれて到来した霊窟で、経行念誦《きょうぎょうねんじゅ》する優婆塞《うばそく》に出会い、中大兄が山名を尋ねたところ、優婆塞は「古《ふるき》仙霊窟伏蔵《せんれいのくつふくぞう》の地、佐々名美《さざなみ》の長等山《ながらのやま》なり」と告げ、忽然《こつぜん》と消失した。寺院建立予定地を掘削・整地していると、奇異宝鐸《ほうたく》（銅鐸《どうたく》か）や夜に光明を放つ白石が出土したことなどの奇瑞《きずい》が伝えられている。

崇福寺の伽藍

当初の崇福寺は、弥勒仏の繡像《しゅうぞう》を納めた金堂《こんどう》を中心に、その東に講堂、さらにその東の附山に僧房《そうぼう》とその東側の食屋《じきおく》・厨坊《ちゅうぼう》・器屋《きおく》などの管理施設が置かれた。そして、これらが存する平場の南側は、二行の橋廊《はしろう》によって結ばれた平場上に西に殿《でん》（小金堂《しょうこんどう》）、東に塔《とう》という伽藍《がらん》配置（川原寺式《かわらでらしき》）であった。これは、発掘成果や現地踏査による地形観察などから支持し得るという（林博通「崇福寺」、中西常雄「崇福寺に関する再検討」）。

崇福寺建立の目的は、「二恩《におん》の奉為《おんた》め」、つまり中大兄が両親のために無名指《むめいし》（薬指）を燃燈供養《ねんとうくよう》したことが著名であるが（『扶桑略記』）、辛未年（天智十＝六七一）の勅旨の存在が知られ（『菅家文草』）、天智即位後、死期が近づいた段階での発願《ほつがん》と見る説も呈されている（桜井信也「志賀山寺の官寺化と仏事法会」）。

縁起文のなかでは最古の『延暦僧録』に、「食封《じきふ》五十戸・水田若干、後生料《ごしょうりょう》と作《な》す」とあり、これが勅旨の内容であるとすれば、むしろ天智最晩年の発願で、竣工は天智崩御後であろう。また、『延喜式』巻二十一玄蕃寮《げんばりょう》には、十二月三日の天智の忌日《きにち》とともに、四月十三日の草壁皇子《くさかべ》（天武《てんむ》・持統《じとう》の所生子）の忌日における悔過《けか》が見え、天智の女《むすめ》持統天皇による推進や法会《ほうえ》整備を考えた方がよいと言えよう。

このように、崇福寺の造営過程には再考が求められているが、次に発掘によって判明している近江大津宮の様子を、『日本書紀』や大織冠伝《たいしょくかんでん》などの文献史料と合せて、整理してみたい。

近江大津宮の構造

近江大津宮の所在地は長らく論争があったが、現在は滋賀県大津市の錦織《にしごり》地区に中枢部が検出されている。市街地であるため、発掘の進展は充分でないが、内裏南門《だいりなんもん》と内裏正殿《せいでん》を中心とする区画がわかっており、その構造は前期難波宮《なにわのみや》に比されるとする意見もあるが（林博通『大津京』）、むしろ斉明天皇の後岡本宮《のちのおかもとのみや》と相似していると解するのがよい

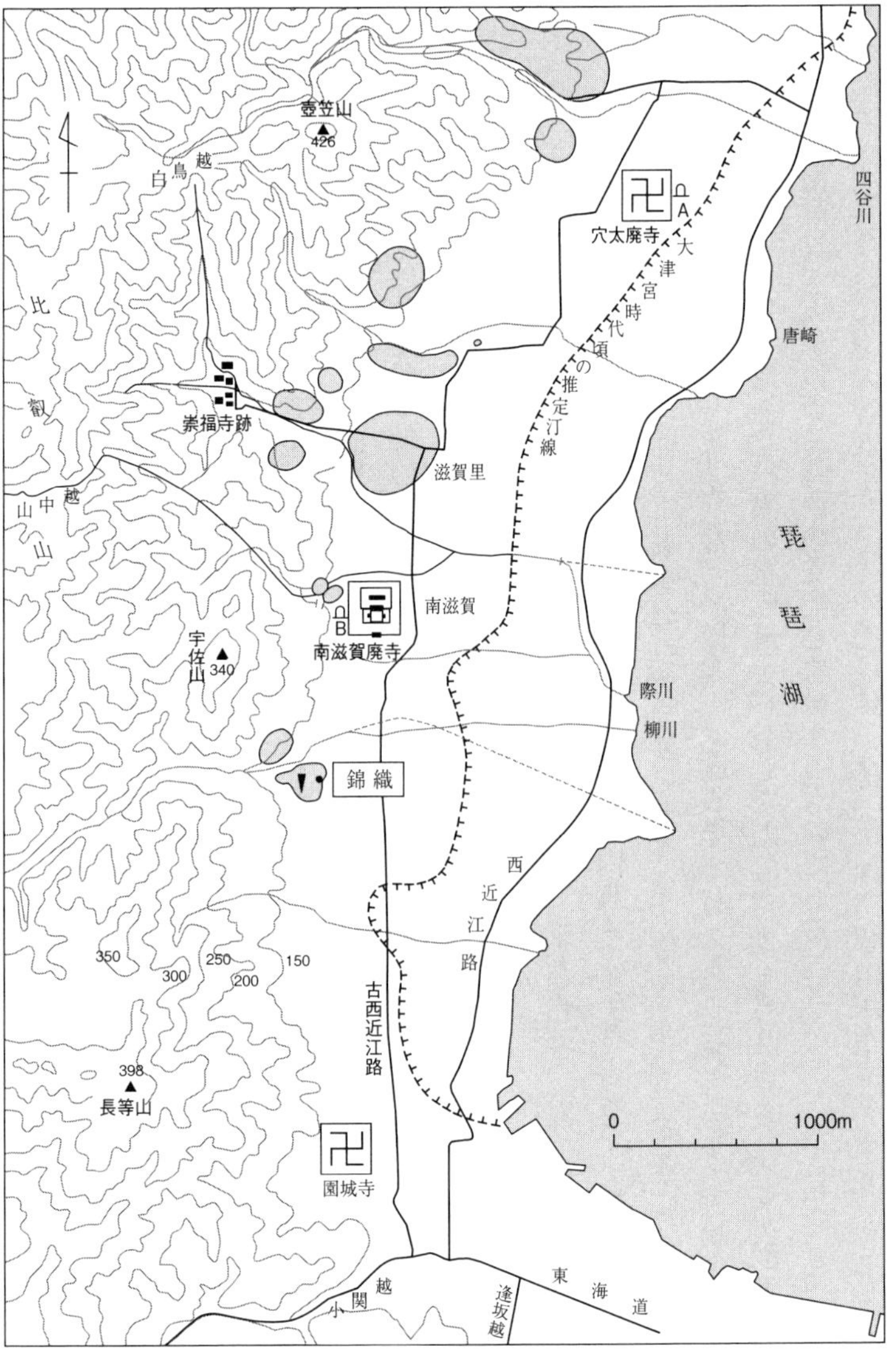

近江大津宮とその周辺

森公章編『日本の時代史』3（吉川弘文館，2002年）82頁をもとに作図.

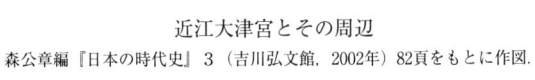

（林部均「飛鳥浄御原宮の成立」）。後岡本宮を一回り小さくして、前殿《ぜんでん》と正殿、南門からなる内裏とその周囲の官衙《かんが》で形成されたのが近江大津宮であり、遷都まで後岡本宮で政務を執った中大兄が、白村江戦後の非常事態の下で行った造営事業として相応しいものと目される。

なお、近江大津宮の内裏南門は、桁行七間・梁行二間である点は、前期難波宮内裏南門と共通するが、面積は一三三・五六平方《メートル》対四〇二・二一平方《メートル》とまったく規模が異なり、やはり後岡本宮の構造を継受したものと見るのがよい。近江大津宮の内裏正殿は桁《けた》行《ゆき》七間《けん》・梁行《はりゆき》四間で、後岡本宮の内郭《ないかく》前殿・正殿と同じ格式であり、これも後岡本宮との類似性を示している（小澤毅「飛鳥の朝廷」）。

文献史料によると、宮門《きゅうもん》では大射《たいしゃ》（天智九年〈六七〇〉正月辛巳条）、殿では朝賀《ちょうが》が挙行されたとある（十年正月庚子条）。その他に仏殿を持つ内裏（十年十月辛未条）・織 仏像《おりもののぶつぞう》が安置された内裏西殿《にしのとの》（十年十一月丙辰条）、天皇が臥寝する大殿《おおとの》（十年十月庚辰条）や宴が行われた西 小殿《にしのこあんどの》（十年五月辛丑条）などの殿舎、大蔵《おおくら》省第三倉（十年十一月丁巳条）・大炊《おおい》省（十年是歳条、鼎あり）などの官衙、飛鳥の水時計を移設した漏剋《ろこく》台（十年四月辛卯条）などが配されていた。漏剋は、天皇による時間の支配を象徴するものである。

ちなみに、天智五年（六六六）の冬には、倭 漢 沙門智由《やまとのあやのほうしちゆ》が指南車《しなんしゃ》（磁石を利用して常に南方を指す仕掛けを備えた車）を献じたとあり、これは斉明四年（六五八）に沙門智踰《ちゆ》が指南車を造ったとあるのと同一人物と思われる。後述の遣唐使黄書造《きふみのみやつこ》本実《ほんじつ》による水臬《みずばかり》（水準器）の将来も合せて（天智十年三月庚子条）、中大兄は科学技術に興味が深かったようである。

新都建設の模索

大津宮の周辺には、上述の崇福寺の他、穴太廃寺《あなほはいじ》、南滋賀《みなみしが》廃寺、園城寺《おんじょうじ》前身寺院などの寺院が点在しており、これらには防衛拠点としての役割も期待されていた。これは百済の泗沘《しひ》を模したもので、その構想には亡命百済人の参画が想定されている（小澤毅「七世紀の日本都城と百済・新羅王京」）。その他、宴遊の場である浜台《はまのうてな》（天智七年〈六六八〉七月壬子条）、遊猟の蒲生野《かもうの》（七年五月五日条）、粟津市《あわづのいち》（天武元年〈六七二〉七月壬子条）、辛崎《からさき》の津（『万葉集』巻一―三〇番歌）などの諸施設も散在していた。

しかし、本格的な都の敷地としては、狭小さを否定しがたく、諸施設の分散も地形的制約によりやむを得ないものであったと考えられる。藤原内大臣家《ふじわらのうちつおおおみ》（天智八年是秋、十月乙卯・庚申・甲子条）、中大兄の腹心である中臣鎌足《なかとみのかまたり》の居宅は山科《やましな》にあったと目され、豪族たちへの宅地供給も充分ではなかった。

天智九年（六七〇）二月には、天皇が蒲生評《こおり》の匱迮野《ひさのの》に行幸《ぎょうこう》して宮地を観たといい、これは本格的な宮都建設の地を探索していたことをうかがわせる。とすると、近江大津宮遷都は、旧都飛鳥を維持しつつ、白村江戦後の新しい政治・中央集権的国家の形成を進めるために、また防衛面や高句麗との連絡なども考慮し、もう一つの都を育成する端緒として構想されたものであって、天智天皇として即位後の展開・新都建設推進が期待されるところであったことになる。おそらく中大兄であった斉明五年（六五九）三月の近江平浦《ひらのうら》行幸の時から、より広大な近江の地に開発の可能性を見出し着目していたのであろう。

第七　近江朝廷の日々

一　即位と諸后妃

倭姫王の立后

天智七年（六六八）正月三日（或本では六年三月）、中大兄《なかのおおえ》はついに即位し、天智天皇となる。七日には内裏宴《とよのあかり》を催したといい、ここから天智としての日々がはじまる。『日本書紀』天智紀の年立てや起算方式については上述したところであり（一八三頁）、即位に伴う記述として、まずは天智の後宮の様子と子女について整理しておく（天智七年二月戊寅条）。天智の皇后は、古人大兄《ふるひとのおおえ》皇子の女倭姫王《むすめやまとひめのおおきみ》である。当該期の皇后は、王族出身者であることが不可欠の条件であり、天智の周辺では倭姫王のみが唯一の適格者であったと考えられる。倭姫王との間に子女はなかったらしく、記載がない。

ところで、倭姫王はいつ天智と婚姻関係を結んだのであろうか。倭姫王の母は不明で、年齢推定の方法としては、まず父である古人大兄皇子の年齢を算出せねばならない。古人大兄の父である舒明《じょめい》が、推古元年（五九三）誕生と推定されるが、二十歳で蘇我馬子の女《むすめ》法提郎媛《ほてのいらつめ》と結婚したとすると、古人大兄は推古二十一年（六一三）前後の誕生となる。これは『本朝皇胤紹運録《ほんちょうこういんじょううんろく》』が中大兄（天智）の誕生を推古二十二年とするのに近似しており、あるいは古人大兄（生年の記載なし）の誕生年が混入したものかとも思われる。それはさておき、古人大兄は大化《たいか》元年（六四五）死去で、時に三十二歳くらい、中大兄よりも十二歳くらいの年長者であった。

倭姫王の年齢

倭姫王の生誕年の推定は難しいが、古人大兄二十歳時の誕生とすれば、舒明五年（六三三）生、斉明《さいめい》七年（六六一）には二十八歳、古人大兄死去の大化元年生だと、斉明七年には十六歳と幅がある。倭姫王との婚姻を古人大兄誅殺《ちゅうさつ》以前とする見解もあるが（荒木敏夫「古人大兄皇子論」、松尾光「古人大兄皇子の年齢」）、中大兄が長らく即位しなかった理由の一つとして、周囲に皇后たるに相応しい女性王族がいなかったことを考慮してみてはいかがであろうか。父舒明は、即位に備えて婚姻歴のある宝《たから》皇女（皇極《こうぎょく》・斉明《さいめい》天皇）を得ており、孝徳《こうとく》には姪にあたる間人《はしひと》皇女がいたので、ともに即位が可能になったと思われる。とすると、誅殺された古人大兄の女で、中大兄の即位を前提とした婚姻では、斉明七年に二十八歳での初婚は遅すぎ、十六歳はやや早いかと思われるので、この中間くらいの二十歳前後と解するのがよさそうである。中大兄の称制の一因としては、この倭姫王の年齢、唯一の皇后候補者の成長を待つという事案が浮上し、斉明七年時点にはまだ婚姻関係はなかったと考えてみたい。

嬪の出自

次に嬪《ひん》（皇后に次ぐ身分のこと）として、蘇我倉山田石川麻呂《そがのくらのやまだのいしかわまろ》の女《むすめ》遠智娘《おちのいらつめ》と姪娘《めいのいらつめ》、阿倍倉梯麻呂《あべのくらはしまろ》（内麻呂）の女《むすめ》橘娘《たちばなのいらつめ》、蘇我赤兄《そがのあかえ》の女《むすめ》常陸娘《ひたちのいらつめ》が知られる。

遠智娘は、美濃津子娘《みのつこのいらつめ》あるいは茅渟娘《ちぬのいらつめ》という別名が伝えられている（或本、持統即位前紀）。『日本書紀』本文では、大田《おおた》皇女・鸕野《うのの》皇女（持統《じとう》天皇）・建皇子《たけるのみこ》（建王）の順で、彼女の産んだ子を掲げている。或本では、建皇子・大田皇女・鸕野皇女の順で記されている。鸕野皇女は大化元年（六四五）の誕生、建皇子は斉明四年（六五八）五月に八歳で死去していることから白雉《はくち》二年（六五一）生まれということになり、出生順では本文の方が正しい。また、茅渟娘の名を挙げる或本では、二女のみを掲げている。これは、天智即位以前に未成人で死去した建皇子を敢えて除外したのであろう。

造媛の存在

この遠智娘に関しては、大化五年（六四九）の蘇我倉山田石川麻呂事件を悲嘆して死去した造媛《みやつこひめ》とする説もあるが、これには問題がある（笹川尚紀「『日本書紀』編纂論序説」）。造媛=美濃津子娘=遠智娘が大化五年に死去したとすると、建皇子を出産することは不可能だからである。ここには、複数の名前で知られる人物の同定に混乱が見受けられる。

石川麻呂は、当初長女と中大兄の婚姻を予定していたが、同族の日向《ひむか》（身刺《むさし》）に密通され、少女を嫁がせたといい（皇極三年〈六四四〉正月乙亥朔条）、この少女が遠智娘となる。密通された長女も嫁がせ、これが造媛であると考えられなくもないが、『日本書紀』や大《たい》織冠伝《しょくかんでん》からはそのような事柄は読み取りがたい。造媛の死亡年については、これを事件直後とするのではなく、それを契機に体調を崩し、建皇子出産後に死去したと解する説もあり（直木孝次郎『持統天皇』）、ここではこの理解に従っておきたい。

姪娘との婚姻時期

天智の嬪となった石川麻呂の女には、ほかに姪娘《めいのいらつめ》もおり、御名部《みなべ》皇女と阿陪《あへ》（阿倍・阿閉）皇女（元明《げんめい》天皇）を生んでいる。御名部の名は、斉明四年（六五八）の紀温湯行幸《きのゆぎょうこう》の際に近在する地（日高郡南部郷）で生誕したことに由来するとの説がある（青木和夫『日本の歴史』三奈良の都）。阿陪皇女は斉明七年生まれである。

御名部は、大海人《おおあま》皇子（天武天皇）の長子高市《たけち》皇子（白雉五年〈六五四〉誕生）と結婚して、天《てん》武《む》五年（六七六）に長屋王《ながやおう》を生んでいる。斉明四年生であれば十九歳での出産で、この当時の女子の第一子出産年齢はおおむね十八歳前後とする知見（直木孝次郎『額田王』）とも合致する。阿陪皇女は、異母姉鸕野皇女所生子の草壁《くさかべ》皇子と結婚している。

姪娘所生の子は、遠智娘所生子と相当の年齢差があったと思われ、姪娘と中大兄の婚姻は、斉明朝になってからと推定される。

橘娘と常陸娘

嬪はいずれも倭王権の伝統的な中央豪族の女《むすめ》である。阿倍倉梯麻呂の女の橘娘《たちばなのいらつめ》は、飛鳥《あすか》皇女（?〜七〇〇年）・新田部《にいたべ》皇女（?〜六九九年）を、蘇我赤兄の女の常陸娘《ひたちのいらつめ》は、山辺《やまのべ》皇女（?～六八六年、大津《おおつ》皇子事件に関連して死亡）を生んでいる。新田部皇女は大海人皇子と結婚、山辺皇女は大海人の子で、大田皇女所生子の大津皇子と結婚しており、父の活躍年代（赤兄は斉明朝以降に登場）からも中大兄・天智との婚姻時期には差があったと目される。

宮人との婚姻

次に宮人《きゅうにん》として挙げられる四人は、畿内の中小豪族や地方豪族の女たちで、後代の後宮職員令《こうきゅうしきいんりょう》では氏女《うじめ》・采女《うねめ》と規定される人びとであった。忍海造《おしぬみのみやつこ》小龍《おたつ》の女《むすめ》の色夫《しこぶ》古娘《このいらつめ》は大江《おおえ》皇女（?～六九九年）・川嶋《かわしま》皇子（六五七～六九一年）・泉《いずみ》皇女（?～七三四年）、栗《くり》隈首徳萬《くまのおびとところまろ》の女《むすめ》の黒媛娘《くろめのいらつめ》は水主《みぬし》皇女（?～七三七年）、越道君伊羅都売《こしのみちのきみいらつめ》は施基《しき》皇子（?～七一六年）、そして伊賀采女宅子媛《いがのうねめやかこのいらつめ》は伊賀《いが》皇子、別名大友《おおとも》皇子（六四八～六七二年）を生んでいる。

婚姻の時期・順序

以上の后妃を、所生子の活躍年代や中大兄の政治的立場（各后妃の父親との関係を含む）から考えて、婚姻の時期・順序を推定すると、次のようになろう。

孝徳朝前後…遠智娘、橘娘、伊賀采女宅子媛
斉明朝前後…色夫古娘、常陸娘、姪娘
斉明朝末…（倭姫王）
天智朝…越道君伊羅都売、黒媛娘

越道君との婚姻は、上述の近江遷都理由として挙げられる高句麗《こうくり》《コグリヨ》との関係（欽明《きんめい》三十一

年〈五七〇〉条には高句麗使が道君の勢力圏に到来している）も指摘されている（浅香年木「コシと近江政権」）。これらの女性との婚姻の時期・順序には、今までの叙述からは知られない、中大兄・天智のくらしぶりや国政運営との連関をかいまみることができる。

額田王の存在

以上の天智の后妃の一覧には登場しないが、天智と関係のあった女性として著名な人物に額田王《ぬかたのおおきみ》がいる。額田王は、天智の弟大海人皇子が天武天皇として即位したところで、后妃一覧に登場する。王族・中央豪族出身者の后妃と地方豪族出身の女性の間に、「天皇《すめらみこと》、初《はじ》め鏡 王《かがみのおおきみ》の女《むすめ》額田王を娶《め》して、十市皇女《とをちのひめみこ》を生《な》しませり」といわくありげな書きぶりで記されている（天武二年〈六七三〉二月癸未条）。十市皇女は大友皇子と結婚し、天智八年（六六九）に葛野王《かどの》を生んでいるから、大化末・白雉初ころの誕生であろう。額田王は十市皇女出産後、斉明朝には斉明天皇の周辺にいたことが知られるので（『万葉集』巻一―七～九番歌）、そのころから中大兄との関係ができていたのかもしれない（直木孝次郎『額田王』）。

万葉歌人額田王

額田王の足跡は万葉歌人としてのそれしかわからないが、巻一―一六番歌は天智朝のもので、題詞に「天皇《てんのう》、内大臣藤原朝臣《ないだいじんふじわらのあそん》に詔《みことのり》して、春山万花《しゅんざんばんか》の艶《うるわし》と秋山千葉《しゅうざんせんよう》の彩《いろ》とを競《きそ》ひ憐《あわ》れびしめたまふ時に、額田王、歌を以て判《さだめ》る歌」（天智天皇が中臣鎌足に、春山に咲き乱れるいろいろな花のあでやかさと秋山をいろどるさまざまな木の葉の美しさと、どちらが趣があるかと

尋ねた時、額田王が歌で判定した歌）とあり、

冬ごもり　春さり来れば　鳴かざりし　鳥も来鳴きね　咲かざりし　花も咲けれど
山をしみ　入りても取らず　草深み　取りても見ず　秋山の　木の葉を見ては　黄
葉をば　取りてそしのふ　青きをば　置きてそ嘆く　そこし恨めし　秋山そ我は

（春がやって来ると、鳴いていなかった鳥も来て鳴きます。咲いていなかった花も咲いていますが、山が茂っているので、入って取りもせず、草が深いので、手にも取ってみません、秋山の木の葉を見ては、黄色く色づいたのは手に取って鑑賞します。青いのはそのままにして、嘆きます。その点だけが残念です。何といっても秋山がよいと思います、わたしは）

と詠じている。最初は春山万花に軍配を上げると思わせ、人びとをはらはらさせた上で、やはり秋山千葉がよいという見事な展開になっており、遊宴の場を盛り上げる華麗な存在であったのであろう。

額田王をめぐる確執

巻一―二〇・二一番には、天智七年（六六八）五月五日の蒲生野《かもうの》遊猟の際に大海人皇子と交わした歌も知られる。額田王が、

あかねさす　紫草野行《むらさきのゆ》き　標野《しめの》行き　野守《のもり》は見ずや　君が袖《そで》振る

（紫草野を行き、標野を行って野守が見ているではありませんか、あなたが袖をお振りになっているのを）

と、大海人の行為をたしなめるのに対して、大海人は、

紫草《むらさき》の　にほへる妹《いも》を　憎《にく》くあらば　人妻故《ひとづまゆえ》に　我《わ》れ恋《こい》めやも

（紫草のように、におうあなたを、憎いと思ったら、人妻と知りながら、恋しく思いましょうか）

と答歌しており、この「人妻」（『万葉集』の表記は「人嬬」）に、天智の下に去ったかつての恋人への思慕が示されているとも言える。巻一―一三番には「中大兄、三山の歌一首」として、

香具山《かぐやま》は　畝傍《うねび》雄雄《おお》しと　耳梨《みみなし》と　相争《あいあらそ》ひき　神代《かみよ》より　かくにあるらし　古《いにしえ》も
然《しか》にあれこそ　うつせみも　妻を　争ふらしき

（香具山は畝傍山を雄々しいと思って、耳梨山と争った。神代の昔からこうであったらしい。古もそうであったからこそ、今の世の人も妻を奪いあって争うらしい）

の歌があり、大和三山に託して「妻」争い、つまり大海人との間に額田王をめぐる確執があったことを示唆しているのではないかと指摘される所以《ゆえん》である。

しかし、蒲生野での歌は、密会のような場ではなく、むしろ遊猟に伴う饗宴《きょうえん》のような公的な場でのものであり、それゆえに『万葉集』に伝来するようになったと見るのがよいであろう。近代的な倫理観とは異なる帝王の恋愛や、額田王の行動は、論評すべくもないが、額田王は天智の后妃一覧には登場しておらず（『日本書紀』編纂に結実する修史事業をはじめた天武史局による削除も想定できないではないが）、天智とのほんとうの関係はどうであっ

たのかは、なお検討課題である。

長槍事件

では、天智と大海人皇子との間には何もなかったのであろうか。ここで、大織冠伝《たいしょくかんでん》に記された長槍事件《ながやりじけん》を見てみたい。

ここには、近江大津宮《おうみのおおつのみや》遷都後に浜楼《ひんろう》で宴会が催された時、突然大海人皇子が長槍で敷板《しきいた》を刺し貫いたといい、大海人には何か鬱積《うっせき》するものがあったのであろうか。天智は大海人を殺害しようとしたが、中臣鎌足《なかとみのかまたり》の諫言《かんげん》で思い止まったとあり、この出来事を機に大海人は鎌足とも親しむようになったと記されている。さらに、鎌足が死去し、後年に壬申《じんしん》の乱《らん》に逢着した時、吉野から東国に向かう大海人は、「鎌足が存命であったら」と嘆息したが、もはや近江朝廷と大海人を仲裁する者はいなかったとある。

大織冠伝には、鎌足の功績を誇張する筆致もあり、この話の後半部分は事実かどうか疑わしい。『懐風藻《かいふうそう》』大友皇子伝では、鎌足が女《むすめ》を大友皇子に納れた時、「恐るらくは聖朝《せいちょう》萬歳の後に、巨猾《きょかつ》の間釁《かんきん》有らむ」（天智崩御後に、非常に悪賢い者が隙間〈天皇位〉をねらう）と注意しており、鎌足は大友皇子を支持し、「巨猾」＝大海人皇子を警戒していたと考えられる。

壬申の乱で処刑された右大臣中臣金《なかとみのかね》の弟許米《こめ》の子大嶋《おおしま》は、天武朝でも登用されている。これに対して、鎌足の子不比等《ふひと》は、天武朝にはまったく見えず、天武の皇后であり、天智の女である持統が即位した段階で、ようやく歴史の表舞台に現れる。したがって大海人は、鎌足の真意を看破しており、鎌足に心を許すことはなかったと思われる（森公章『奈良貴族の時代史』）。

では、大海人は何に不満を抱いていたのか。大海人は天智の同母弟で、甲子宣《かっしのせん》の宣布など、近江朝廷の政治に協力していた。彼は天智に次ぐ王族の重鎮で、天智の女《むすめ》四人を妃とする他、蘇我赤兄《そがのあかえ》・中臣鎌足の女など中央有力豪族とも広く婚姻関係を有し、世代と王族内の地位や統治能力を規範とする従来の皇位継承方法では最有力の後継者候補であった。

一方、大友皇子は、采女《うねめ》所生子ながら、天智の長子で、「魁岸奇偉《かいがんきい》、風範弘深《ふうはんこうしん》」（すぐれてたくましく立派で、風采《ふうさい》が広大で深遠）と評され、上述の唐使劉徳高《りゅうとくこう》がその骨相に感嘆したという逸話ともども、逸材として期待されていたようである。彼は亡命百済人とも交わりが深く、文才にも恵まれていたという（『懐風藻』大友皇子伝）。

皇位継承の問題

したがって、中国的な中央集権国家構築を図る天智としては、同じく中国的な父子相承による新たな皇位継承のしくみを創出しようとしており、そこに大海人との間に齟齬が生じたのではないかと思われる。長槍事件の背景には、こうした天智の後継者問題が伏在していたのである。話が天智崩御後の行方にまで及んだが、即位を果たした天智の内政や外交はどうであったであろうか。天智朝の政治の様子を見ていきたい。

二　外交関係の展開

高句麗の滅亡

天智が即位した天智七年（六六八）はまた、高句麗《こうくり》《コグリヨ》が滅亡した年であった。七月には高句麗使が「越之路」、北陸方面から到来しているが、九月には唐軍の攻撃により、ついに高句麗が滅亡する。

天智四年十月ころの泉蓋蘇文《せんがいそぶん》《チヨンゲソムン》の死後、息子である泉男生《せんなんせい》《チヨンナムセン》と男健《なんけん》《ナムゴン》・男産《なんさん》《ナムサン》の間に兄弟争いが起こり、男生の唐への逃去、高句麗の分裂が惹《じゃっ》起《き》し、蓋蘇文が危惧した通りの展開になって、紀元前一世紀以来、半島で強盛を誇ってきた七〇〇余年の歴史に幕を閉じることになった。

ちなみに、七月の高句麗使来航記事には、栗前王《くるくま》の筑紫率《ちくしのかみ》拝任、「時に近江国、武を講《なら》ふ。又多《またさわ》に牧を置きて馬を放つ」という軍事関係の記述、越国《こしのくに》からの燃土《もゆるつち》（石炭）・燃水《もゆるみず》（石油）の貢上などが併記され、さらに、

又浜台《はまのうてな》の下に、諸《もろもろ》の魚、水を覆《おお》ひて至る。又蝦夷《えみし》に饗《あへ》たまふ。又舎人《とねり》等に命《みことのり》して、宴を所所《ところどころ》にせしむ。時の人の曰《い》はく、「天皇《すめらみこと》、天命将及《みいのちをはりなむとす》るか」といふ。

（また湖畔の高殿の下に、諸々の魚が水面を覆うばかりに寄ってきた。また蝦夷を饗応なさった。また舎人たちに命じて、あちこちで宴を催された。時の人は「天皇の世が終わろうとしているのだろうか」と言った）

という不気味な予兆が述べられている（天智七年七月条）。

新羅の接近

高句麗滅亡と同時に、九月には白村江《はくそんこう》戦後では最初となる新羅《しらぎ》使金東厳《きんとうごん》が来航し、服属の意を示す「調《みつき》」を進上してきた。倭国では中臣鎌足《なかとみのかまたり》が応接を担当し、沙門法弁《ほうべん》・秦筆《しんひつ》を遣して、新羅《シルラ》の軍事面の中心人物金庾信《ゆしん》《キムユジン》に船一隻を贈り、これを金東厳に付託したという。倭国はまた、新羅王に対して御調《みつき》貢上用の船一艘や絹五〇匹・綿《わた》五〇〇屯《とん》・韋《おしかわ》一〇〇枚などを賜与し、金東厳にも賜物を行うとともに、遣新羅使として小山下《しょうせんげ》道守臣麻呂《ちもりのおみまろ》・吉士小鮪《きしのをしび》を派遣している。

倭国の認識としては、新羅が朝貢姿勢で接近してきたと解されているが、なぜ新羅はこの時期に倭国への遣使を再開したのであろうか。

新羅は六六五年（天智四）、唐の仲立ちにより旧百済《くだら》領の熊津《ゆうしん》で、熊津都督《ととく》扶余隆《ふよりゅう》《プヨユン》（義慈王《ぎじおう》の子で、太子）と盟誓を結んでいたが、新羅には国境線画定に不満が残ることになり、六六八年（天智七）には、旧百済《ペクチェ》領側からの侵犯を口実に侵攻を開始している（『三国史記』新羅本紀文武王十一年〈六七一〉七月二十六日大王報書）。そこには、朝鮮半島全体の植民地化を図る

新羅との関係を選択

唐と、半島統一を目指す新羅の思惑が交錯し、両者の対決は不可避の状況であった。したがって新羅側としては、高句麗滅亡という半島情勢の変化を伝えるとともに、来たるべき対唐戦争を予想して、いち早く倭国と通交し、少なくとも倭国が唐側につかないように布石を打つ方策に出たのであろう。

唐・新羅軍の侵攻を想定して防衛体制整備を進めてきた倭国としては、新羅の接近を訝《いぶか》しく感じながらも、通交を受け入れ、情報提供に期待するところがあったのではないかと思われる。倭国は丁寧に応対しており、鎌足の庾信への贈物に関しては、これを諫止《かんし》する声もあったと伝えられている（大織冠伝《たいしょくかんでん》）。

新羅はこれ以後、八世紀初までほぼ毎年倭国に使者を派遣しており、「請政《しょうせい》」という形で国際情勢や国王の死去などの国内事情を伝達しており、倭国も適宜、遣新羅使を派遣して、緊密な関係が続くことになる。その起点として、今回の新羅使来航は重要であり、中臣鎌足を中心に新羅との関係を選択する外交方策が決定されたのであろう。

なお、この年には、沙門道行《どうぎょう》が草薙剣《くさなぎのつるぎ》を盗み、新羅に逃向しようとしたが、途中で風雨に遭い、未遂に終わったという（天智七年〈六六八〉是歳条）。その企図は不明であるが、これも今回の新羅使到来の余波の一つと言えよう。ちなみに、草薙剣は以後宮内に留め置かれ、朱鳥元年（六八六）六月に天武天皇の病が草薙剣の祟《たた》りと卜定《ぼくじょう》されたため、尾張《おわりの》国熱田社《くにあつたしゃ》に送置されている。

唐軍の使者

この新羅の接近に先行して、この年四月には「百済」が末都師父《まつしぶ》らを派遣して、貢《こう》調《ちょう》したとある。この使者は一〇日ほどで帰国している（天智七年四月庚申・庚午条）。これは、旧百済領に残り唐軍に協力する百済人、実質的には唐軍の意を体した使者と目される。この時点ではまだ高句麗は滅亡しておらず、新羅との戦争もはじまっていないから、倭国の様子を探り、あるいは高句麗滅亡が近いことを伝えるためであったのかもしれない。この唐軍からの遣使が新羅を刺激し、倭国への遣使・提携模索という方策を発動させたとも考えられる。

倭国の応対は、上述の新羅使に対するのとは大きく異なった。白村江戦での大敗という疵のある倭国は、唐には大いに警戒心を抱いており、それが外交方針の策定にも作用したと見ることができる。

耽羅との通交

倭国にはまた、新羅への併呑《へいどん》に対抗する耽羅《たんら》からの使者来航もあった（天智四年〈六六五〉八月、五年正月戊寅、六年七月己巳・閏十一月丁酉、八年三月己丑・丙辰条）。天智即位後の天智八年三月の使人《しじん》は王子久麻伎《くまき》らであり、この時倭国は耽羅王に五穀種を賜与している。その後、天武朝には国王自らが到来することもあったが（天武四年〈六七五〉九月戊辰条）、結局のところ倭国は半島情勢に介入せず、耽羅は新羅の服属国になってしまう（『三国史記』新羅本

紀文武王十九年〈六七九〉二月条）（森公章「古代耽羅の歴史と日本」）。

遣唐使を派遣

一方、倭国は天智八年（六六九）に小錦中《しょうきんちゅう》河内直《かわちのあたい》鯨《くじら》らを唐本国に派遣しており、これは斉明五年（六五九）以来の遣唐使である（天智四年の唐使劉徳高《りゅうとくこう》の送使は唐本国まで行ったと目されるが、唐での活動は不詳）。『新唐書』日本伝には、

咸亨《かんこう》元年（六七〇）、使を遣して高麗を平《たいら》ぐるを賀す。

とあり、この遣唐使は翌年に唐の朝廷に迎え入れられ、唐側からは高句麗討滅を祝賀する使者と位置づけられている。その点では高句麗が滅亡し、東アジアで唐に敵対して残っているのは倭国だけになった段階で、この緊張状態に即応した遣使であり、うまく機会をとらえたものと言えよう。

遣唐使の役割

ただ、倭国側の記録では、使人の一人黄書造《きふみのみやつこ》本実《ほんじつ》が水臬《みずばかり》（土木・建築に用いる水準器）をもたらしたこと（天智十年〈六七一〉三月庚子条）、薬師寺に伝存する仏足石を持ち帰ったこと（仏足石記）など、技術・文化面での交流が知られるのみである。天智天皇は科学技術にも関心を有し、黄書（文）氏は高句麗系渡来氏族で、絵画の技能に優れており、こうした先進文物の移入が期待されていたのであろう。天智九年には水碓《みずうす》を造って冶鉄《やてつ》を行ったといい、この間にも新しい試みが進められている。

倭国が遣唐使を派遣した天智八年（六六九）は、唐と新羅の紛争がはじまったばかりの段

階で、翌天智九年には、新羅が高句麗復興支援と称して傀儡《かいらい》の小高句麗国《しょうこうくりこく》を擁立するのだが、その本格的な戦争状態に突入する前であった。したがって入唐《にっとう》した使人は、今回の戦争で唐と新羅のどちらを支援するか、まだ明確な意思を表示する必要はなく、単に高句麗平定を祝賀するだけで済んだと思われる。

唐との緊張関係は続く

むしろ重要なのは、これ以後、大宝度遣唐使まで三〇余年間、唐とは正式な通交を行わなかったことである。倭国としては、唐と一線を画し、半島情勢への介入を強制されることを避けるため、対唐外交を消極的なものに留めたと解される。ただ、唐側としては、倭国に関係修復の脈があると考え、それが後述の天智十年の唐軍からの接触につながるのではないかと思われる。

しかし、一方では、唐の倭国征伐の風聞もあった（『三国史記』新羅本紀文武王十一年〈六七一〉七月二十六日条大王返書）。実際に、天智十年十一月に帰還した土師連富杼《はじのむらじほど》・氷連老《ひのむらじおゆ》・筑紫君薩夜馬《ちくしのきみさつやま》・弓削連元宝児《ゆげのむらじがんほうのこ》らは、この計略を本国に伝えようと手段を講じたことが知られる（持統四年〈六九〇〉十月乙丑条）。天智八年冬には、高安城《たかやす》を修造し、畿内の田租を収納し、九年二月には同じく修造と穀・塩の蓄積がなされており、倭国側でもこうした雰囲気を察知し、羅唐《らとう》戦争の行方に備えた措置を含めて、畿内の防衛を強化しようとしたことがうかがわれる。

三　中臣鎌足の死

中臣鎌足の死去

次に国内の動向や支配体制の整備など、内政のあり方を見ていく。

天智八年（六六九）五月、天皇は山科野《やましなの》に縦猟《かり》し、大皇弟大海人皇子《おおすめいろどおおあま》や中臣鎌足《なかとみのかまたり》らがつき従ったとある。しかし秋になると、鎌足の家に落雷があったといい、鎌足はこのころから体調不良になっていたようである。そして十月には病の床につき、死が迫る状況であった。

十月十日に、天智が鎌足の家に幸じ、病状を察《み》て、「積善余慶《せきぜんよけい》」（善行をつみ重ねると思いがけない慶事で報われること）も今回の病からの回復には効力がないことを嘆き、鎌足に何か希望はないかと尋ねたところ、鎌足は、

臣既に不敏《をさな》し、当《まさ》に復《また》何を言《もう》さむ、但し其の葬事は、軽易《おろそか》なるを用ゐむ。生きては軍国に務《つとめ》無し。死《みまか》りては何ぞ敢へて重ねて難《なやま》さむ。

（私はまったくの愚か者です。申し上げる事などありません。ただ葬儀は簡素なものにして下さい。生存中は国の大事に責務を果たしておりませんのに、死去に際してまで煩わすことはできません）

と奉答したという。

「軍国」云々は百済《くだら》《ベクチエ》救援の失敗などを指すのかもしれないが、鎌足の具体的役割は不詳とせねばならない。ただ、中大兄＝天智が政務を担う段階では、鎌足の補佐も重要なものになっていたことはまちがいない。時の賢人はこの言を「往哲《むかしのさかしひと》の善言《ほまれこと》」に類するものと感嘆したという。

弔問の様子

十五日には、大海人皇子を鎌足の家に遣し、大織冠と大臣の位（内大臣《うちつおおおみ》）を授け、藤原の姓を賜った。大織冠伝《たいしょくかんでん》には、太政大臣《だいじょうだいじん》を賜与したとあるが、これは大織冠伝を編纂した曾孫の藤原仲麻呂《ふじわらのなかまろ》（大師《たいし》＝太政大臣になる）が藤原氏の祖を顕彰するために、人臣の最高位を極めたことを述作したものであろう。

そして十六日に、鎌足は私宅（大織冠伝は「淡海《おうみ》の第《てい》」とするが、山科の家との関係は不明）で薨じた。大織冠伝には、百済人沙宅紹明《さたくしょうみょう》作の碑文が掲げられており、これが『日本書紀』天智八年十月辛酉条分註に引用された「碑」のことかもしれないが、それによると、年齢は五十六歳であったという。

十九日に天智は鎌足の家に幸じ、大錦上《だいきんじょう》の蘇我赤兄《そがのあかえ》に命じて恩詔《おんしょう》を奉宣させ、金《こがねの》香鑪《こうろ》を賜った。鎌足没後は、この赤兄が近江朝廷の政治を担うことになるようである。

大織冠伝では、天智九年（六七〇）閏九月六日に山階精舎《やましなのしょうじゃ》で火葬を行い、勅により王《おおきみ》公卿士《まえつきみたち》が参会したとあり、勅使である大錦下紀臣大人《だいきんげきのおみうし》が送終の辞を宣したと見える。

この時、空中には雲があり、形は紫蓋《しがい》（仏像や棺の上に吊り下げる天蓋《てんがい》）のようで、管弦《かんげん》の音楽が聴こえたといい、鎌足の往生を示唆している。

鎌足の子女と女性関係

なお、鎌足には、大友皇子・大海人皇子に嫁いだ女《むすめ》の他に、定恵《じようえ》（貞慧）・不比等《ふひと》（史）の二人の男子があった。定恵は僧として白雉《はくち》五年（六五四）遣唐使で入唐留学し、天智四年（六六五）に劉徳高《りゆうとくこう》の来倭に随伴して帰朝している（白雉五年二月条所引伊吉連博徳書《いきのむらじはかとこがふみ》）。大織冠伝に付された貞慧伝によると、その才能に妬した百済士人《しじん》によって殺害されたといい、真相は不明であるが、帰国直後に死去したらしく、これがさらなる伝承を生み出している（『多武峯縁起』）。鎌足死去時に、不比等は十一歳であったが、この不比等が実質的には藤原氏の隆盛を切り開いていくのである。

また『万葉集』巻二―九一番歌には、「天皇、鏡王女《かがみのおおきみ》に賜ふ御歌《みうた》一首」として、

妹《いも》が家も　継《つ》ぎて見ましを　大和《やまと》なる　大島《おおしま》の嶺《ね》に　家もあらましを

（あなたの家だけでもいつも見られたらよいのに、大和の国の大島の嶺にあなたの家がありさえすればよいのに）

があり、九二番には鏡王女の返歌があって、天智天皇と鏡王女との関係が知られる。

ところが、九三・九四番には「内大臣藤原卿《ふじわらきよう》、鏡王女を娉《よば》ふ時に、鏡王女、内大臣に贈る歌一首」「内大臣、鏡王女に報へ贈る歌一首」があり、鎌足も鏡王女と関係を持

とうとしたようである。九五番歌「内大臣藤原卿、采女安見児《うねめやすみこ》を娶《めと》りし時に作る歌一首」には、

我《われ》はもや　安見児得《やすみこえ》たり　皆人《みなひと》の　得《え》かてにすといふ　安見児得たり

（わたしは安見児を得たぞ。皆の者が得がたいと言っている安見児を得たぞ）

と、天智の許可を得て采女安見児を妻妾の一人とした喜びが表出されている。しかし、ここに『興福寺縁起』には、鏡女王が鎌足の正室であったと記されている。鏡王女は「君《きみ》が名あれど　我が名惜《な》しむ」と詠じているので、鎌足の招娉《しょうへい》が遂げられたか否かはわからない。登場する鏡王女との関係は不明の部分があり（直木孝次郎『額田王』）、鏡王女は「君が名あれど」ともあれ、天智と鎌足が共通の女性を寵愛するような君臣関係にあったことは特筆されるべきであろう。

四　近江令の存否

近江令は存在したか

乙巳《いっし》の変《へん》以来の鎌足の事績には不詳の点が多い。中大兄称制《しょうせい》とともに政治の表舞台に登場し、中大兄＝天智を補佐して、これからようやく活躍が期待される矢先の死去であった。この鎌足の事績に関連して、ここでは近江令《おうみりょう》の存否を検討しておきたい。

『日本書紀』では、天智十年（六七一）正月甲辰条分註に「新律令」の語句が見えるが、上述のように、これは甲子宣《かっしのせん》との重出に他ならない。そうすると近江令は、八世紀末に天智系皇統が復活した後、九世紀初の『弘仁格式序《こうにんきゃくしきじょ》』に天智元年（即位元年のことで、天智七年）に令二十二巻を制し、これが世に言う「近江朝庭《ちょうてい》の令《りょう》」であるとして現れるのが初見になる。

『弘仁格式序』では、法制の歴史として憲法十七条、近江令、大宝律令《たいほうりつりょう》を挙げ、天武・持統朝の飛鳥浄御原令《あすかきよみがはらりょう》を故意に脱落している。しかも二十二巻は浄御原令と同数である（持統三年〈六八九〉六月庚辰条）から、この「近江朝庭の令」とは、存在が確実な浄御原令と差し替えたものと考えるべきであり、近江令存在の論拠にはならない（青木和夫「浄御原令と古代官僚制」）。

大織冠伝《たいしょくかんでん》には、鎌足が「律令を刊定」したとあり、『続日本紀《しょくにほんぎ》』天平宝字元年（七五七）閏八月壬戌条に、鎌足への功田《こうでん》一〇〇町賜与に関連して、

緬《はる》に古記を尋ぬるに、淡海大津宮《おうみのおおつのみや》に御《あめのしたしろしめ》宇しし皇帝は、天の縦《ゆる》せる聖君、聡明なる睿主なり。制度を考へ正し、章程を創り立てたまひき。

（遙かに記録を尋ねますと、淡海大津宮に天下を支配された天智天皇は、生まれながらの聖君で、聡明な名君でした。国家の制度を考え直し、はじめて法律の条文を制定しました）

とあることと合せて、鎌足が近江令編纂に与ったとする指摘もある。

天智九年（六七〇）正月戊子条には、

朝庭の礼儀と、行路《こうろ》の相避《あいさ》ることとを宣《のたま》ふ。復《また》、誣告《たわごと》・妖偽《およづれこと》を禁《いさ》め断《や》む。

〈朝廷の礼儀と、行路における相避の礼〈貴賤の身分に応じて互いに道を譲る規定〉を宣勅《せんちょく》された。また誣告・妖言を禁止した〉

とあり、この時期に何らかの法整備があったことが看取される。

しかしながら、大織冠伝の原文は、

先此、帝令大臣撰述礼儀、刊定律令、通天人之性、作朝廷之訓

となっており、これは「此より先、帝、大臣をして礼儀を撰述《せんじゅつ》せしむ。律令を刊定《かんてい》し、天・人の性に通じて、朝廷の訓《おしへ》を作る」と訓むべきものである。鎌足は「礼儀」を作ったのであって、その際に律令や天地・人間の特性などを斟酌《しんしゃく》して（「刊定」は削り定めること）、「朝廷の訓」を作ったと記されている。これは天智九年の「朝庭の礼儀」に対応することを示しているのであって、近江令の制定を示す史料ではないことになる。

中国の律令を参照した礼儀の成文化は、新羅《しらぎ》の理方府格《りほうふきゃく》に例があり（『三国史記』新羅本紀太宗武烈王《たいそうムヨル》元年〈六五四〉五月条）、そこには「律令を詳酌して、理方府格六十余条を修定す」と記されている。

したがって、天智朝には、中国の律令制度の根底にある礼に関連して、新羅と同様に、まず儀礼の整備に着手したことは認められるものの、律令法の制定はまだ構想されておらず、成文法としての近江令は存在しなかったと考えたい。

なお、飛鳥浄御原令《あすかきよみがはらりょう》の編纂開始に際して、「今より更《また》律令を定め、法式《のり》を改めむと欲《おも》ふ」（天武十年〈六八一〉二月甲子条）とあるので、これ以前に律令・法式、つまり近江令があったという見解も示されているが（吉川真司「律令体制の形成」）、天武紀には「更…」でもはじめての施行である場合があり（天武十一年三月丙午条・九月壬辰条、十三年十月乙卯条、朱鳥元年七月庚子条）、この語法を論拠にすることはできないと思う（森公章「中大兄の軌跡」）。

庚午年籍作成

天智九年（六七〇）二月にはまた、「戸籍を作る。盗賊と浮浪とを断《や》む」とあり、これが最初の全国的戸籍である庚午年籍《こうごねんじゃく》の作成を示す。庚午年籍の次の造籍《ぞうせき》は持統四年（六九〇）の庚寅年籍《こういんねんじゃく》で、律令制下の六年一造《ろくねんいちぞう》の戸籍制度はこちらが嚆矢《こうし》になるが、大宝《たいほう》・養老《ようろう》令《りょう》では通常の戸籍が五比（三〇年）で順次廃棄されるのに対して、「近江大津宮庚午年籍」は永久保存すると定められており（戸令戸籍条）、氏姓の根本台帳として重視されている。庚午年籍の関係史料を見ると、たしかに庚午年籍に基づいて氏姓の誤りを正すことを求める事例や、豪族の定姓《ていせい》の画期として認識されていたことがうかがわれる（井上光貞「庚午年籍と対氏族策」、武光誠「姓の成立と庚午年籍」）。

表7　庚午年籍関係史料

畿内七道	国名	史　料
畿　内	山城	勝宝3(751).3.10茨田久比麻呂解（『大日本古文書』3—491・492)，「自庚午始五比七比籍明浄良人所貫」
		下鴨系図「鴨県主宇志，大津朝祝仕奉，而庚午年籍負祝部姓」
		新撰姓氏録・神宮部造「庚午年籍注神宮部造也」
	河内	新撰姓氏録・丹比宿禰「庚午年依作新家，加新家二字為丹比新家連也」
	和泉	新撰姓氏録・大家臣（紀氏系）「庚午年依居大家負大宅臣姓」
		承和6(839).8.戊寅条・百済公豊貞「以庚午年被貫河内国大鳥郡」
	摂津	承和10(843).12.戊午条・迹連「天平年中誤以迹一字為姓矣，検庚午年籍復本姓（阿刀連）焉」
東海道	伊勢	豊受太神宮禰宜補任次第・神主氏「石部飛鳥〈誤庚午年籍為石部姓者也〉」
	尾張	天応元(781).5.丁亥条・裳咋臣船主「庚午年籍謬従母姓為裳咋臣」
		延暦元(782).12.庚戌条・小塞宿禰弓張「庚寅歳以降，因居地名従小塞姓.望請，依庚午年籍改換小塞蒙賜尾張姓」
	伊豆	伊豆国造伊豆宿禰系図「庚午年籍負日下部直姓」
	甲斐	古屋家家譜「庚午年籍負大伴山前連姓」
	常陸	弘仁11(820).5.4.太政官符（類聚三代格）「応以辛未年籍為庚午年籍事」
東山道	上野	長元元年（1028）上野国交替実録帳「庚午年玖拾巻〈管郷捌拾陸，駅家戸肆〉」
北陸道	越中	越中石黒系図「庚午年籍負利波臣姓」
山陰道	但馬	粟鹿大神元記「庚午年籍勘造日，依書算知而国政取持，国造・県領并殿民源之是非勘定注朝庭進」
山陽道	播磨	神護元(765).5.庚戌条・馬養造人上「庚午年造籍之日，誤編馬養造」
		新撰姓氏録・佐伯直「至庚午年脱落針間別三字，偏為佐伯直」
		播磨国風土記宍禾郡石作里条「石作首等居於此村，故庚午年為石作里」
南海道	紀伊	宝字8(764).7.丁未条「有僧綱所庚午籍，書寺賤名」
		宝亀10(780).6.辛亥条・神奴百継「自庚午年至大宝二年四比之籍，並注忌部」
	阿波	景雲元(767).3.乙丑条「庚午年籍被記凡直，唯籍着費字」
		宝亀4(773).5.辛巳条・長費人立「庚午之年，長直籍背着費之字」
	讃岐	和銅6(713).5.甲戌条・物部乱「庚午以来，並貫良人」
		延暦10(791).9.丙子条・凡直千継「庚午年之籍，改大押字，仍注凡直」
		延暦10(791).9.戊寅条・綾公菅麻呂「校庚午年籍，削除朝臣」
西海道		神亀4(727).7.丁酉条「筑紫諸国庚午籍七百七十巻」

＊出典を記したもの以外は，当該国史が典拠.

一年遅れの地域も

なお、常陸国《ひたちのくに》では、造籍が天智十年（辛未年）にずれ込み、「辛未《しんび》年籍」の名称が伝来している（『類聚三代格』巻十七弘仁十一年〈八二〇〉五月四日太政官符）。『日本書紀』にも天智十年三月甲寅条に、次のようにある。

常陸国、中臣部若子《なかとみべわくご》貢《たてまつ》る。長《たけ》尺六寸。其の生れし年丙辰（斉明二＝六五六）より此の歳に至るまで、十六年なり。

常陸国が中臣部若子という者を貢上し、身長が一尺六寸（四八チセン。というと、あまりにも小さいので、数字の脱落があるか）、現在十六歳であると記されている。これは、造籍により判明した侏儒《しゅじゅ》の献上を示すもので、役使《えきし》可能な年齢に入る前後の人物ということで（大宝・養老戸令では十七歳から中男《ちゅうなん》〈少丁《しょうてい》〉で課口《かこう》になる。『三国史記』には十五歳以上を役使する例が見え、庚午年籍の課丁《かてい》が何歳かは不明である）、とくに報告されたのであろう。ここではまた、造籍《ぞうせき》に際して一人一人を面見していたことがうかがわれる。

庚午年籍の作成方法

また『粟鹿大神元記《あわがおほかみのもとつぶみ》』には、但馬《たじま》国の「朝来郡大領《あさごのこおりのみやつこ》」神部直根閇《みわべのあたいねまろ》が造籍《ぞうせき》に関与したことが、次のように記されている。

庚午年籍勘造の日、書算を知るに依りて国政を取り持ち、国造《くにのみやつこ》・県領《けんりょう》幷びに殿《との》の民の源の是非を勘定《かんてい》して注して朝庭に進る

庚午年籍を作成した時、書算に通じていたので、造籍に関与し、国造・県領や殿（前二

者以下の中小豪族か）の配下の人びととの由来の是非を勘定して注記したといい、ここでは評司《ひょうし》による勘定が推定されるところである。

庚午年籍の作成単位

律令制下の戸籍は、五〇戸《こ》一里《り》で成巻《せいかん》される規定であったが、庚午年籍作成の単位はどうであろうか。『続日本紀』神亀《じんき》四年（七二七）七月丁酉条に「筑紫《ちくし》の諸国の庚午の籍七百七十巻、官印を以てこれに印す」とあり、『和名抄《わみょうしょう》』では西海道《さいかいどう》の郷数（里数）は五〇九、八世紀初段階で律令国家の支配下に編入された大隅《おおすみ》・薩摩《さつま》を除くと四三七になって、数値はさらに懸隔する。このことから、庚午年籍は、里よりも小規模な単位で成巻された可能性が指摘されている（早川庄八「律令制の形成」）。

そうすると、『粟鹿大神元記』の国造・県領・殿といった豪族単位の調査も注目されてくる。ただし、神亀四年条の七七〇巻という数字は、中務省《なかつかさしょう》と民部省《みんぶしょう》にある二セットの合計であると見て、養老年間の状況を示す『律書残篇《りつしょざんぺん》』に基づく三六〇＋αに近いので、やはり里別成巻とする見解も呈されている（坂上康俊「嶋評戸口変動記録木簡をめぐる諸問題」）。

しかしながら、阿波《あわ》国の事例には「長直《ながのあたい》の籍の背」という記載があり（『続日本紀』宝亀四年〈七七三〉五月辛巳条）、長国造《ながのくにのみやつこ》の伝統を有する勝浦《かつうら》・那賀《なか》郡の郡領《ぐんりょう》氏族《しぞく》長直の庚午年籍は氏別の造籍になっていた可能性にも留意したい（森公章「評の成立と評造」、仁藤敦史「七世紀後半における公民制の形成過程」）。その他、以上の二説を折衷的に勘案して、カバネを持つ人びとは氏別の籍、それ以外の部姓者や無姓者は居住地に基づく編成がなされたとする見解も呈されている（浅野啓介「庚午年籍と五十戸制」）。

民部省の前身は、天武朝六官（法官《のりのつかさ》・理官《をさむるつかさ》・兵政官《つはもののつかさ》・刑官《うたへのつかさ》・民官《かきのつかさ》・大蔵《おおくら》）の民官で、部《べ》民制《みんせい》廃止によって成立したと目される（森公章「民官と部民制」）。中務省の前身である中《なかの》官《つかさ》の成立は、それよりも遅れるので、果たして庚午年籍が両官・両省に保管されていたか否か、神亀四年条の読解にはなお検討が必要であり、庚午年籍の作成方法・単位に関しては後考に俟ちたい。

中央官制の整備

天智九年（六七〇）四月には、法隆寺が火災で全焼するという出来事があった。五月にはそれとの関連を示唆する童謡《わざうた》が記され、六月には背に申の字（壬申の「申」）、上黄下玄《うえきしたくろ》（天地玄黄《てんちげんこう》〈天は黒色、地は黄色である、という四つのものの順序を示す〉の逆）の長さ六寸（一八センチ）ほどの亀が捕獲されたとある。これらは、天智天皇の崩御や壬申の乱の勃発を記述するための伏線として叙述されているのかもしれないが、年が明けて天智十年正月には、中央官制の整備が進められたことが知られる。

正月二日に賀正の礼が行われ、五日には国政運営の中枢となる太政官制《だいじょうかんせい》を担う人事が定められた。太政大臣《だいじょうだいじん》には大友皇子《おおとも》、左大臣蘇我臣赤兄《そがのおみあかえ》、右大臣中臣連金《なかとみのむらじかね》、御史《ぎょし》大夫《たいふ》（大納言《だいなごん》）に蘇我臣果安《はたやす》・巨勢臣人《こせのおみひと》・紀臣大人《きのおみうし》という面々で、その後に上述の「新律令」云々の記述が掲げられている。この部分は甲子宣《かっしのせん》の重出《じゅうしゅつ》であり、太政官制の成立とは関係しない。これは中臣鎌足の死後、大友皇子を中心とする新たな政治体制を築こうとしたことを示している。左大臣以下の帯冠《たいかん》は、大錦上《だいきんじょう》または大錦下《だいきんげ》（いずれも四位相当）でやや低いが、旧来の中央有力豪族を登用し、その権威によって大友皇子を擁立しようとしたものであろう。

ちなみに、大納言の名称は、隋唐以前の北周《ほくしゅう》の官制に存在し、太政官制のなかに皇帝の意志を審査する門下省《もんか》的な役職を置かないという特色ともども、北周制に依拠したものと見なされる（東野治之「大宝令前の官職をめぐる二、三の問題」）。つまり、天智朝の官制改革は、遣隋留学生が将来した北周の制度を手本にしており、孝徳朝以来の国政改革の延長線上にあったと位置づけることができる。

これは、七世紀の前期遣唐使の段階では、最新の隋・唐制を充分に参酌《さんしゃく》できておらず、白村江《はくそんこう》戦を機に中央集権的律令国家の必要性を実感した時、参照することができたのは、やはり孝徳朝の改革の際の知識であったという実情に起因するのであろう（森公章「七世紀の国際関係と律令体制の導入」）。

この太政官制とともに、国政運営を支える実務部門の整備も行われたようである。同じ正月には、亡命百済人の六〇余人に天智三年冠位制度の冠位を授与している。これは、半島で新羅《しらぎ》《シルラ》が旧百済領への侵攻を有利に進め、百済民を白衿誓幢《はくきんせいどう》（誓幢という軍団の一つ）に編成したり、「来投」百済人に内外官を授けたりと、百済人の取り込みを展開しているのに並行して、倭国でも、亡命百済人を王権に取り込む方向を示したものと解せられる。

亡命百済人の登用

亡命百済人には、兵法、薬、五経《ごきょう》、陰陽《おんみょう》などそれぞれに得意分野があり、上述のように大友皇子も彼らと交わりが深かった。大錦下を授けられた沙宅紹明《さたくしょうめい》は法官大輔《のりのつかさのおおきすけ》、小錦下《しょうきんげ》の鬼室集斯《きしつしゅうし》は学職頭《ふみのつかさのかみ》と注記されている（天智十年〈六七一〉正月是月条）。このうち沙宅紹明は、天武二年（六七三）閏六月に死去しているから、壬申の乱直後の天武朝発足時に新たな官職を設定したと見るよりは、法官・学職などの官司は天智十年（六七一）段階で定められていた、と考えるのがよいであろう。

『懐風藻《かいふうそう》』序にはまた、天智天皇即位を特記し、文運が興起したとあり、近江朝以降に詩人が輩出したと称揚している。『懐風藻』では最初に大友皇子の詩文を掲げ、次いで同じく天智の子である川嶋《かわしま》皇子、天智にも寵愛された大津《おおつ》皇子（大田《おおた》皇女の子）が続き、当該期にはじまる斯文《しぶん》（儒学・道徳）の流行が看取される。このように天智天皇は学問・

文学の興隆に努めており、学職の設置はそれと符合するものと言えよう。

亡命百済人の影響力

法官は、天武朝六官の一つで、天武朝には官人の勤務評定などを掌った。式部省につながる官司であり、後代の律令制中央官司の原型となる中央官制が、天智十年（六七一）に制定されたと解せられる。六官の名称は、百済制の影響を受けていると言われるから（鬼頭清明「日本の律令官制と百済の官制」）、亡命百済人たちの起用は、官制構築そのものとも連関するものであったことになる。

ただし、こうした百済人の登用には、次のような童謡があったという。

橘《たちばな》は　己《おの》が枝枝《えだえだ》　生《な》れれども　玉《たま》に貫《ぬ》く時　同じ緒《お》に貫《ぬ》く

（橘の実はそれぞれに異なった枝に生っているが、それを玉として緒に通す時は、同じ一つの緒に通す）

これは、さまざまな出自の人びとを登用したことを讃えたもの、あるいは生まれや身分・才能が異なる者をともに叙爵《じょしゃく》し、臣列に等しく並べた政治を非難したもの、とする両様の解釈が可能であるが、後者に依拠して、壬申の乱の前兆として配された記事と見ておきたい。百済人の登用は、彼らと親交があった大友皇子を秘かに諷《ふう》することにつながるのではないかと思われ、実際にも、登用からはずれた大伴氏《おおとも》・東　漢氏《やまとのあや》などには、飛鳥《あすか》に逼塞《ひっそく》して、機会をうかがう者も出てくる。

また、旧来の中央有力豪族への依存は、白村江戦を契機に中央集権国家への道を模索し、新たな皇位継承の原則を確立しようとした天智天皇の政治が、まだ不確定な段階にあったことを示唆している。

五　唐軍からの使者

半島の唐軍との関係

こうした内政面の充実が図られるなか、天智十年（六七一）には、半島に駐留する唐軍からの使者が到来している。正月十五日には唐人李守真《りしゅしん》が到来し、上表文《じょうひょうぶん》を呈したという、二月二十三日には百済《くだら》《ペクチェ》人の台久用善《だいくようぜん》らが貢調《こうちょう》を行う。羅唐戦争の展開では、この年に新羅《しらぎ》《シルラ》は所夫里州《そふりしゅう》（忠南扶余郡扶余邑《チュンナムプヨグンプヨウプ》）総管を設置しており、旧百済領接収の足場を着々と固めていた。翌年以降には旧百済領での大規模な戦闘が見えなくなることから推して、この年には百済領の帰趨《きすう》が決まったと考えられる。したがって唐軍・百済人からの使者は、倭国に救援要請・派兵依頼に努めたのであろう。

これに対して倭国は六月四日に回答を告げ、七月には李守真や百済人使節が帰国している。その内容は明記されておらず、壬申の乱の際に天智天皇の山陵《さんりょう》造営と称して美濃《みの》・尾張《おわり》から徴兵を行っていること（天武元年〈六七二〉五月是月条）により、近江朝廷は唐軍支援を受諾し、半島出兵のための徴兵を進めていたとする見解も示されている（倉本一宏

「天智朝末年の国際関係と壬申の乱」）。

しかしながら、従前の唐軍からの使者に対する応接、またこの年正月には新羅の援助で復興した小高句麗国《しょうこうくりこく》からの使者が到来し、八月まで滞在しており、十月には新羅使も来航しているので、新羅側優勢の戦況が知らされていたことを考慮すると、倭国は充分な期間の検討を経て、唐軍には救援不可の旨を告げたと推定する方がよく、唐軍の使人は虚しく帰還せざるを得なかったと思われる。

再度の唐軍からの使者

実は十一月にはもう一度唐軍からの遣使があった。その構成は唐人郭務悰《かくむそう》ら六〇〇人、百済人の送使沙宅孫登《さたくそうとう》ら一四〇〇人、計二〇〇〇人・船四七隻という大規模なもので（天智十年〈六七一〉十一月癸卯条）、白村江戦で捕虜になっていた倭国人を返送し、倭国から軍事援助を引き出そうとする企図があったと見られる（直木孝次郎「近江朝末年における日唐関係」）。この点からも前回の唐軍からの遣使は失敗に終わっていたと解され、今回は倭国人の捕虜返還を切札に、倭国から派兵の確約を得ようとしたのであろう。しかし、倭国はこの使節に対して、天武元年（六七二）三月に前年末に天智天皇が崩御したことを告げるとともに、五月には武器や布類を支給した上で帰国させている。おそらくは天智崩御に伴う混乱や、ほどなく勃発する壬申の乱前夜の緊張した国内情勢を伝え、やはり支援不可を返答したと考えられる。

唐側はこの時に「大唐皇帝敬問倭王書《だいとうのこうていわおうをけいもんするのふみ》」（『善隣国宝記《ぜんりんこくほうき》』元永元年〈一一一八〉条所引元永元年勘文）、つまり臣僚に下す慰労制書を倭国に送っており、この点にも唐の高圧的姿勢を感じたのかもしれない。倭国は捕虜は引き取り、その代償に武器や大量の物資は供給するが、軍事援助を行い、半島情勢に介入することは何としても避けたいと思ったのである。これは中臣鎌足が示した基本線に従い、半島のことは新羅に任せて、紛争には介入しないという外交方策を遵守したものと言えよう。

六　崩御、そして壬申の乱勃発

天智の後継者

天智十年（六七一）正月の中央官制の整備とともに、四月には、中大兄時代の斉明《さいめい》六年（六六〇）に造った漏尅《ろこく》を飛鳥から移建し、近江大津宮でも時刻を基準とする宮廷秩序を設定できるようにしている。飛鳥の漏尅は、斉明七年から百済救援の出兵に突入するため、官僚制度の確立や時刻制度の定立にどれくらい効果があったかは不明の部分も大きい。しかし、今回は、時あたかも太政官制《だいじょうかんせい》など、新しい中央官制が定まったところであり、近江大津宮遷都から五年、即位から四年目にして、舒明《じょめい》朝以来の課題であった時間による官僚組織の統制が実現したのである。

そして、天智天皇の後継者問題に関連して、五月五日に西小殿《にしのこあんどの》に天皇が出御、「皇太子《ひつぎのみこ》」・群臣《まえつきみ》と宴し、田舞《たのまい》を「再奏」したとあることが注目される。天平十五年（七四三）五月五日に、皇太子阿倍内親王《あべのないしんのう》（孝謙《こうけん》・称徳《しょうとく》女帝）が五節舞《ごせちのまい》（五節田舞《ごせちのたのまい》）を奏上した時、これは天武天皇（大海人皇子）が天下を統治し、上の者と下の者の秩序を整えて和やかにさせるには、礼・楽の二つが重要であるとしてはじめたと説明されており（『続日本紀』天平十五年五月癸卯条）、田舞には大海人皇子創始説があったことがわかる。

天智十年（六七一）五月の「皇太子」について、江戸時代の河村秀根《かわむらひでね》『書紀集解《しょきしっかい》』は「皇太弟」の誤記とするが、ここでは「皇太子」のままとして、大友皇子を指すと見てはいかがであろうか。田舞は皇太子が奏上するものであり、「再」奏とあるので、これ以前に皇太弟であった大海人皇子が奏上したことがあったのをふまえて、「再奏」となったと考えるのである。したがって、田舞を奏上した最初の人物は大海人皇子であり、大海人皇子＝天武天皇が田舞を創始したという言説が生まれたのではないだろうか。

天武四年（六七五）二月癸未条では、諸国に命じて能歌男女と侏儒伎人《ひきひとわざひと》を貢上させたといい、天武天皇は、こうした礼楽《れいがく》の整備に努めており、それもこの言説形成につながったと目される。

大友皇子の
立太子

大友《おおとも》皇子は明治三年（一八七〇）に弘文《こうぶん》天皇を追諡《ついし》されているが、彼が即位したのか否か、またその前提として皇位継承候補者として皇太子の地位にあったかどうかなどは問題である（星野良作『研究史　壬申の乱』増補版）。天武天皇の長子で、壬申の乱で活躍しながらも、地方豪族の女《むすめ》胸形尼子娘《むなかたのあまこのいらつめ》の所生子であった高市《たけち》皇子は、皇位継承候補者になれず、持統《じとう》朝には太政大臣《だいじょうだいじん》として政務に参画している。とすると、地方豪族の女伊賀采女《いがのうねめ》宅《やか》子娘《このいらつめ》所生の大友皇子も、同様の立場で太政大臣になっていたのであろうか。

『日本書紀』天智紀には、称制《しょうせい》年と即位年の双方から起算する年立てや、皇后《こうごう》を「大《おお》后《きさき》」と記す表記など、史料の混乱、原史料の記述を残す部分も見受けられ、上述の天智十年（六七一）正月甲辰条の甲子宣の重出記事では、「東宮太皇弟《ひつぎのみこ》奉宣《みことのり》」とある本文に対して、分註所引の別本には「大友皇子宣命《みことのり》」とあったことが知られるので、この段階では大友皇子が大海人皇子に置換するような地位にあったことがうかがわれる。

そうすると、皇太子が関わる田舞の奏上記事は、大友皇子の皇太子としての立場を決定する措置であり、その地位が公的に群臣に示された場ではなかったかと解される。

大海人皇子との面見

以上を要するに、天智十年（六七一）は中央官制の整備、時間による官僚組織の統制、天智の後継者としての大友皇子の立場確定と、天智の政治がいよいよ本格的に推進される準備が整った年であったと位置づけることができる。しかし、この年八・九月ころには、天智は体調を崩すようであり、百仏《もものほとけ》の開眼や法興寺《ほうこうじ》仏への珍財奉献などの仏教的祈願にもかかわらず（十月辛未・是月条）、十二月三日の崩御に至る。

天智紀の記事

天智は不予になり、仏教的祈願も効果がなく、自らの死を予知した段階で、十月十七日に大海人皇子を病床に召して、後事を相談しようとする。その様子は『日本書紀』の天智紀（十年十月庚辰条）と天武紀上（壬申紀）の即位前紀（天智四年〈即位四年＝十年〉十月庚辰条）では若干異なっており、壬申の乱への展開の理解にも関わるので、記事を比較しておく。

天武即位前紀の記事

天皇、疾病《みやまひ》彌留《おも》し。勅《みことのり》して東宮《もうけのきみ》を喚《め》して、臥内《おほとの》に引入れて、詔《みことのり》して曰《い》はく、「朕《われ》、病《やまい》甚《はなはだ》し。後事《のちのこと》を以て汝《いまし》に属《つ》く」と、云云。是《ここ》に、再拝《をが》みたてまつりたまひて、病を称《まう》して固辞《いな》びもうして、受けずして曰《もう》したまはく、「請《こ》ふ、洪業《ひつぎ》を挙げて、大后《おおきさき》に付属《さづ》けまつらむ。大友王《おおとものおおきみ》をして、諸政《もろもろのまつりごと》を奉宣《のたま》はしめむ。臣《やつかれ》は請願《こ》ふ、天皇の奉為《おほみため》に、出家して修道《おこなひ》せむ」とまうしたまふ。天皇許す。

（天皇はご病気が重い。勅して東宮を呼んで寝室に召し入れ、詔して、「私は重病である。後事をお前に託したい」云々と仰せられた。すると、東宮は再拝して、病と称してこれを固辞してお受けせず、「どうか天下の大業を大后に付託なさり、大友王にすべての政務を執り行っていただくようお願いします。私は天皇のために出家して修行したいと存じます」と申し上げられた。天皇はこれをお許しになった）

天皇、臥病《みやまひ》したまふて、痛みたまふこと甚《はなはだ》し。是《ここ》に、蘇賀臣安麻侶《そがのおみやすまろ》を遣《つかわ》して、東宮《もうけのきみ》を召して、大殿《おおとの》に引き入る。時に安摩侶は、素《もと》より東宮の好《よみ》したまふ所なり。密《ひそか》に東宮を顧《かえり》みたてまつりて曰《もう》さく、「有意《こころしら》ひて言《のたま》へ」とまうす。東宮、茲《ここ》に、隠せる謀《はかりごと》有らむことを疑ひて慎みたまふ。天皇、東宮に勅《みことのり》して鴻業《あまつひつぎのこと》を授《さず》く。乃《すなわ》ち辞譲《いな》びて曰《もうしたま》はく、「臣が不幸《やつがれさいわいな》き、元《もと》より多《さは》の病有り、何ぞ能《よ》く社稷《くにいえ》を保たむ。陛下《きみ》、天下《あめのした》を挙げて皇后《きさき》に附けたまへ。仍《なお》、大友皇子を立てて、儲君《もうけのきみ》としたまへ。臣は、今日出家して、陛下の為に、功徳《のりのこと》を修《おこな》はむ」とまうしたまふ。天皇、聴《ゆる》したまふ。

(天皇はご病気になられ、苦痛が甚だしかった。そこで、蘇賀臣安麻呂を遣わして、東宮を呼んで大殿に召し入れた。安摩侶はもともと東宮に好誼《こうぎ》を受けていたので、そっと東宮を顧みて、「用心してお話しなさいませ」と申し上げた。この時、東宮は陰謀があるのではないかと疑って、用心なさった。天皇は東宮に勅して、皇位を授けようとされた。東宮は辞退して、「不運にも、私はもともと多くの病をかかえております。どうして国家を保つことができましょうか。どうか陛下よ、天下を皇后に付託なさって下さい。そして、大友皇子を立てて皇太子となさいませ、私は出家して、陛下のために功徳を修めたいと存じます」と申し上げられた。天皇はこれをお許しになった)

大海人皇子との訣別

二つの記事には天智の含意に差があり、天武即位前紀は後に壬申の乱を起こして勝利する大海人皇子の立場を擁護するもので、近江朝廷側の敵意を明示している。両者ともに、皇位継承を打診された大海人皇子が病身を理由に辞退し、大后《おおきさき》倭姫王《やまとひめのおおきみ》への付託を述べる点では共通するが、天武即位前紀ではこの時点では大友皇子はまだ「儲君」＝皇太子になっていなかったことがうかがわれる。天智生前に大友皇子の立太子が実現したか否か、近江朝廷を継承する大友皇子の正統性を曖昧にする企図があるのではないかと思われる。なお、天智紀の方には「大后」「大友王」といった原史料を残すと目される表記があることにも留意しておきたい。

大海人皇子、吉野へ

天智紀の方が原史料に近いとしても、大海人皇子が皇位継承を断ったと伝えられることは同じである。大海人は内裏仏殿の南で出家し、私兵器を返納、吉野宮《よしののみや》に隠遁《いんとん》することになり、十月十九日に進発する。これが天智と大海人の訣別になったが、天武即位前紀では、左大臣蘇我臣赤兄《そがのおみあかえ》・右大臣中臣連金《なかとみのむらじかね》と大納言蘇我臣果安《はたやす》らが菟道《うじ》まで見送り、その時にある人が「虎に翼を着けて放《はな》てり」と評したという。

有力な皇位継承候補者でありながら、乙巳《いっし》の変《へん》後に吉野に隠遁した古人大兄《ふるひとのおおえ》皇子はどうなったか、中大兄らの実働部隊に誅殺《ちゅうさつ》される結末になったことは、大海人は充分に承知していたはずである。大海人はなおも随従しようとする舎人《とねり》らに、あくまでも仏道修行を強調したところ、二度目の宣言で、ようやく半数ばかりの舎人が退去したという。

これは大海人がかなりの危機感を抱き、近江朝廷方を刺激しないように心を砕いたことを示すとともに、なお大海人支持の者も多かったことをうかがわせる。また今回は天智の死期が近いという状況を見通しているので、古人大兄の時とは情勢が大きく異なっている。古人大兄の最期《さいご》を熟知する大海人は、当然に充分な対策を練っていたと考えるべきであり、天智没後の壬申の乱勃発につながっていくのである。

崩御

天智天皇が危篤《きとく》になると、十一月二十三日に大友皇子と左右大臣・大納言らが内裏西殿《にしのとの》の織《おりもの》仏像《のぶつぞう》の前で香鑪《こうろ》を手に取り、大友皇子の「六人心を同じくして、天皇の詔《みことのり》を奉《うけたまわ》る。若《も》し違《たが》ふこと有らば、必ず天罰を被《こうむ》らむ」という誓盟に従って、左大臣以下が「臣等《おのれら》五人、殿下《きみ》に随ひて、天皇の詔を奉る。若し違ふこと有らば、四天王《してんのう》打たむ。天神地祇《てんしんちぎ》、亦復《また》誅罰せむ、三十三天、此の事を證《あきら》め知《しろ》しめせ。子孫当《まさ》に絶え、家門必ず亡びむか」と誓約している。二十九日にも五臣は、大友皇子を奉じて、天皇の前で誓盟したという。しかし、二十四日には大蔵省の第三倉から出火があり、近江大津宮で火災が起きるという不安定な情況が示される。これは、天皇の崩御や壬申の乱の予兆として挙げられたものであり、その他に讃岐《さぬき》の山田評《やまだのこおり》で四足のある鶏の雛が見つかったこと、大炊省《おおいのしょう》の八つの鼎《かなえ》が次々と鳴ったことなども同様の記事であろう（天智十年〈六七一〉是歳条）。

そして、十二月三日に、天智天皇は近江大津宮で崩御する。享年は四十六である。十一日には「新宮《にいみや》」に殯《もがり》すとあり、殯宮《ひんきゅう》が設営されたことがわかる。

ちなみに、『政事要略《せいじようりやく》』巻二十九年中行事十二月下（荷前《のさき》）には、天智天皇の山科《やましなの》陵《みささぎ》の説明のところで、「年代記」を引用して、辛未年（天智十）に天皇が乗馬で山科郷《さと》に行幸《ぎょうこう》したまま帰還せず、山林を捜索しても崩所がわからなかったので、沓《くつ》が落ちていた地を陵《みささぎ》としたとあるが、これは後代の伝奇的記事である（『帝王編年記』にも同内容の記事がある）。

倭姫王の歌

なお、『万葉集』巻二―一四七～一五〇番には、天智天皇の不予から崩御時までの人びとの歌がある。関係不明の婦人の歌（一五〇番）は措《お》くとして、皇后倭姫王の歌を掲げておく。一四七番は天皇の病気の時、一四八番は危篤時、一四九番は崩御後の歌という。

147 天《あま》の原《はら》　振《ふ》り放《さ》け見れば　大君《おおきみ》の　御寿《みいのち》は長く　天足《あまた》らしたり

（大空を振り仰いで見ると、大君のお命はとこしえに長く、空に満ち溢れております）

148 青旗《あおはた》の　木幡《こはた》の上《うえ》を　通《かよ》ふとは　目には見れども　直《ただ》に逢《あ》はぬかも

（木幡の山の上を御霊《みたま》が行き来しているとは目には見えるけれども、直《じか》にはもうお逢いできないことよ）

149 人《ひと》はよし　思《おも》ひ止《や》むとも　玉《たま》かづら　影《かげ》に見えつつ　忘《わす》らえぬかも

（人はたとい嘆きが止んでも、わたしは面影がちらついて忘れられない）

殯宮での挽歌

『万葉集』巻二―一五一～一五四番には、殯宮での挽歌《ばんか》が掲載されており、大后倭姫王、額田王《ぬかたのおおきみ》、舎人吉年《とねりのよしとし》、石川夫人《いしかわぶにん》などが殯宮に奉仕した様子が知られる。石川夫人は、石川氏（蘇我氏）出身の天智の后妃の一人と目されるが、人物比定不詳である。舎人吉年は男性の舎人と目されるが、女性説もあり（上野誠『万葉挽歌のこころ　夢と死の古代学』）、また天武天皇の殯宮儀礼のあり方や草壁《くさかべ》皇子薨去《こうきょ》時の舎人らの歌（『万葉集』巻二―一六七～一九三）を参照すると、もっと多くの参加者がいたことが推定される。

したがって、ここでは少なくともこの四人が殯宮儀礼に参加したことは確実であるという限定した理解の下での話である。天皇の不予から崩御に至るまでの歌と合せて、殯宮儀礼の中心は大后倭姫王であり（用明元年〈五八六〉五月条の敏達《びだつ》殯宮における炊屋姫《かしきやひめ》皇后の事例も参照）、大后の役割の重要性を看取することができるが、大海人皇子からも近江朝廷の中心として推されたはずの倭姫王については、この後の足跡はまったく不明とせねばならない。これらの歌には倭姫王の天智に対する情愛が看取できるのかもしれないが、歌の儀礼的要素などを考慮して、あまり立ち入らず、倭姫王の歌をもう一首掲げておきたい。

大后の御歌《みうた》一首

153いさなとり　近江《おうみ》の海を　沖離《おきさ》けて　漕《こ》ぎ来《く》る船　辺《へ》に付きて　漕ぎ来る船　沖つ櫂《かい》　いたくなはねそ　辺《へ》つ櫂　いたくなはねそ　若草の　夫《つま》の　思ふ鳥立つ

〈近江の海を沖から離れて漕いで来る船よ、岸近く漕いで来る船よ、沖辺の船の櫂も、ひどくはねないでおくれ。岸辺の船の櫂も、ひどくはねないでおくれ。夫の君がいつくしんでいらした鳥が飛び立っているではないか〉

天智天皇の陵墓《りょうぼ》は、『延喜式《えんぎしき》』巻二十一諸陵寮《しょりょうりょう》に、

山科陵《やましなのみささぎ》〈近江大津宮御宇《あめのしたしろしめす》天智天皇。山城国宇治郡《やましろのくにうじのこおり》に在り。兆域は東西十四町、南北十四町にして、陵戸《りょうこ》六烟《えん》なり〉。

とあり、現在京都市山科区御陵上御廟野町《みささぎかみごびょうのちょう》にある山科陵が治定されている、墳頂部を八角形にする八角墳《はっかくふん》であり、考古学的にもこの治定は正しいと見られる。

その造営に関しては、天智崩御から半年ほどが経過した天武元年（六七二）五月に、近江朝廷が美濃・尾張両国司に命じて、山陵造営《さんりょう》のために人夫を差定していたことが知られ、殯宮儀礼の挙行と並行して、山陵造営も進捗していたようである。

しかし、この記事では、舎人朴井連雄君《えのいのむらじおきみ》が吉野に隠遁した大海人皇子に対して、近江朝廷では山陵造営を理由に人兵を集め、武器を執らせて兵士を徴発しようとしていること、また、近江大津宮から飛鳥に至る所々に斥候《うかみ》を置き、通交を監視し、菟道守橋《うじのはしもり》に命じて大海人皇子の舎人たちが私粮《わたくしのくらひもの》を運ぶのを遮断していることなどを報告しており、壬申の乱勃発の契機になる近江朝廷側からの圧迫を伝えるものになっている。

山陵からの退散

こうした緊迫した情勢にあったためか、『万葉集』巻二―一五五番歌には、「山科の御陵《みささぎ》より退《まか》り散《あら》くる時に、額田王の作る歌一首」として、

やすみしし　わご大君《おおきみ》の　恐《かしこ》きや　御陵仕《みはかつか》ふる　山科の　鏡《かがみ》の山に　夜《よる》はも　夜《よ》のことごと　昼《ひる》はも　日のことごと　音《ね》のみを　泣きつつありてや　ももしきの　大《おお》宮人《みやひと》は　行《ゆ》き別れなむ

（わが大君の恐れ多い御陵を造っている山科の鏡の山に、夜は夜通し、昼は一日中、大声をあげて泣き続けていて、大宮人たちは別れて行くのか）

が掲げられている。

「退散」は単なる散会の意で、山陵付近での仮廬《かりいお》に起居し（『続日本紀』宝亀元年〈七七〇〉八月丙午条の道鏡《どうきょう》の称徳《しょうとく》天皇崩御時の行動も参照）、忌《い》み明けなどしかるべき日を待って退去したということなのか、壬申の乱では七月二十三日に大友皇子が山前《やまさき》（山城国の山崎か）で自《じ》縊《い》しているので、迫り来る戦火のなかで強制的に撤退せざるを得なかったのか、両様の理解ができると思われる。

山科山陵の位置づけ

前者の解釈も可能であろうが、ここでは陵墓からの退散を「大宮人」全体の不本意として歌う点から、やはり事態の切迫による止むを得ない行為とする説を支持しておきたい（鉄野昌弘「額田王「山科御陵退散歌」の〈儀礼〉と〈主体〉」）。なお、文武三年（六九九）には、上

述の斉明《さいめい》天皇の越智山陵《おちのみささぎ》とともに、山科山陵《やましなのみささぎ》の修造が行われており（『続日本紀』文武三年十月甲午・辛丑条）、これも山陵造営が完成していたのか否か、壬申の乱による撤退・離脱があり、未完成な状態であったのか、それとも単なる修治《しゅうち》と考えるかでは、理解が分かれるところとなる（藤堂かほる「天智陵の造営と律令国家の先帝意識」、柴田博子「書評　藤堂かほる「天智陵の造営と律令国家の先帝意識―山科陵の位置と文武三年の修陵をめぐって―」」）。この問題は考古学的知見の付加も俟《ま》たれるところであるが、天皇陵の立ち入りや調査に制約がある現状ではなかなか難しい。

ちなみに、山科山陵が後代に造営される藤原宮《ふじわらのみや》の真北にあり、藤原宮を造営した持《じ》統《とう》天皇が天智の女《むすめ》で（大海人皇子の后妃で、天武天皇の皇后でもあった）、天智系とのつながりを強調する論拠とする点に関しては、実際には藤原京《ふじわらきょう》朱雀大路《すざくおおじ》は国土座標値から二六分西に振れており、これをそのまま北に延長すると、山科山陵の緯度では二五〇〇メートル西にずれることになるから、経度の一致は偶然にすぎないと見るべきであろう（小澤毅「飛鳥の都と古墳の終末」）。ただ、山科山陵の天武朝における造営はどうであったか、完成か未完成か、また持統太上《だいじょう》天皇治下の文武《もんむ》朝において修営が行われたのはなぜか、これらは天智崩御後の中大兄・天智の歴史的位置づけとも関わる論点として、さらに検討すべき課題としたい。

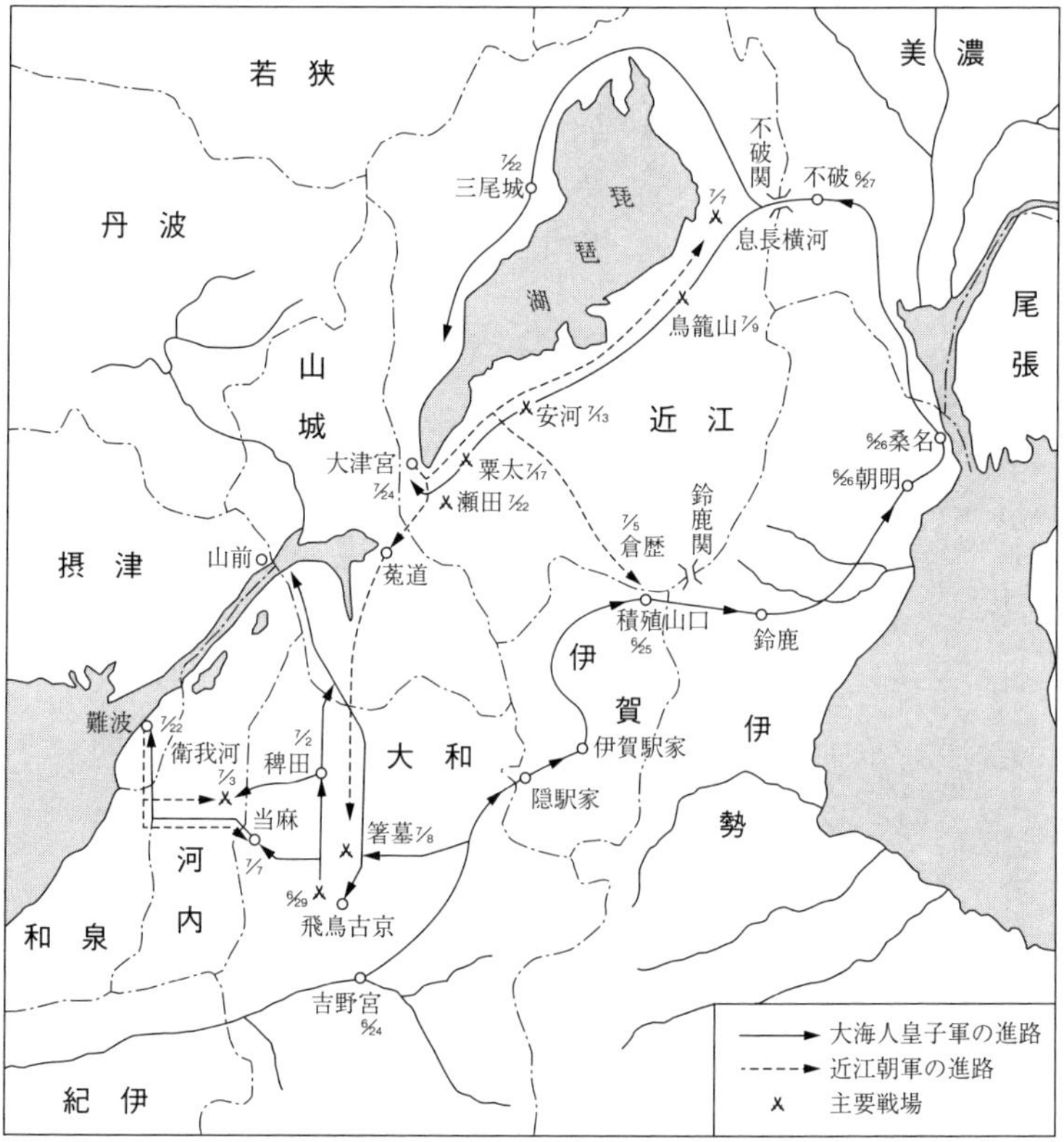

壬申の乱関係地図

森公章編『日本の時代史』3（吉川弘文館，2002年）93頁をもとに作図.

壬申の乱勃発

上述の天智陵造営に関わる人兵徴集の風聞を機に、大海人皇子は吉野を進発、伊賀《いが》を経由して伊勢《いせ》に出て、さらに美濃の不破《ふわ》を拠点に、東国の軍兵を得て、近江朝廷との対決に邁進する。壬申の乱の勃発である。

この五月には、唐使郭務悰《かくむそう》が帰国の途に就いており、半島の唐軍や新羅《しらぎ》《シルラ》が倭国に侵攻することはない。国際情勢を顧慮することなく、国内での問題に専心しても大丈夫であるということが明白になったので、近江朝廷方・大海人皇子方ともに決戦に踏み切ったのであろう。

近江朝廷方は、天智天皇が構築しようとしていた中央集権国家の支配体制に基づき、東国司に命令を下して軍兵を集めようとした。しかし、不破をいちはやく押さえられ、東方への連絡が遮断されたこと、地方官のなかには大海人皇子を支持する者もおり、また大海人皇子は中央集権体制の未確立を看破し、実質的な武力を動かし得る尾張国造《おわりのくにのみやつこ》尾張連《おわりのむらじ》氏など地方豪族との連携を図ったことなどにより、戦闘は一ヵ月弱で大海人方の勝利に終わる。飛鳥方面でも、大海人皇子を支持する大伴《おおとも》氏らが蜂起し、近江朝廷の軍隊と激戦となった。不破《ふわ》の大海人方からの援兵到来もあり、飛鳥方面を確保、難波《なにわ》を経由して、西国方面を押さえつつ、近江大津宮に迫る展開であった。

近江朝廷の終焉

近江朝廷方では、山部王《やまべのおおきみ》が七月二日の犬上《いぬかみ》（滋賀県彦根市）での戦闘の前に、蘇我臣果安《はたやす》・巨勢臣比等《こせのおみひと》（人）に殺害される内紛が起こる。大納言たちも前線に出ていたようであるが、果安は犬上から戻って頸を刺して自死したという。十三日に瀬田橋《せたばし》の攻防戦があり、これに敗れた近江朝廷方は大混乱し、大友皇子や左右大臣は逃走した。

二十三日に大友皇子は山前で自縊するが、左右大臣・群臣は皆散亡し、物部連麻呂《もののべのむらじまろ》（石上麻呂《いそのかみまろ》）らわずかばかりの舎人が随従する最期であった。八月二十五日には、近江朝廷の群臣の処罰が行われ、右大臣中臣連金《なかとみのむらじかね》は斬死、左大臣蘇我臣赤兄・大納言巨勢臣比等とその子孫、また中臣連金の子、蘇我臣果安の子は配流となり、ここに近江朝廷は瓦解《がかい》する。

大勝利をおさめた大海人皇子は、都を飛鳥に戻し、天武天皇として即位する。近江朝廷を支持した旧来の中央大豪族の没落、「大王《おおきみ》は神にしませば」（『万葉集』巻一九―四二六〇・六一番歌）とまで謳われた君主権の伸張の下、天武朝、そして持統朝において律令体制が確立、天皇号《てんのうごう》の成立や倭国《わこく》から日本への国号変更など特筆すべき変革があり、律令国家「日本」が誕生するのであるが（森公章「倭国から日本へ」）、これは天智天皇の生涯を越える事柄なので、中大兄皇子＝天智天皇の伝記的叙述としては、ここらで一応の終幕としたい。

第八　律令国家創始者像の創出

一　不改常典

これまで中大兄皇子《なかのおおえ》＝天智《てんじ》天皇の生涯を年次順にたどり、孝徳《こうとく》朝の改革に対する立場、斉明《さいめい》即位時・崩御《ほうぎょ》時になかなか即位しなかった理由、近江令《おうみりょう》の存否などについて、従来とは異なる位置づけを試みた。では、天智天皇が律令国家創始者と目されているのはなぜであろうか。手がかりは少ないが、最後に創始者像の創出に関わる問題を検討したい。

不改常典とは

まず、天智の女《むすめ》でもある元明《げんめい》天皇即位時に初現する不改常典《ふかいじょうてん》について考える。不改常典とは、一般には天智天皇が定めたとされるが、『日本書紀』には一切その記述がなく、元明即位の際に突如出現し、以後歴代の即位の際に引載される特異な性格のものである。

元明即位詔《みことのり》（『続日本紀』慶雲四年〈七〇七〉七月壬子条）では、持統《じとう》天皇が文武《もんむ》天皇（軽皇子《かるのみこ》、

草壁《くさかべ》と元明の子）に皇位を譲って太上《だいじょう》天皇としてともに統治したのは、

a「近江大津宮に御宇《あめのしたしらしめ》しし大倭根子天皇《おおやまとねこのすめらみこと》の、天地《あめつち》と共に長く日月《ひつき》とともに遠く改《かわ》るまじき常《つね》の典《のり》と立て賜《たま》ひ敷き賜《たま》へる法」（近江の大津宮で天下を統治された天智天皇が、天や地とともに長く、日や月とともに遠くまで、改わることがあってはならない掟として、立てられ実施された法）

によったものであり、自分はその文武の譲位を受けて即位すると述べられている。

また、親王《みこ》・王臣《おおきみおおみ》・百官人《もものつかさのひと》等が浄明心《きよきこころ》で最大限に自分を補佐してくれることで、

b「改《かわ》るまじき常《つね》の典《のり》と立て賜《たま》へる食国《おすくに》の法《のり》」（改わることがあってはならない掟として立てられた、この天皇の国を統治すべき国の法）

も世々を経て伝えられるであろうと宣する。

不改常典に関しては多くの研究があり、「近江大津宮《おうみおおつのみや》」天皇＝天智天皇の制定（成文法《せいぶんほう》か不文律《ふぶんりつ》か）か、仮託《かたく》かという問題がある。内容についても、a・bが同じものか否か（aは皇位継承法、bは国内統治法と区別するか、同一と見るか）、大別して①統治のあり方に関するものか、②皇位継承に関わるものと理解するかといった論点があり、それぞれに諸説が交錯し、簡単には決定しがたい状況にある（早川庄八「天智の初め定めた「法」についての覚え書き」）。

bに関しては、「食国法《おすくに》」とあり、文武即位詔にも臣下に対する「国法」遵守《じゅんしゅ》を命じ

不改常典の内容

た文言が見えるので（『続日本紀』文武元年〈六九七〉八月庚辰条）、それと同様の事柄と解され、国家統治の法、律令《りつりょう》のことを指すと考えるのがよいであろう。ここには律令法創始者としての天智像が看取されるが、この点は後述したい。

不改常典は、文武の子である聖武《しょうむ》即位詔にも登場する。元明天皇が、女《むすめ》の氷高《ひたか》内親王（草壁の長女で、文武の姉）に譲位して、氷高が元正《げんしょう》天皇として即位する際に、

掛《か》けまくも畏《かしこ》き淡海大津宮《おうみおおつのみや》に御宇《あめのしたしらしめ》しし倭根子天皇《やまとねこのすめらみこと》の、万世《よろずよ》に改《かわ》るましじき常《つね》の典《のり》と、立て賜《たま》ひ敷き賜《たま》へる法《のり》の随《まま》に、後遂《のちつい》に我子に、さだかにむくさかに、過《あやま》つ事無《ことな》く授《さず》け賜《たま》へ

（口に出すのも恐れ多い淡海の大津宮に天下を統治された天智天皇が、万世に改わることがあってはならない掟として立て敷かれた法に従い、この後、ついにはわが子〈実際には孫である聖武天皇〉に確かにめでたく相違なく皇位と天下統治の政を授けよ）

と教えられたと記されている（『続日本紀』神亀元年〈七二四〉二月甲午条）。ここでは元明→元正→聖武という皇位継承を既定路線として保障するものとして、不改常典が位置づけられていることになる。

天智が不改常典を定めたとすると、天智は大友皇子への直系相承的な皇位継承を構想していたと考えられるので、それを壬申の乱で打破して即位した天武—草壁皇統の存在

そのものが矛盾を生じることになってしまう。

即位との相関

そこで、天武―草壁皇統の即位次第を見ていくと、即位を予定されていた草壁（日並《ひなみ》知皇子尊《しのみこのみこと》）が二十八歳で急逝し、天武の皇后であった持統（天智の女でもある）が即位、孫の軽《かる》皇子（文武天皇）の将来に期待することになる。その軽皇子が立太子した時の状況は興味深い。

『懐風藻《かいふうそう》』葛野王《かどのおう》伝には、持統十年（六九六）七月の高市《たけち》皇子薨去後に立太子の議が起きた際、群臣《まえつきみ》はそれぞれに自分が推す人物があり、衆議紛紜《しゅうぎふんうん》となったとある。そこで、葛野王が、「わが国では神代《かみよ》より直系相続をとってきた。もし兄弟の順序で即位することになると、混乱が生じるだろう」と述べ、天武の子弓削《ゆげ》皇子が発言しそうになったのを叱責《しっせき》し、異議を抑えたので、軽皇子立太子が実現し、持統天皇は喜んだという。

高市皇子は天武の長子で、壬申の乱でも活躍したが、母が地方豪族の出自であったこともあり、後継者にはなれなかった。しかし、草壁薨去後は後皇子尊《のちのみこのみこと》と称され、持統朝では太政大臣《だいじょうだいじん》として政治を補佐し、王族の重鎮であった。彼の子孫である北宮王家《きたみやおうけ》は奈良時代においても特別な位置づけを有している（森公章『奈良貴族の時代史』）。この時点では皇太子制は未成立と目され、持統も高市皇子が薨去《こうきょ》するまでは、後継者を明示することができなかったのである。

文武天皇の即位事情

そして、軽皇子立太子・即位は必ずしも既定事項ではなく、六・七世紀の皇位継承が世代内継承、兄弟相続であった事実を否定して、直系相続の歴史を強弁しなければならなかった。それを主唱したのが、壬申の乱で直系相承を阻止された大友皇子の遺児葛野王であったところには、歴史の皮肉が看取される。

とすると、この段階では、天皇家の主体的な皇位継承はなお未成立であったことになる。そこで、文武即位の際に持ち出されたのが不改常典による即位という論理である。これは天智の女である持統・元明が、偉大なる父天智天皇に仮託したもので、現天皇による皇位継承の決定を可能にする根拠として創出されたものと位置づけるのがよく（仁藤敦史『女帝の世紀』）、持統→文武、元明→元正→聖武は直系継承とは言えないので、不改常典という絶対的権威を背景に、前天皇が次の天皇に譲位する、あるいは皇位の行方を規定するというところに意味があり、以後は文武の立太子→即位に至る不安定な要素を回避することができるようになった。

二　持統・元明による顕彰

顕彰のはじまり

では、こうした天智への仮託《かたく》、律令国家創始者像はどのようにして構築されたのであろうか。天智崩御から『日本書紀』の成立までは、『続日本紀《しょくにほんぎ》』の前半部分の記事が圧縮された形になっていることもあり（笹山晴生「続日本紀と古代の史書」）、考察材料は少ない。そうしたなかで、『日本書紀』持統六年（六九二）閏五月乙酉条に、天智崩御後では最初の、公的な天智への言及があることが注目される。その内容は、筑紫大宰《ちくしのおおみこともち》率《のかみ》河内王《かわちおう》に命じて、天智崩御時に到来した唐使が、天智天皇のために造った阿弥陀《あみだ》像を上送《じょうそう》させるというものである。

持統の夫である天武天皇崩御の際には、来日した新羅使が発哭《はっこく》を行い、天武のためか否か確言できないところもあるが、仏像を献上している（持統二年正月壬午・二月辛卯、三年四月壬寅条）。天智崩御時に唐使が挙哀《こあい》したのはまちがいなく（天武元年〈六七二〉三月己酉条）、この記事では同様に仏像献上があったことが知られる。しかし、献上された仏像は大宰《だざい》府《ふ》に留められ、天武朝には上送不可であった。それが持統朝になってようやく上送可能になったのである。

持統天皇の意識

持統四年（六九〇）には百済の役《えき》の軍丁《いくさよぼろ》大伴部博麻《おおともべのはかま》が帰還する出来事があり（持統四年十月乙丑条）、天智の女《むすめ》である持統は、父の指揮した百済の役・白村江戦の総決算など、父帝の事業の総括も意識していたと思われる。

『日本書紀』持統即位前紀には、持統が皇后として天武の統治をずっと補佐してきたと記され、持統には夫天武の政治も重要であった。天武の命日（国忌《こくき》）は九月九日で、この日には斎会《さいえ》を行うべきことが定められ（持統元年九月庚午、二年二月乙巳条）、追善供養《ついぜんくよう》には万全が期されている。『万葉集』巻二―一六二番歌「天皇の崩《かむあがり》ましし後の八年の九月九日、奉為《おほみため》の御斎会《ごさいえ》の夜に、夢の裏《うち》に習ひ賜ふ御歌」には、

明日香の　清御原《きよみ》の宮に　天《あめ》の下《した》　知らしめしし　やすみしし　我が大君《おおきみ》　高照《たかて》らす　日《ひ》の皇子《みこ》　いかさまに　思ほしめせか　神風《かみかぜ》の　伊勢《いせ》の国は　沖《おき》つ藻《も》も　なみたる波に　塩気《しおけ》のみ　かをれる国に　うまこり　あやにともしも　高照《たかて》らす　日の皇子

（飛鳥浄御《あすかきよみ》原宮《はらのみや》で天下をお治めになったわが大君の、日の御子である先帝は、どのようにお思いになっているのか、伊勢国は沖の藻もなびいている波に、潮の香が立ちこめている国に、たまらないほどお逢いしたい、日の御子）

とあり、「あやにともしき」（たまらないほど逢いたい）の句にうかがわれるように、天武に対する思慕の念もひとしおであったことがわかる。

国忌日の設定

その一方での天智の「復権」である。ちなみに、同時に天武の大内《おおうちの》陵《みささぎ》造営に与《あずか》った直丁《じきちょう》八人に冠位《かんい》を賜与しており（持統六年〈六九二〉六月甲申条）、天武の扱いをおろそかにしているわけではなかった。この天智と天武を同様に扱うという点では、国忌日の設定

藤原不比等の登用

にも留意される。上述のように、持統太上天皇―文武天皇治下には斉明《さいめい》の越智山陵《おちのみささぎ》、天智の山科山陵《やましなのみささぎ》の修営がなされており、これも天智の顕彰に関わる。そして、『続日本紀』大宝二年（七〇二）十二月甲午（二日）条である。

勅《みことのり》して曰《い》はく、「九月九日・十二月三日は先帝の忌日《きにち》なり、諸司《しょし》、是の日に当りて廃務すべし」とのたまふ。

天武の国忌はすでに持統朝から設定されていたが、廃務、つまり天皇は政務を決裁せず、百官は事務を行わない（儀制令《ぎせいりょう》太陽虧条、雑律逸文国忌廃務条）と定めたのは、これが初見で、しかも十二月二日は天智の国忌の直前であるから、この規定に基づく最初の国忌廃務は天智に対するものとなる。

持統太上天皇は、この年の十二月十三日に不予になり、二十二日に崩御するので、自分の死の直前になって、父天智の命日を荘厳化するという希望を遂げたものと考えられる。ちなみに文武天皇も、崩御が間近い慶雲《けいうん》四年（七〇七）四月庚辰（十三日）条に、父草壁の命日を国忌に入れており、死去が近づいた時点で懸案を済ませるという共通点が看取される。

持統の課題は、文武即位、天武―草壁皇統の維持にあり、そのために藤原鎌足《かまたり》の子不《ふ》比《ひ》等《と》の登用が図られたようである。不比等は斉明五年（六五九）の誕生というが（『尊卑分脈』）

藤氏大祖伝不比等伝）、壬申の乱後の天武朝において、いとこの意美麻呂《おみまろ》や大嶋《おおしま》が、近江朝廷の右大臣中臣連金《なかとみのむらじかね》の斬罪にもかかわらず、それぞれに活躍が見られるのに対して、不比等はまったく姿を現さない。父鎌足が中大兄＝天智と関係が深く、近江朝廷支持・大友《おおとも》皇子の即位に期待していたためか、不比等は天武天皇には忌避《きひ》されていたのかもしれない。

不比等が登場するのは、持統三年（六八九）の判事《はんじ》任用であり、持統朝になってようやく登用がなされている。天平勝宝《てんぴょうしょうほう》八歳《さい》（七五六）六月二十一日の東大寺献物帳《とうだいじけんもっちょう》に記される、黒作懸佩刀《くろつくりのかけはきのたち》の由来には（『大日本古文書』四―一三八〜一三九）、草壁との関係にはじまる不比等の奉仕が看取され、こうした状況にも中大兄―鎌足の公的評価が可能になる条件が整っていた。

近江朝廷の位置づけ

草壁皇子の皇妃で、文武天皇の母である阿閇《あへ》皇女もまた、持統とは異母妹になるが、天智の女《むすめ》であった。彼女が元明《げんめい》天皇となり、次いで太上《だいじょう》天皇として影響力を保持した段階で、やはり天智天皇の顕彰に関わる史料が存する。不改常典《ふかいじょうてん》については上述したところであるが、当該期は『日本書紀』編纂の最終段階であり、『日本書紀』に描かれる天智像構築には重要な時期であった。

まず『続日本紀』和銅《わどう》二年（七〇九）二月戊子朔条には、天智天皇が斉明天皇のために創建した筑紫観世音寺《ちくしかんぜおんじ》に対して、造営完成を促進するために、駈使丁《くしちょう》五〇人の役使《えきし》を許可する旨が定められている。観世音寺の創建には不詳の部分が多いが、延喜五年（九〇五）十月一日の筑前国観世音寺資財帳（『平安遺文』一九四号）には、大宝《たいほう》二年（七〇二）十月二十二日の「官施入《せにゅう》」による水田があり、持統太上天皇の崩御直前での施入が知られる。和銅二年時点でも造営が続いており、元明には父天智の事業を完遂する意思があったと思われる。

資財帳にはまた、大宝三年十月二十日の「官施入」、和銅二年八月十七日の熬塩釜《いりしおがま》の施入、十月二十日符による野・焼塩山《しおやきのやま》の施入、同四年十月二十五日符による土地施入なども記されており、持統・元明の時代に資財の集積が進められている。

次に養老《ようろう》三年（七一九）十月辛丑条には、法令形成の歴史をふり返り、「近江の世に至りて、弛張《しちょう》悉《ことごと》く備《そなわ》る」、つまり天智朝において法令が成文化されたことを強調した上で、現在の大宝律令に帰結するという理解が示され、天智の「法」形成者としての評価が見られる（柴田博子「立太子宣命にみる「食国法」」）。ただ、上述の天智朝の状況や近江令非存在説をふまえると、天智天皇がほんとうにこうした法制整備を実現したかどうかはきわめて疑わしい。

『日本書紀』編纂との関係

天智朝に中央集権的な律令国家形成への道が模索されたことはまちがいないが、その段階ではさまざまな障壁があって、到底充分な達成を得るには至らなかった。しかし、女《むすめ》である元明は、そうした父の先駆者としての姿を後世に伝える使命があり、不改常典や「法」創始者としての天智像を定立しようとしたのではあるまいか。後代のものであるが、「父の名を負《お》ひて」仕奉《しぶ》するのは男だけではなく、女も同様であるという観念も知られる（『続日本紀』天平勝宝元年〈七四九〉四月甲午朔条）。観世音寺の造営支援も、天武九年（六八〇）に定められた官治《かんち》以外の寺の食封《じきふ》三〇年の期限（『日本書紀』天武九年四月是月条）が近づく段階にあって、父の事業完成への熱意を示す事柄と解してみたい。

なお、養老三年（七一九）の記事は、これに続いて皇太子首皇子《ひつぎのみこおびとのおうじ》はまだ年は稚《いたけ》ないが（といっても十九歳）、洪緒《こうしょ》（大きな事業）を継承すべき存在であり、これを補佐すべき舎人《とねり》・新田部《にいたべ》親王（ともに天武の子）に内舎人《うどねり》・大舎人《おおとねり》・衛士《えじ》や封戸《ふこ》を賜与する旨を述べている。したがって法令形成の歴史は、首皇子の皇位継承を保証する文脈として言及されたもので、そこには不改常典と同じく、天智の権威への依存・仮託が図られているのであろう。

『日本書紀』の編纂に関しては、最終段階で当時の実力者藤原不比等の意向がかなり反映されているとする指摘もある（上山春平『埋もれた巨像』、大山誠一『天孫降臨の夢』）。しかし、持統―皇孫《こうそん》軽皇子の関係が、アマテラス―天孫《てんそん》ニニギノミコトに投影されているとする見解も呈されており（溝口睦子『アマテラスの誕生』）、ここでは持統・元明ら天智の女の天皇としての存在が、七世紀史の叙述に影響を与えたところも大きかったのではないかと考えてみたい。

改新詔《かいしんのみことのり》の修飾ないしは述作など、七世紀史の真の姿の解明には、なお探究すべき問題があるが、今は天智の評価に関わる若干の憶測を記すに留めておく。

三　奈良時代の天智天皇観

『日本書紀』以降の評価

以上は、『日本書紀』完成の養老四年（七二〇）までの断片的な史料によって、『日本書紀』の天智天皇像構築過程を探ろうとしたものであるが、それ以降の天智天皇の位置づけはどうであろうか。桓武《かんむ》天皇の即位に伴う天智系皇統の強調以前の、奈良時代のあり方を見てみたい。

上掲の天平勝宝《てんぴょうしょうほう》元年（七四九）四月甲午朔条は、大仏造営に関わる陸奥国《むつのくに》の産金をうけて、聖武《しょうむ》天皇が東大寺に赴き、大仏に北面、「三宝の奴《やつこ》と仕《つか》へ奉《まつ》れる天皇《すめらみこと》」と称して、深謝の念を述べたものである。この詔のなかに、次のようにある。

掛《か》けまくも畏《かしこ》き近江大津宮に大嶋国知らしめしし天皇が大命として、奈良宮の大八洲国《おおやしまのくに》知らしめしし我が皇天皇《おおきすめらみこと》と御世重ねて朕《われ》に宣《の》りたまひしく、「大臣の御世重ねて明き浄き心を以て仕へ奉る事に依りてなも天日嗣《あまつひつぎ》は平《たいら》けく安《やす》けく聞《き》こし召し来る。此の辞忘れ給《たま》ふな。弃《す》て給ふな」と宣りたまひし（下略）

天智の言を、「皇天皇」（元明または元正）を介して聖武に伝えたとする文脈で、「大臣がどの御世にも明るく浄い心を以てお仕えすることによってこそ、天の日嗣（皇位）のことは安らかに伝えられてきたのであり、この言葉を忘れたり、すてたりしてはならない」と、天智が全官人を永続的に秩序づける官僚制の維持を確立した、と位置づけられている。

この詔では、辞別《ことわけ》（言葉を改めて別に伝えることば）として諸神祇《じんぎ》関係者、寺院関係者、山《さん》陵《りょう》守衛者、そして個別の氏族や官人、また百姓への授位や賜物などが述べられている。個別氏族のなかには、三国真人《みくにのまひと》・石川朝臣《いしかわのあそん》（蘇我《そが》氏）・鴨朝臣《かものあそん》・伊勢大鹿首《いせのおおがのおびと》などが見え、これらは六世紀以来の聖武に至る血筋のなかで、代々の天皇の母や外祖父母を出してきた氏族である。聖武は、そうした血縁にも大いに留意し、女系でつながる天智への意識を有していたとする指摘もなされている（吉川敏子「天平二十一年四月甲午宣命に見る聖武天皇の認識」）。

山科山陵への奉幣

奈良時代の山科山陵《やましなのみささぎ》のあり方を見ると、上述の文武朝の修造記事、天智系の桓武天皇が藤原種継《ふじわらのたねつぐ》暗殺事件後に廃太子《はいたいし》を報告したこと（『続日本紀』延暦四年〈七八五〉十月庚午条）

藤原氏の顕彰

を除くと、聖武朝の天平勝宝年間に記事が集中している。元正太上《だいじょう》天皇不予に伴う奉《ほう》幣《へい》新羅《しらぎ》《シルラ》王子来朝の報告（天平勝宝四年〈七五二〉閏三月乙亥条）や、元正太上天皇不予に伴う奉幣（同七歳十月丙午条）は、天武・持統の大内陵《おおうちのみささぎ》をはじめとする歴代の山陵の一つとして対象になっているが、鑑真《がんじん》が来日したことで著名な勝宝度遣唐使《けんとうし》帰朝に伴う唐国信物《しんもつ》奉幣は、山科山陵のみであった（同六年三月丙午条）。ここには白村江《はくそんこう》戦で唐と戦った天智への配慮が示されているのかもしれない。

ともかくも、聖武天皇が天智との関係を意識していたことはまちがいなく、これはあるいは不改常典《ふかいじょうてん》という言説による影響も考えられよう。

次に、近江令《おうみりょう》の存否のところ（二二九頁）で引用したものであるが、天平宝字《てんぴょうほうじ》元年（七五七）閏八月壬戌条には、紫微内相《しびないしょう》藤原仲麻呂《ふじわらのなかまろ》の言として、天智天皇が国家の制度を考え直し、法律の条文を創出したという評価が記されている。ここでも天智は「法」創始者として位置づけられているが、この記事では、この天智の下で曾祖父藤原鎌足が功《こう》田《でん》一〇〇町を賜与されたこと、そして鎌足がはじめた維摩会《ゆいまえ》が衰退しているので復興を請うことが述べられており、同年七月の橘奈良麻呂《たちばなのならまろ》の乱平定後の藤原氏の顕彰に関連したものである。

十二月壬子条にはまた、功田記文に欠落する累代の功績の等第決定がなされ、唯一の大功《たいこう》となったのが、乙巳《いっし》の変《へん》における鎌足の功業であった。これは天智を「聖君」として称えると同時に、その天智を支えた鎌足の業績を喧伝し、世々に絶えることなく続く藤原氏の繁栄を定立しようとするものであろう。藤原氏が挙行していた維摩会は、祖先顕彰行為と護国報恩が一体化され、護国儀礼として昇華し（冨樫進「藤原仲麻呂における維摩会」）、藤原氏の存在は、国家にとって不可欠のものとなっていくのである。

『今昔物語集《こんじやくものがたりしゆう》』では、上述の崇福寺《すうふくじ》建立（巻十一第二十九話）を除くと、代々の天皇が大安寺《だいあんじ》に関わったこと（第十六話）、天智の御子が笠置寺《かさぎでら》を造営したこと（第三十話）があるくらいで、天智自身が活躍する話はほとんど見られない（巻十一第十七話・巻十二第二十話の薬師寺《やくしじ》との関係は天武の誤り）。

天智天皇が登場するのは、やはり藤原氏関係、その繁栄の礎として言及される場合が多く（巻十二第三・二十二話の維摩会・山階寺《やましなでら》、巻二十二第一話の藤原姓の由来など）、乙巳の変の功業とともども、天智の存在が重視されていくのである。『大鏡《おおかがみ》』や『神皇正統記《じんのうしようとうき》』、さらには『大日本史《だいにほんし》』の叙述もこの線に沿ったものであり、天智天皇像の定着を支えたと言えよう。

天智系皇統による懐旧

奈良時代における天智天皇への言及として、『懐風藻《かいふうそう》』序の次の記述にも注目したい。

聖徳太子に逮《およ》びて、爵を設けて官を分かち、肇《はじ》めて礼儀を制《さだ》めたまふ、然《しか》すがに専らに釈教を崇《とうと》み、未だ篇章に遑《いとま》もなかりき。淡海《おうみ》先帝の命を受けたまふに及至《およ》びて、帝業を恢開《かいかい》し、皇猷《こうゆう》を引闡《こうせん》したまふ。道は乾坤《けんこん》に格《いた》り、功は宇宙《うちゅう》に光れり。既にして以為《おも》ほしけらく、風を調《ととの》へ俗を化《すす》むることは、文より尚《とうと》きことは莫《な》く、徳を潤《ぬ》らし身を光らすことは、孰《いずれ》か学より先ならむと。爰《ここ》に則ち庠序《しょうじょ》を建て、茂材《もさい》を徴《め》し、五礼を定め、百度《ひゃくど》を興《おこ》したまふ。憲章法則、規模弘遠、夐古《けいこ》より以来《このかた》、未だ有らず。

推古《すいこ》朝の厩戸《うまやど》皇子（聖徳太子）が冠位《かんい》十二階や礼法を制定したが、仏教を尊び、まだ法の成文化はなされなかった。淡海先帝、すなわち天智天皇が即位すると、天子の御業績を広く開き、御はかりごとをひらきひろげられた。天子の道は天地に至り達し、その功業はあまねく天下にかがやき渡った。天皇は風俗を整え民を教化するには、文（学問など）より貴いものはなく、徳を養い身を立派にするには、学問が最も大切であるとお考えになり、学校を建て、秀才を召し、五礼を定め、もろもろの法規を興し定められ、おきてにきちんと法則があって、そのてほんのひろく遠いことは、遠い昔から今までになかったことである、と記されている。

『懐風藻』は天平勝宝三年（七五一）十一月撰の漢詩集で、撰者は不詳であるが、大友皇子の曾孫にあたる淡海真人三船《おうみのまひとみふね》（葛野《かどの》王の孫、父は池辺《いけべ》王）が有力視されている。内容的にも天智朝や大友皇子への共感が滲み出ているところがある。ここでは、聖徳太子──淡海先帝（天智）による法式の整備という文脈が示されており、これは後代の『弘仁格式《こうにんきやくしき》序《じょ》』につながる歴史認識で、その淵源をうかがわせるものとなる。

ちなみに、『続日本紀《しょくにほんぎ》』天平勝宝八歳（七五六）八月乙酉条には、近江朝廷の書法一〇〇巻を崇福寺に施入したとある。この年五月には聖武太上天皇が崩御しているので、あるいは聖武が強いつながりを意識していた天智朝に関わる書法を所持していたのを施入したのかもしれない。ここにも奈良時代を通底し、とくに聖武天皇治下に顕在化する天智天皇への意識が看取される。こうした伏流が平安時代につながっていくのであろう。

結　――中大兄・天智の生涯――

本書では中大兄皇子《なかのおおえのおうじ》・天智天皇《てんじ》の生涯を叙述した。最後に各章の内容を整理しつつ、中大兄・天智の生涯を箇条書き的にまとめ、むすびとしたい。

（一）天智天皇は幼名を葛城《かずらき》皇子といい、父田村《たむら》皇子（舒明《じょめい》天皇）と母宝《たから》皇女（皇極《こうぎょく》・斉明《さいめい》天皇）の間に推古《すいこ》三十四年（六二六）に生まれた。中大兄皇子の呼称は、異母兄で蘇我氏所生の古人大兄《ふるひとのおおえ》皇子に対するものである。政治の表舞台に登場するのは、舒明十三年（六四一）に父舒明天皇の殯宮《ひんきゅう》で誄《しのびごと》を捧呈したのが最初で、時に十六歳であった。母が皇極女帝として即位するが、朝鮮三国抗争の最終段階、唐《とう》の軍事介入と、東アジア情勢は激動の時代を迎え、倭国《わこく》でも権力集中を進め、この状況にどのように対応していくかが課題になっていた。

（二）中大兄は、中臣鎌足《なかとみのかまたり》とともに乙巳《いっし》の変（六四五年）で蘇我本宗家《ほんそうけ》を討滅し、天皇家を中心とする権力集中体制の構築を目指す。しかし、時に二十歳の中大兄には即位資格はなく、同じく敏達《びだつ》系王族に属する母の弟が孝徳《こうとく》天皇として即位する。孝徳朝の改革

（「大化改新《たいかのかいしん》」）は、中大兄―鎌足が主導したとする理解もなお有力であるが、やはり孝徳天皇の主体性を認めるべきであり、中大兄―鎌足が大きな政治力を有していたとは思われない。孝徳天皇は、使者派遣による地方把握と部民《べみん》対策を柱とする改革を模索するが、『日本書紀《にほんしょき》』に記された改新 詔《かいしんのみことのり》には修飾・造作があり、これによって中国的な律令《りつりょう》国家建設までを構想していたと見ることは難しい。地方制度では評制《ひょうせい》が施行されたのはまちがいないが、これは朝鮮三国の制度を模したもので、その他、冠位《かんい》制度や中央官制のあり方も、推古朝以来の国制の延長上にあると評さざるを得ない。

（三）孝徳天皇の部民制全廃に関する諮問《しもん》に対して、中大兄は必ずしも賛成しておらず、この段階では急進的な改革に反対する「抵抗勢力」であったと位置づけられる。自身とのつながりのある蘇我倉山田石川麻呂《そがのくらのやまだのいしかわまろ》も同じ立場であったが、大化《たいか》五年（六四九）孝徳天皇によって討伐されており、政治的対立が伏在していたと思われる。孝徳天皇による難波宮《なにわのみや》造営が完成し、遣唐使派遣などによる改革の加速化が図られるなか、白雉《はくち》四年（六五三）に中大兄は飛鳥《あすか》還都を提唱、孝徳と袂を分かつ形で、母皇極前天皇らとともに飛鳥に戻り、孝徳は失意のうちに崩御することになる。

（四）母が斉明天皇として重祚《ちょうそ》した時、中大兄は三十歳になっていたが、当時は皇太子制は未成立で、王族の世代や倭王権を統率する能力と年齢（四十歳前後）を勘案した皇位継承方法であったため、同世代の孝徳の子有間皇子《ありま》の存在もあって、中大兄は即位できなかったと思われる。斉明朝では、飛鳥の荘厳化が進められ、阿倍比羅夫《あべのひらふ》の北方遠征による版図《はんと》拡大も推進されている。斉明四年（六五八）には有間皇子事件があり、中大兄は競合者を排除し、皇位継承候補者の地歩を固める。中大兄はまた、漏尅《ろこく》（水時計）を造営したといい、科学的知識にも関心を抱いていたようである。

（五）斉明六年（六六〇）に唐・新羅《しらぎ》《シルラ》によって百済《くだら》《ペクチエ》が滅亡すると、倭国は百済復興運動を支援し、百済救援の派兵を行う。この最中に斉明女帝が崩御したため、中大兄は称制《しょうせい》という形で国政を担い、出兵を指揮するが、天智二年（六六三）白村江《はんそんこう》戦で大敗北を喫し、百済は完全に滅亡、倭国には唐・新羅軍侵攻の危機が迫ることになる。こうしたなか、中大兄は唐に倣った中央集権的律令国家建設の必要性を痛感したものと思われ、一大防衛網構築を進めながら、中央集権体制の確立を図る。

（六）中大兄は天智三年（六六四）に甲子宣《かっしのせん》を発布、縦割り的・分節的な部民制《べみんせい》廃止への大きな一歩を踏み出す。倭国の権力構造としては、女帝―王族有力者による補佐に依拠し、孝徳天皇の皇后であった妹間人《はしひと》皇女が存命のうちは、称制を続け、即位には至らなかった。天智四年に間人の薨去《こうきょ》、母斉明と間人の越智山陵《おちのみささぎ》造営を果たした上で、天智六年には近江大津宮《おうみおおつのみや》への遷都を敢行、自己の即位と新しい政治の拠点となる宮都の建設を構想している。

（七）天智七年（六六八）、ついに天智天皇として即位する。朝鮮半島では高句麗《こうくり》《コグリョ》が滅亡し、いよいよ唐・新羅軍の倭国侵攻となるかと思われたが、半島統一を企図する新羅が唐と戦争をはじめたため、倭国はこの情勢を観察しながら、国際紛争が飛び火しないように、慎重な外交判断を行った。この間、ようやく政治の中枢を担うようになった中臣鎌足が天智八年に死去し、天智は股肱《ここう》の臣《しん》を失う。近江令《おうみりょう》の存在はなかったと思われるが、鎌足は律令法制定の一歩となる礼儀の編纂を行っており、最初の全国的戸籍である庚午《こうご》年籍《ねんじゃく》の作成とともども、天智朝における律令体制構築の進展をうかがわせる事柄となる。天智十年（六七一）には、中央官制の中心となる太政官制を施行、中央官司の整備にも着手するが、天智天皇はこの年十二月三日に四十六歳で崩御してしまう。

（八）天智崩御後、後継者に予定していた子大友皇子と天智の弟大海人皇子の間に壬《じん》申《しん》の乱が勃発、近江朝廷は瓦解し、勝利を得た大海人が即位して天武天皇となり、律令国家建設はこの天武、そして皇后で天智の女《むすめ》でもある持統《じとう》天皇によって成し遂げられる。天智天皇が律令国家創始者として位置づけられるのは、女である持統・元明《げんめい》女帝による顕彰が大きく作用しており、『日本書紀』における天智天皇像が確立・定着していくのではないかと考えられる。

中大兄皇子・天智天皇が生きた七世紀は、古代国家成立を考える上で重要な時期であり、乙巳の変、百済滅亡と白村江戦の敗北、唐・新羅侵攻の危機のなかでの国家体制構築と、国内外ともに激動の時代であった。『万葉集《まんようしゅう》』には天智の歌は四首しかなく（巻一―一三～一五、巻二―九一番歌）、その人間像を探る手がかりはまことに乏しい。したがって、どうしても七世紀史の展開を考察するなかで、彼の行動・役割を位置づけるという方法をとらざるを得ず、人物像を充分に描くことはできていないかもしれない。この点はご海容を賜りたい。

系図Ⅰ　六・七世紀の天皇家の系図

（丸の数字はこの系図での王位継承順序を示す。×は政治的事件で横死した者。）

Ⅰ　Ⅱ　Ⅲ

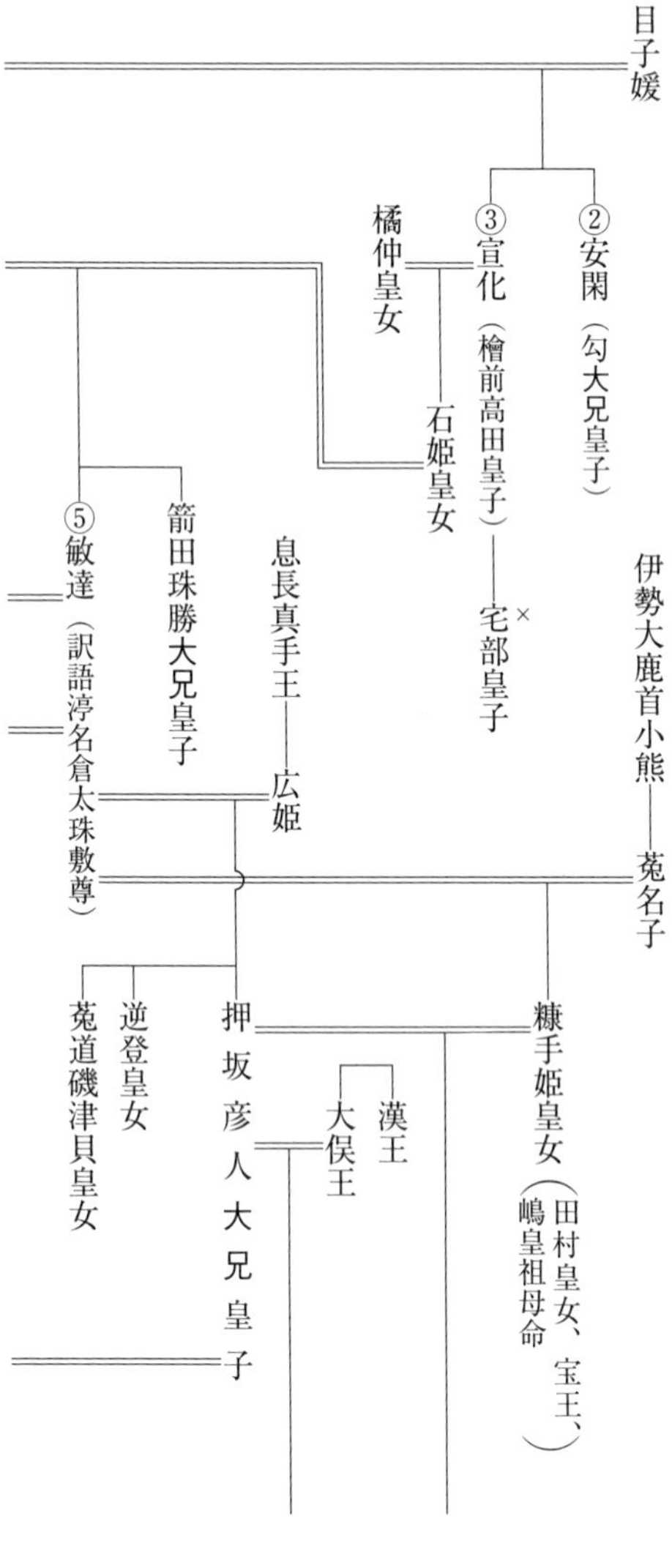

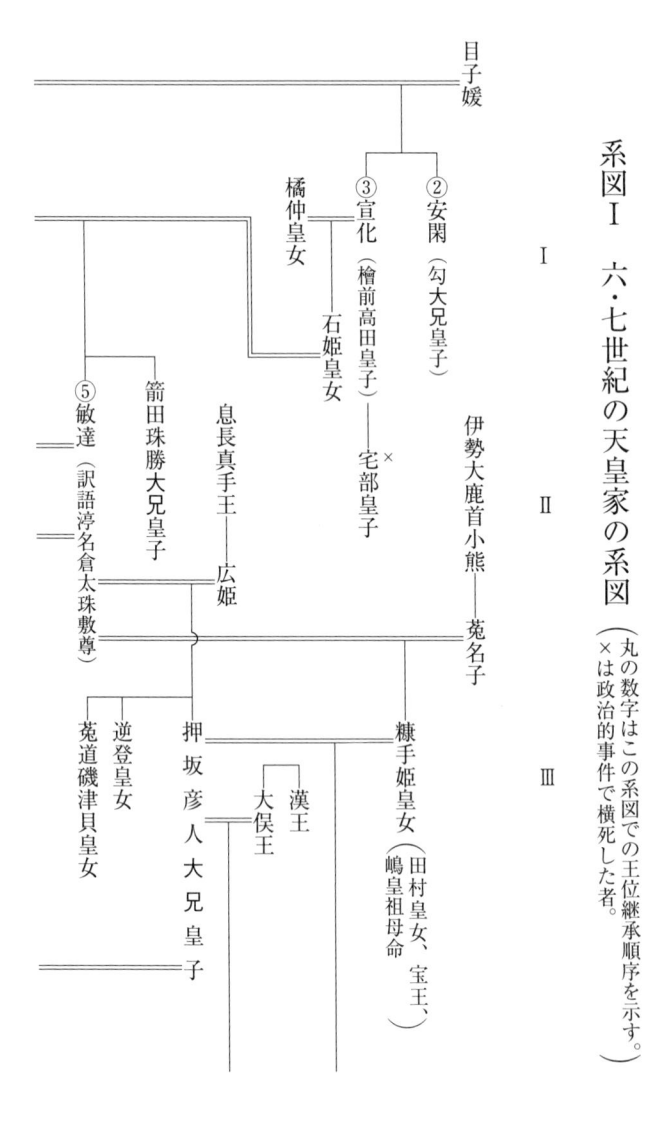

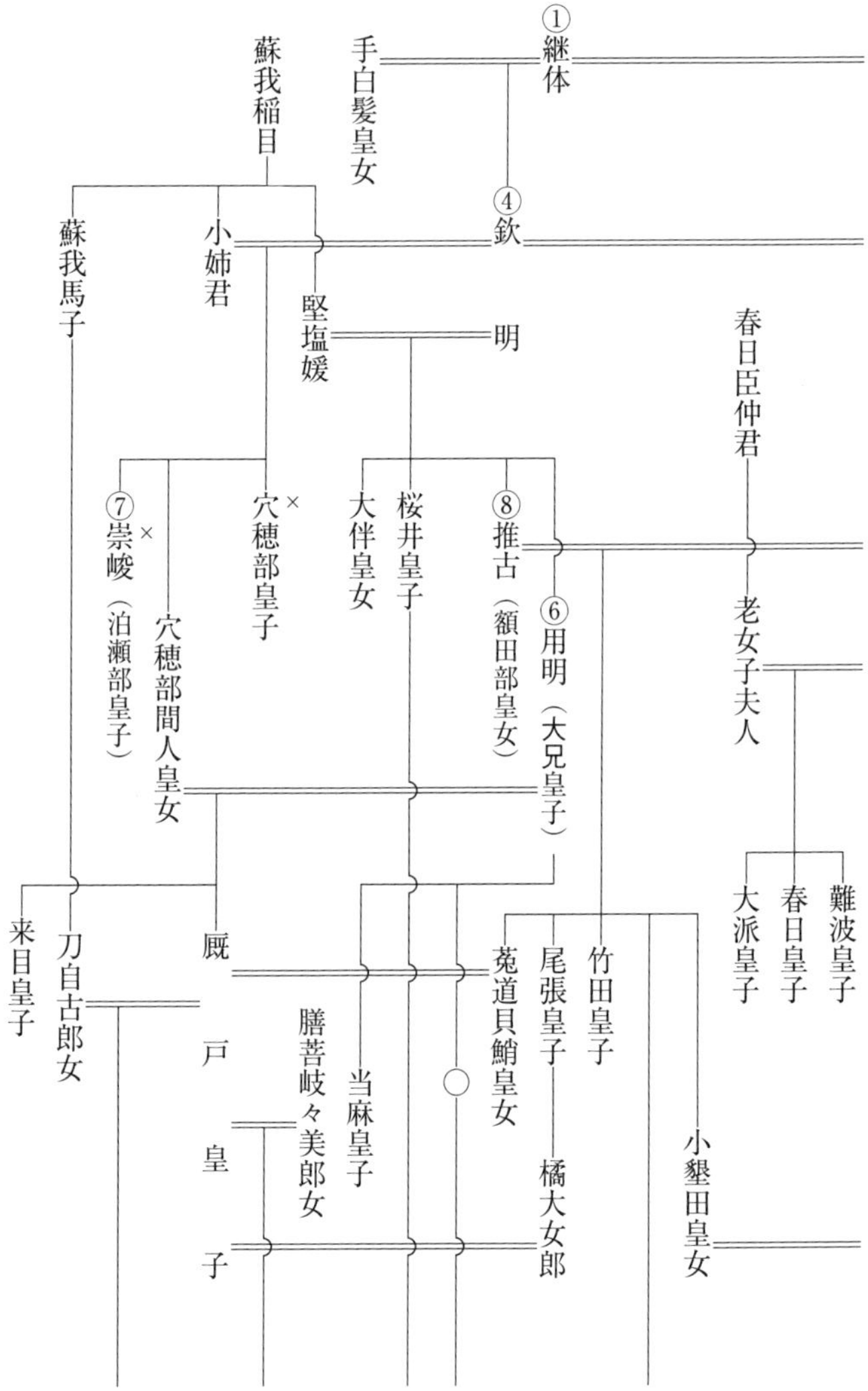
①継体
手白髪皇女
蘇我稲目
④欽明
小姉君
堅塩媛
蘇我馬子
春日臣仲君
⑦崇峻（泊瀬部皇子）
穴穂部間人皇女
穴穂部皇子
大伴皇女
桜井皇子
⑧推古（額田部皇女）
⑥用明（大兄皇子）
老女子夫人
難波皇子
春日皇子
大派皇子
来目皇子
刀自古郎女
厩戸皇子
膳菩岐々美郎女
当麻皇子
菟道貝鮹皇女
尾張皇子
竹田皇子
橘大女郎
小墾田皇女

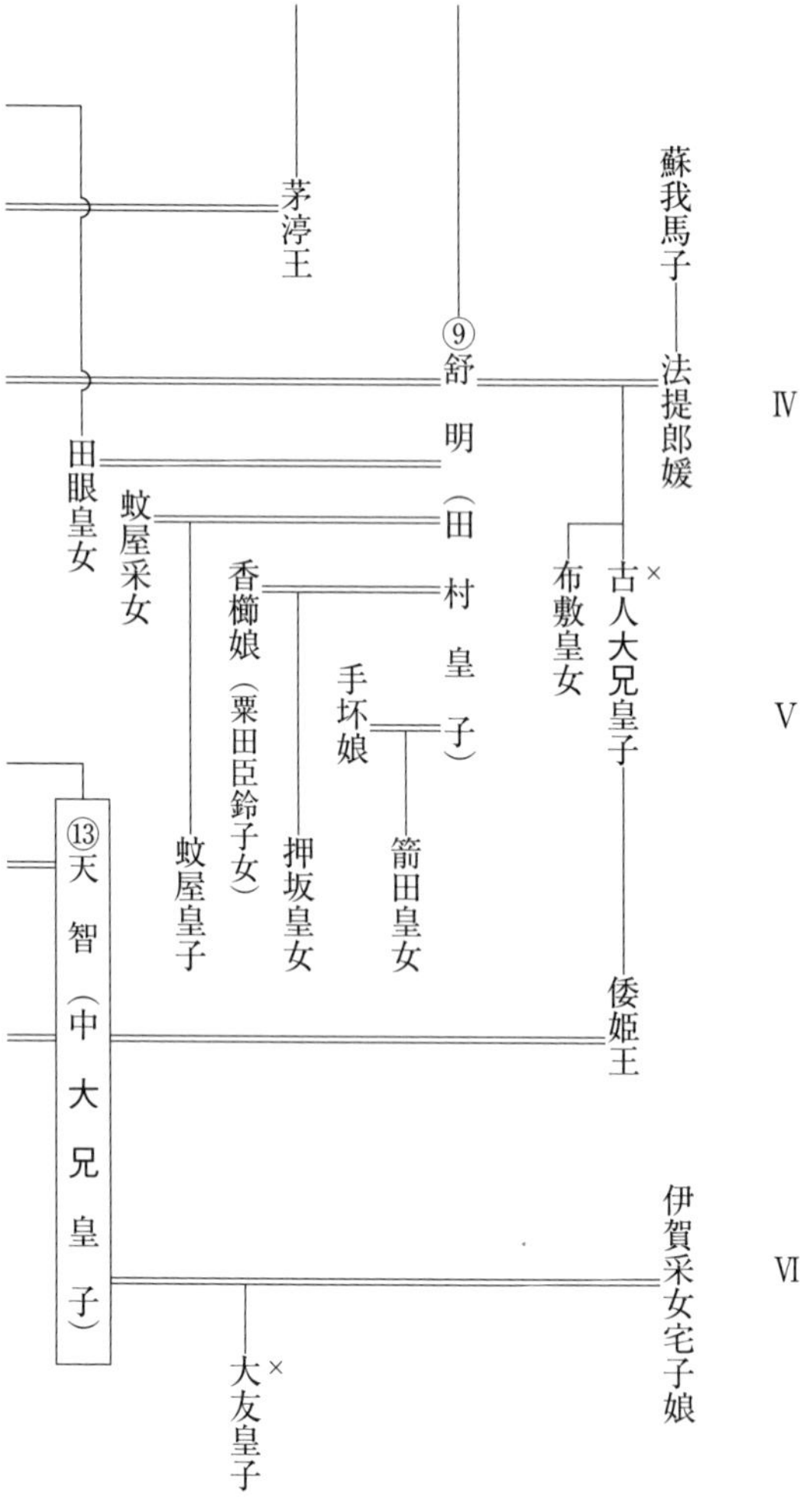

茅渟王
⑨舒明（田村皇子）
蘇我馬子
法提郎媛
田眼皇女
蚊屋采女
香櫛娘（粟田臣鈴子女）
手坏娘
古人大兄皇子×
布敷皇女
蚊屋皇子
押坂皇女
箭田皇女
⑬天智（中大兄皇子）
倭姫王
伊賀采女宅子娘
大友皇子×
Ⅳ
Ⅴ
Ⅵ

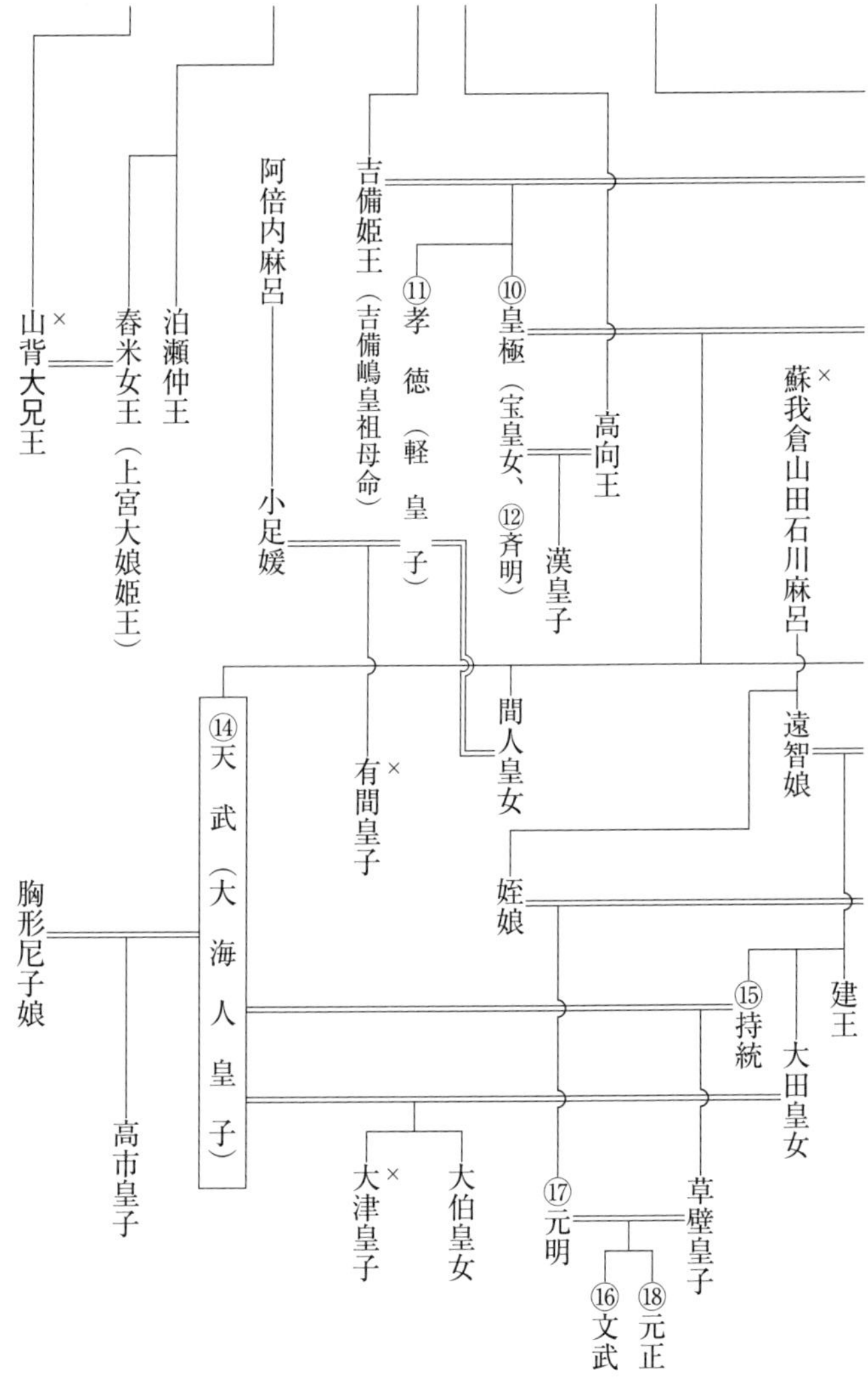

蘇我倉山田石川麻呂
高向王
⑩皇極（宝皇女、⑫斉明）
漢皇子
⑪孝徳（軽皇子）
吉備姫王（吉備嶋皇祖母命）
阿倍内麻呂
小足媛
泊瀬仲王
春米女王（上宮大娘姫王）
山背大兄王
遠智娘
間人皇女
有間皇子
⑭天武（大海人皇子）
姪娘
建王
大田皇女
⑮持統
胸形尼子娘
高市皇子
大伯皇女
大津皇子
草壁皇子
⑰元明
⑯文武
⑱元正

系図Ⅱ　天智・天武の家族関係

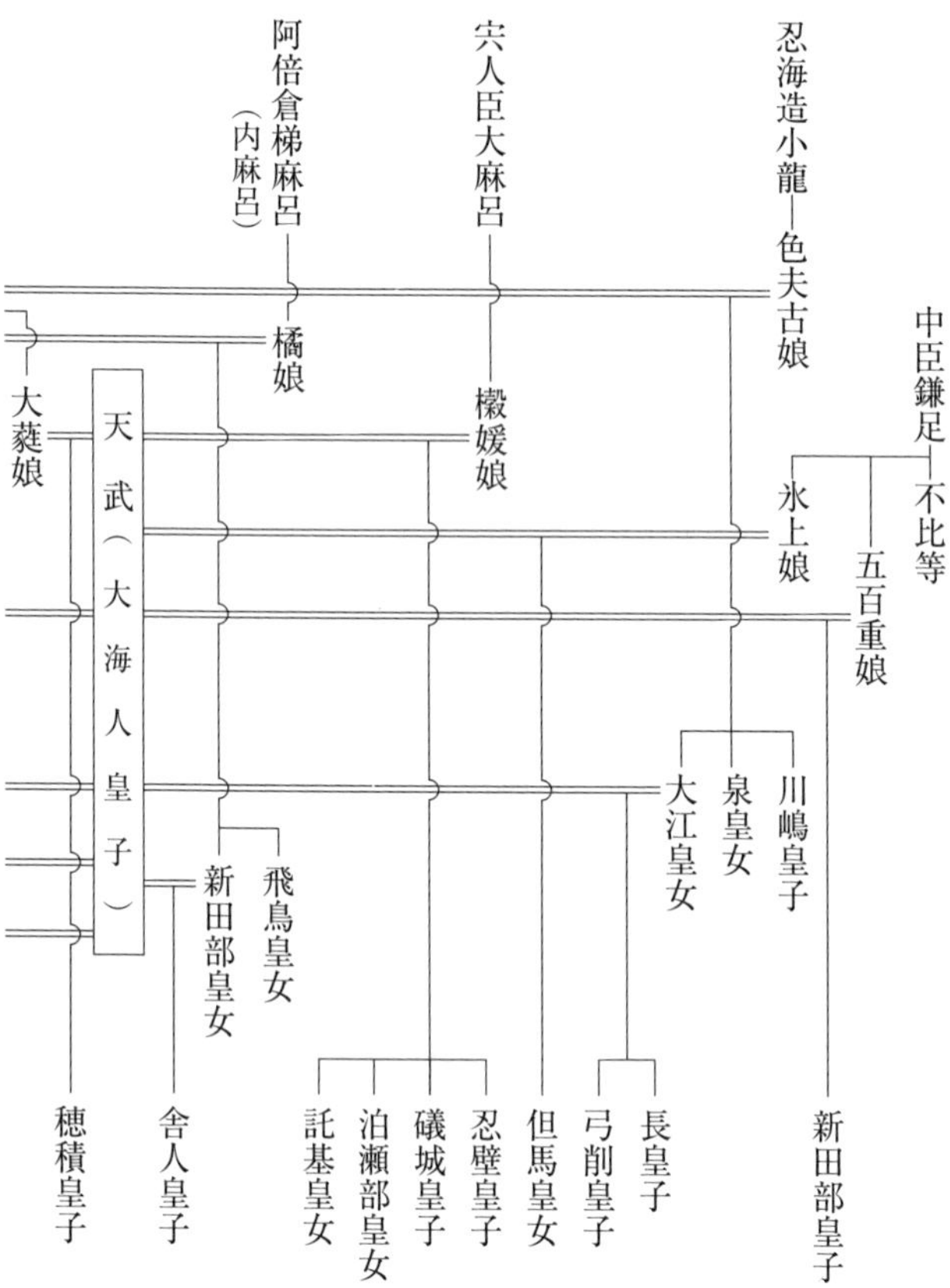

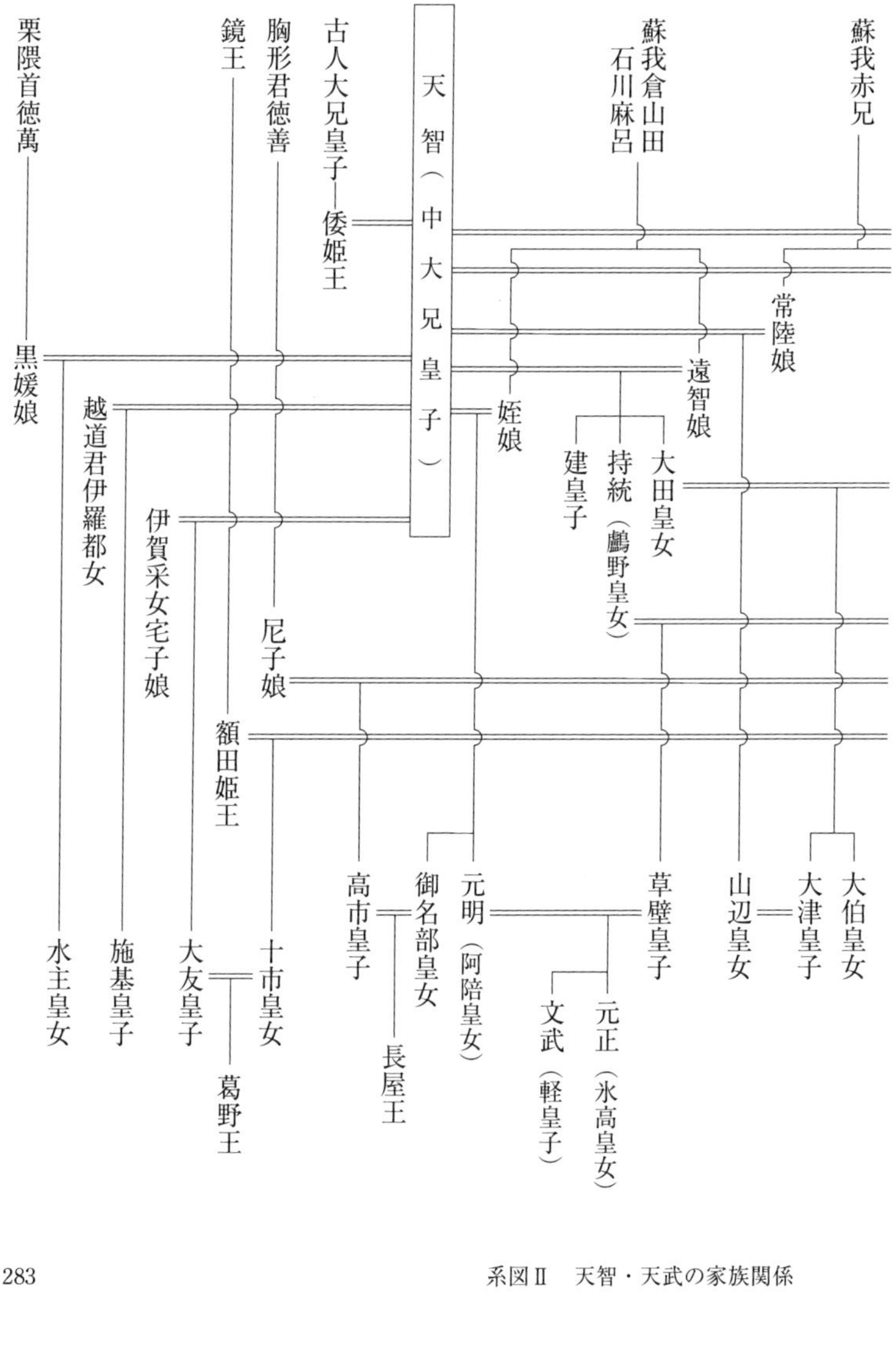
天智（中大兄皇子）
蘇我赤兄
蘇我倉山田石川麻呂
古人大兄皇子
倭姫王
胸形君徳善
鏡王
栗隈首徳萬
常陸娘
遠智娘
姪娘
黒媛娘
越道君伊羅都女
伊賀采女宅子娘
大田皇女
持統（鸕野皇女）
建皇子
尼子娘
額田姫王
大伯皇女
大津皇子
山辺皇女
草壁皇子
元明（阿陪皇女）
御名部皇女
高市皇子
元正（氷高皇女）
文武（軽皇子）
長屋王
十市皇女
大友皇子
葛野王
施基皇子
水主皇女

略年譜

年次	西暦	年齢	事跡	参考事項
推古三四	六二六	一	父田村皇子（舒明天皇）と母宝皇女（皇極・斉明天皇）の第一子として誕生（本名は葛城皇子）	五月、蘇我馬子薨ず○是年、新羅、唐に上書して高句麗の妨害、百済の侵略を訴える、唐、三国に和解を諭す
三六	六二八	三	三月、推古天皇崩御、田村皇子と山背大兄王が皇位継承を争う	九月、蘇我蝦夷は山背支持の境部摩理勢を殺害
舒明元	六二九	四	正月、父田村皇子が即位（舒明天皇）	
二	六三〇	五	正月、母宝皇女が皇后になる	八月、犬上御田鍬を唐に派遣する○一〇月、飛鳥岡本宮に遷御
四	六三二	七		八月、犬上御田鍬、僧旻らが帰朝、唐使高表仁来倭
八	六三六	一一	六月、飛鳥岡本宮に火災、田中宮に遷御	七月、大派王の朝参時刻変更提案に蘇我蝦夷は従わず
一一	六三九	一四		七月、百済宮・百済大寺造営の人夫を徴発○九月、大唐学問僧恵隠ら帰朝

一二	六四〇	一五	一〇月、百済宮に遷御	一〇月、大唐学問僧清安（南淵請安）・学生高向玄理帰朝
一三	六四一	一六	一〇月、舒明天皇崩御、中大兄（「東宮開別皇子」と見える）、殯宮にてその死を悼む	
皇極 元	六四二	一七	正月、母宝皇女が即位（皇極天皇）	一〇月、高句麗泉蓋蘇文、国王を殺害する○是年、蘇我蝦夷、祖廟を葛城に立て、八佾舞を行う、また今来双墓を築造○百済、新羅の四〇余城を奪取
二	六四三	一八	九月、舒明天皇を押坂陵に葬る○同月、吉備嶋皇祖母命薨ず	四月、飛鳥板蓋宮に遷御○一〇月、蘇我蝦夷、紫冠を入鹿に与える○一一月、蘇我入鹿、上宮王家を討滅
三	六四四	一九	正月（『家伝』は皇極二年一〇月以前とする）、神祇伯継承を辞して三島に退居した中臣鎌足が、軽皇子、中大兄皇子に接近する（中大兄は法興寺の打毬（蹴鞠）の際に中臣鎌足と知己になり、南淵先生の所に儒教を学びに行く往還の間、蘇我本宗家打倒の計略を相談する）○蘇我倉山田石川麻呂の女遠智媛と婚姻	七月、東国に常世神の祭○一一月、蘇我蝦夷・入鹿、甘檮岡家の守備を強化○同月、唐、高句麗征討を発動
四 大化 元	六四五	二〇	六月、乙巳の変で蘇我本宗家を討滅、軽皇子が即位（孝徳天皇）し、皇太子となる、皇極前天皇は	六月、大化改元○八月、東国等国司を任命○九月、諸国に使者を派遣す

				皇祖母尊と称される○九月、古人大兄皇子の謀叛を討伐	る○同月、民の元数を記録し、土地兼幷等を禁ず○一二月、難波に遷都
大化	二	六四六	二一	三月、孝徳天皇の諮問に奉答し、入部・屯倉を献ず	正月、改新詔○三月、東国国司の功過を行う○同月、薄葬令、風俗矯正の詔、勧農の詔を出す○八月、品部廃止の詔○同月、国司を発遣○九月、新羅に任那調貢上をやめ、質を貢ぐべき旨を告げる
	三	六四七	二二	一二月、皇太子宮に火災	四月、皇子・群臣に庸調を賜う○是年、小郡宮を造営し礼法を定む○七色十三階の冠位を制定す○渟足柵を造る○新羅金春秋来日
	四	六四八	二三		是年、磐舟柵を置く
	五	六四九	二四	三月、左大臣阿倍内麻呂が薨じ、朱雀門にて天皇・皇祖母尊らとともに死を悼む○同月、右大臣蘇我倉山田石川麻呂謀叛、皇太子妃蘇我造媛、傷心により死去す	二月、冠位十九階を制定、「八省百官」を置く○四月、唐・太宗崩御
白雉	元	六五〇	二五	二月、天皇とともに白雉献上の儀式を観、中大兄名代の巨勢臣徳太が賀詞を捧呈	二月、白雉改元○一〇月、宮堺標を立て、破壊丘墓・遷移人に賜物（難波長柄豊碕宮の造営が本格化か）
	二	六五一	二六		一二月、新宮に遷居し、難波長柄豊

				碕宮と号す
三	六五二	二七		正月～是月?、班田がおわる○四月、戸籍を造る○九月、難波長柄豊碕宮の造営がおわる
四	六五三	二八	是年、倭京還都を奏請し、皇極前天皇・間人皇后・大海人皇子等とともに倭飛鳥河辺行宮に住居する	五月、第二回遣唐使発遣、学問僧定恵・道昭ら入唐○六月、僧旻死去
五	六五四	二九	一〇月、天皇の病を聞き、皇極前天皇・間人皇后・大海人皇子等を率いて難波宮に赴く○同月、孝徳天皇崩御○一二月、皇極前天皇を奉じて倭河辺行宮に遷居○同月、孝徳天皇を大坂磯長陵に葬る	正月、中臣鎌足に紫冠を授け増封する○二月、第三回遣唐使発遣、押使高向玄理、唐にて死去○四月、吐火羅国人・舎衛人が日向に流来○七月、第二回遣唐使帰朝
斉明元	六五五	三〇	正月、皇祖母尊が飛鳥板蓋宮で重祚（斉明天皇）	八月、第三回遣唐使帰朝○一〇月、小墾田に瓦葺きの宮殿造営を計画するも、中止○冬、飛鳥板蓋宮火災、飛鳥川原宮に遷居
二	六五六	三一		是歳、後飛鳥岡本宮に遷御○田身嶺に周垣、両槻宮を造る○香具山の西より石上山まで渠を穿ち、宮東山に石垣を築く○吉野宮を造る
三	六五七	三二		九月、有間皇子、牟婁温湯に行く

斉明 四	六五八	三三	五月、遠智娘所生の建王が死去○一一月、有間皇子の謀叛を糾問する	正月、左大臣巨勢徳太薨ず○四月、阿倍比羅夫、鰐田・渟代・津軽蝦夷を平定
五	六五九	三四		三月、吉野に行幸○同月、近江平浦に行幸○同月、阿倍比羅夫、第二回遠征（粛慎と戦う）○七月、第四回遣唐使発遣
六	六六〇	三五	五月、漏尅を造り、民に時を知らせる	五月、蝦夷・粛慎を石上池辺にて饗す○七月、百済滅亡○九月、鬼室福信ら、百済復興運動の興起を伝える○一二月、難波宮に行幸し、百済救援の準備に着手
〈称制①〉 七	六六一	三六	七月、斉明天皇が朝倉宮で崩御、皇太子称制、長津宮（磐瀬宮）に居し、水表の軍政を聴く（家伝）○八月、斉明天皇の遺体を磐瀬宮に移す○九月、長津宮にて百済王子豊璋に織冠を授け、本国に衛送、百済救援の第一次派遣軍発遣○一〇月、難波に泊る○一一月、飛鳥川原にて葬送儀礼	正月、筑紫に発遣○三月、娜大津に至り、磐瀬行宮に居す○五月、朝倉宮に遷居○同月、第四回遣唐使帰朝
天智 元 〈称制②〉〔称制1〕	六六二	三七	正月、百済佐平鬼室福信に矢等を賜う○三月、百済王に布を賜う	三月、日本軍将、周留城（疏留城、州柔とも）にたてこもる○一二月、百済、周留城より避城に遷都

二 〈称制③〉〔称制2〕	六六三	三八	三月、前・後将軍ら二万七千人の第二次派遣軍発遣○八月、白村江戦	二月、新羅、百済の南畔四州を焼燔し徳安等を取る、百済、周留城に遷居○六月、百済王、鬼室福信を斬首○九月、百済周留城、唐に降伏、百済遺衆ら、日本に亡命
三 〈称制④〉〔称制3〕	六六四	三九	二月、冠位二十六階制定、氏上と民部・家部を定む○三月、百済王善光等を難波に安置○五月、唐の鎮将劉仁願、郭務悰を派遣し上表文を進呈（海外国記）○同月、蘇我連大臣薨ず○六月、嶋皇祖母命薨ず○一〇月、郭務悰に賜物・饗宴○一二月、郭務悰帰国、返書を授く（海外国記）○是年、対馬・壱岐・筑紫に防人と烽を置く○筑紫に水城を築く	八月、百済扶余隆、新羅王と熊津に盟す○九月、定恵帰朝（家伝）○一〇月、高句麗泉蓋蘇文死去○一二月、貞慧死去（家伝）○是年、新羅・百済・耽羅・倭等四国酋長、唐・泰山の封禅に赴く（旧唐書・唐会要・三国史記）
四 〈称制⑤〉〔称制4〕	六六五	四〇	二月、間人大后薨ず○同月、鬼室集斯に授位、百済人を近江国神前郡に居く○三月、間人大后のために三〇〇人に出家を許可○同月、神前郡の百済人に給田○七月、唐使劉徳高、対馬に至る○八月、長門国の城、筑紫国大野城・椽城を築く○九月、唐使、筑紫に至る○一〇月、菟道（宇治）で閲兵○一一月、唐使に饗宴（懐風藻）○一二月、唐使に賜物、唐使、帰国	

天智 五 〈称制⑥〉〔称制5〕	六六六	四一	三月、佐伯連子麻呂の病を見舞う○七月、大水○秋、租調を復す○冬、百済人を東国に居く○冬、沙門智由、指南車を献ず	一二月、唐、高句麗征討（新唐書・三国史記）
六 〈称制⑦〉〔称制6〕	六六七	四二	二月、斉明天皇・間人皇女を小市岡上陵に合葬、大田皇女を陵前の墓に葬る○三月、近江大津宮に遷都○八月、倭京に行幸○一一月、百済鎮将の使、境部石積等を筑紫に送る○同月、倭国、高安城・讃吉国山田郡屋島城・対馬国金田城を築く	一〇月、唐軍、平壌に到る、高句麗泉男生、弟と争い、唐に救済を求む
七 《即位1》	六六八	四三	正月、即位（天智天皇）○同月、崇福寺を建立（扶桑略記）○二月、皇后・嬪を定める○五月、蒲生野で狩猟（万葉一―二〇・二一）○七月、近江国で戦術を学ぶ、また、牧を置く○同月、越国、燃土・燃水を献ず	九月、新羅使到来○同月、唐、高句麗を討滅○一一月、新羅使、帰国、遣新羅使を派遣する○是年、唐の倭国征伐の風聞あり（三国史記・持統紀）○高句麗王の庶子、新羅に降伏する（三国遺事）
八 《即位2》	六六九	四四	正月、蘇我赤兄を筑紫率に任ず○五月、山科野に狩猟○八月、高安城を修理せんとするも、中止○秋、藤原内大臣家に落雷○一〇月、中臣鎌足の病を見舞う○同月一五日、大織冠と大臣位階を授け、藤原氏賜姓○同月一六日、鎌足、薨去す○一二月、大蔵に火災○冬、高安城を修理し、畿内の田税を収納○斑鳩寺に火災○是年、河内鯨らを唐に派遣	五月、高句麗遺民、唐に離叛多し（旧唐書）○是年、高句麗鉗牟岑、唐に叛す（新唐書）

			す○佐平余自信らを近江国蒲生郡に移す	
九《即位3》	六七〇	四五	正月、大射○同月、朝廷礼儀・行路規避を定む、誣妄・妖偽を禁ず○二月、庚午年籍作成○同月、蒲生郡匱迮野に幸し宮地を観る○同月、高安城を修し穀・塩を積む○三月、山御井に班幣する○五月、童謡あり○六月、背に申字を書く亀があらわれる○九月、藤原鎌足を山階精舎に葬る（家伝）○是年、水碓を造り冶鉄す	四月、法隆寺全焼○八月、新羅、安勝を金馬渚に封じ、小高句麗国を立つ（三国史記）○是年、倭、唐に遣使し、高句麗平定を賀す（新唐書）
一〇《即位4》	六七一	四六	正月、大友皇子を太政大臣となし、左右大臣・御史大夫を任ず○同月、百済人に冠位を授く○同月、童謡あり○三月、黄書造本実、水臬を献ず○四月、漏剋を新台に置き始用す○五月、西小殿にて宴、田舞を奏す○六月、栗隈王を筑紫率とする○九月、天皇、病気になる○一〇月、内裏にて百仏を開眼、法興寺に珍財を奉る○同月、天皇、大海人皇子に後事を託すも、固辞して出家し吉野に入る○一一月二三日、大友皇子、内裏西殿織仏像の前に左右大臣らと誓盟○同月二四日、近江宮に火災○同月二九日、大友皇子・左右大臣ら、天皇の前に盟す○一二月三日、崩御○同月一一日、新宮に殯す○時に童謡あり	正月、百済鎮将の使者が上表○二月、百済より進調○六月、百済三部使人の請う軍事を宣す○七月、百済鎮将使・百済使帰国○一〇月、新羅進調○一一月、筑紫君薩野馬ら、唐使郭務悰の来航に従って帰国○一二月、新羅使帰国○是年、新羅、所夫里州を置く（三国史記）

天武 元	六七二		壬申の乱が勃発し、近江朝廷は瓦解する
持統 六	六九二		閏五月、筑紫大宰、大唐大使郭務悰が近江大津宮天皇のために造った阿弥陀仏を上送する
大宝 二	七〇二		一二月、天智天皇の忌日を廃務とする
慶雲 四	七〇七		七月、元明天皇の即位詔に天智天皇が定めた「不改常典」が登場する
勝宝 八	七五六		八月、近江朝の書法一〇〇巻を崇福寺に施入
宝字 元	七五七		八月、天智天皇と藤原鎌足の関係が回顧せられ、鎌足の功田一〇〇町を維摩会料に施入

参考文献

一　史　料

飛鳥・白鳳の在銘金銅仏（飛鳥資料館編）　同　朋　舎

飛鳥・藤原宮発掘調査出土木簡概報　奈良文化財研究所

粟鹿大神元記（田中卓『日本国家の成立と諸氏族』）　国書刊行会

一代要記（改訂史籍集覧）　臨　川　書　店

因幡国伊福部臣古志（佐伯有清『新撰姓氏録の研究』索引・論考篇）　吉川弘文館

延喜式（新訂増補国史大系）　吉川弘文館

懐風藻（日本古典文学大系）　岩　波　書　店

家伝（沖森卓也・佐藤信・矢嶋泉『藤氏家伝　注釈と研究』）　吉川弘文館

菅家文草（日本古典文学大系）　岩　波　書　店

公卿補任（新訂増補国史大系）　吉川弘文館

日下部系図（『続群書類従』第七輯上）　群書類従完成会

旧唐書　中　華　書　局

皇太神宮儀式帳（『群書類従』第一輯）　続群書類従完成会

古語拾遺（西宮一民校注『古語拾遺』）　岩波書店

今昔物語集（新日本古典文学大系）　岩波書店

冊府元亀　中華書局

三国遺事　学習院大学東洋文化研究所

三国史記　学習院大学東洋文化研究所

釈日本紀（新訂増補国史大系）　吉川弘文館

上宮聖徳太子伝補闕記（大日本仏教全書）　名著普及会

上宮聖徳法王帝説（沖森卓也・佐藤信・矢嶋泉『上宮聖徳法王帝説　注釈と研究』）　吉川弘文館

聖徳太子伝暦（大日本仏教全書）　名著普及会

続日本紀（新日本古典文学大系）　岩波書店

続日本紀（東洋文庫）　平凡社

新撰姓氏録（佐伯有清『新撰姓氏録の研究』本文篇）　吉川弘文館

新唐書　中華書局

神皇正統記（日本古典文学大系）　岩波書店

隋書　中華書局

政事要略（新訂増補国史大系）　吉川弘文館
善隣国宝記（田中健夫編『訳注日本史料善隣国宝記・新訂続善隣国宝記』）　集英社
尊卑分脈（新訂増補国史大系）　吉川弘文館
大安寺伽藍縁起幷流記資財帳（『大日本古文書』二）　東京大学出版会
朝鮮金石総覧　国書刊行会
帝王編年記（新訂増補国史大系）　吉川弘文館
唐会要　世界書局
多武峯縁起（『群書類従』第二四輯）　続群書類従完成会
中臣氏系図（『群書類従』第五輯）　続群書類従完成会
日本紀略（新訂増補国史大系）　吉川弘文館
日本高僧伝要文抄（新訂増補国史大系）　吉川弘文館
日本書紀（日本古典文学大系）　岩波書店
日本書紀（新編日本古典文学全集）　小学館
日本霊異記（新日本古典文学大系）　岩波書店
風土記（日本古典文学大系）　岩波書店
平安遺文（竹内理三編）　東京堂出版
平城京木簡　奈良文化財研究所

評制下荷札木簡集成　奈良文化財研究所
扶桑略記（新訂増補国史大系）　吉川弘文館
法隆寺献納宝物銘文集成（東京国立博物館編）　吉川弘文館
本朝皇胤紹運記（『群書類従』第五輯）　続群書類従完成会
本朝文集（新訂増補国史大系）　吉川弘文館
万葉集（新編日本古典文学全集）　小学館
類聚三代格（新訂増補国史大系）　吉川弘文館
倭名抄（池邊彌『和名類聚抄郡郷里驛名考證』）　吉川弘文館

二　著書・論文

相原嘉之「倭京の〝守り〟」（『明日香村文化財調査紀要』四）　二〇〇四年
青木和夫「浄御原令と古代官僚制」（『日本律令国家論攷』）　岩波書店　一九九二年
青木和夫『日本の歴史』三奈良の都　中央公論新社　二〇〇四年
明石一紀「郷戸編成と調庸制」（『編戸と調庸制の基礎的考察』）　校倉書房　二〇一一年
浅香年木「コシと近江政権」（『古代地域史の研究』）　法政大学出版局　一九七八年
浅野啓介「庚午年籍と五十戸制」（『日本歴史』六九八）　二〇〇六年
明日香村教育委員会『酒船石遺跡発掘調査報告書』　二〇〇六年

荒木敏夫　『日本古代の皇太子』　吉川弘文館　一九八五年
荒木敏夫　「古人大兄皇子論」（『国立歴史民俗博物館研究報告』一七九）　二〇一三年
荒谷晶夫　「六・七世紀にみえる大兄の一考察」（『日本書紀研究』第二〇冊）　塙書房　一九九六年
磯村幸男　「西日本の古代山城」（『史跡で読む日本の歴史』三）　吉川弘文館　二〇一〇年
市大樹　「飛鳥藤原地域の遺跡と木簡」（『飛鳥藤原木簡の研究』）　塙書房　二〇一〇年
市大樹　「大化改新と改革の実像」（『岩波講座日本歴史』二）　岩波書店　二〇一四年
市大樹　「難波長柄豊碕宮の造営過程」（『交錯する知』）　思文閣出版　二〇一四年
井上和人　「日本古代の都城の展開と東アジアの都城」（『国史学』二〇五）　二〇一一年
井上満郎　『秦河勝』　吉川弘文館　二〇一一年
井上光貞　「郡司制度の成立年代について」（『古代学』一の二）　一九五二年
井上光貞　「古代の皇太子」「大化改新の詔の研究」（『日本古代国家の研究』）　岩波書店　一九六五年
井上光貞　「庚午年籍と対氏族策」（『日本古代史の諸問題』）　思索社　一九七二年
今泉隆雄　「天智天皇」（『古代の人物』一）　清文堂出版　二〇〇九年
上野誠　『万葉挽歌のこころ　夢と死の古代学』　角川学芸出版　二〇一二年
上山春平　『埋もれた巨像』　岩波書店　一九七七年

遠藤みどり「女帝即位の歴史的意義」（『日本古代の女帝と譲位』）塙書房 二〇一五年
大津透「律令国家と畿内」（『律令国家支配構造の研究』）岩波書店 一九九三年
大平聡「「中皇命」と「仲天皇」」（『日本古代の国家と村落』）塙書房 一九九八年
大平聡『聖徳太子』山川出版社 二〇一四年
大山誠一「大化改新像の再構築」（『古代史論叢』上巻）吉川弘文館 一九七八年
大山誠一『天孫降臨の夢』日本放送出版協会 二〇〇九年
大和岩雄『日本書紀成立考』大和書房 二〇一〇年
小澤毅「伝承飛鳥板蓋宮跡の発掘と飛鳥の諸宮」（『日本古代宮都構造の研究』）青木書店 二〇〇三年
小澤毅「飛鳥の朝廷」（『史跡で読む日本の歴史』三）吉川弘文館 二〇一〇年
小澤毅「七世紀の日本都城と百済・新羅王京」（『日韓文化財論集』Ⅱ）奈良文化財研究所 二〇一一年
小澤毅「飛鳥の都と古墳の終末」（『岩波講座日本歴史』二）岩波書店 二〇一四年
押部佳周「近江令の成立」（『日本律令成立の研究』）塙書房 一九八一年
葛継勇「禰軍倭国出使と高宗の泰山封禅」（『日本歴史』七九〇）二〇一五年
勝浦令子「乳母と皇子女の経済的関係」（『史論』三四）一九八一年
加藤謙吉『蘇我氏と大和王権』吉川弘文館 一九八三年

門脇禎二「舒明天皇即位時紛争事件」「蘇我本宗家滅亡事件」（『「大化改新」史論』上巻）
思文閣出版　一九九一年
門脇禎二「いわゆる、大臣蘇我倉山田石川麻呂滅亡事件について」（『「大化改新」史論』下巻）
思文閣出版　一九九一年
鎌田元一「「部」についての基礎的考察」「部民制の構造と展開」（『律令公民制の研究』）
塙書房　二〇〇一年
亀井輝一郎「近江遷都と壬申の乱」（『日本書紀研究』二二）
塙書房　一九九九年
川崎庸之『天武天皇』
岩波書店　一九五二年
岸俊男「造籍と大化改新詔」（『日本古代籍帳の研究』）
塙書房　一九七三年
岸俊男『日本の古代宮都』
岩波書店　一九九三年
喜田貞吉「大津京遷都考」（『歴史地理』一五の一・二）
一九一〇年
北村文治「天智天皇の対氏族策について」（『大化改新の基礎的研究』）
吉川弘文館　一九九〇年
鬼頭清明『日本古代国家の形成と東アジア』
校倉書房　一九七六年
鬼頭清明「日本の律令官制と百済の官制」（『日本古代の社会と経済』上巻）
吉川弘文館　一九七八年
熊谷公男「跪伏礼と口頭政務」（『東北学院大学論集』二二）
一九九二年

倉本一宏「天智朝末年の国際関係と壬申の乱」(『日本古代国家成立期の政権構造』) 吉川弘文館 一九九七年
河内春人「天智「称制」考」(『日本古代君主号の研究』) 八木書店 二〇一五年
小林恵子『白村江の戦いと壬申の乱』 現代思潮社 一九八三年
佐伯有清「宮城十二門号と古代天皇近侍氏族」(『新撰姓氏録の研究』研究篇) 吉川弘文館 一九六三年
坂靖・青柳泰介『葛城の王都 南郷遺跡群』 新泉社 二〇一一年
坂上康俊「嶋評戸口変動記録木簡をめぐる諸問題」(『木簡研究』三五) 二〇一三年
坂本太郎「天智紀の史料批判」(『日本古代史の基礎的研究』上) 東京大学出版会 一九六四年
坂本太郎「白鳳朱雀年号考」(『日本古代史の基礎的研究』下) 東京大学出版会 一九六四年
坂本太郎「古代金石文二題」(『古典と歴史』) 吉川弘文館 一九七二年
坂本太郎『大化改新』 吉川弘文館 一九八八年
桜井信也「志賀山寺の官寺化と仏事法会」(『日本書紀研究』二〇) 塙書房 一九九六年
笹川尚紀「『日本書紀』編纂論序説」(『日本書紀成立史攷』) 塙書房 二〇一六年
笹山晴生「難波朝の「衛部」をめぐって」(『日本古代衛府制度の研究』) 東京大学出版会 一九八五年
笹山晴生「続日本紀と古代の史書」(新日本古典文学大系『続日本紀』一)

岩波書店　一九八九年
佐藤和彦「斉明朝の北方遠征記事について」(『歴史』五七)　一九八二年
佐藤信「古代の「大臣外交」についての一考察」(『境界の日本史』)　山川出版社　一九九七年
柴田博子「立太子宣命にみる「食国法」」(『日本古代国家の展開』上巻)　思文閣出版　一九九五年
柴田博子「書評　藤堂かほる　律令国家の国忌と廃務―八世紀の先帝意識と天智の位置づけ―　同　天智陵の造営と律令国家の先帝意識―山科陵の位置と文武三年の修陵をめぐって―」(『法制史研究』四九)　一九九九年
鈴木正信『大神氏の研究』　雄山閣　二〇一四年
関晃「改新の詔の研究」(『大化改新の研究』上)　吉川弘文館　一九九七年
関晃「鍾匱の制と男女の法」(『大化改新の研究』下)　吉川弘文館　一九九六年
積山洋『東アジアに開かれた古代王宮　難波宮』　新泉社　二〇一四年
薗田香融「皇祖大兄御名入部について」(『日本古代財政史の研究』)　塙書房　一九八一年
滝川政次郎「大津京考」(『法制史論叢』二)　名著普及会　一九六七年
竹内亮「古代の造寺と社会」(『日本古代の寺院と社会』)　塙書房　二〇一六年
武光誠「姓の成立と庚午年籍」(『日本古代国家と律令制』)　吉川弘文館　一九八四年

田辺昭三『よみがえる湖都』　日本放送出版協会　一九八三年
田村圓澄「僧官と僧官制度」（『飛鳥仏教史研究』）　塙書房　一九六九年
鉄野昌弘「額田王「山科御陵退散歌」の〈儀礼〉と〈主体〉」（『国語と国文学』七八の一一）　二〇〇一年
寺内浩「斉明天皇と熟田津」（『「社会科」学研究』二六）　一九九三年
藤堂かほる「天智陵の造営と律令国家の先帝意識」（『日本歴史』六〇二）　一九九八年
東野治之「長屋王家木簡からみた古代皇族の称号」「大化以前の官制と律令中央官制」「大宝令前の官職をめぐる二、三の問題」（『長屋王家木簡の研究』）　塙書房　一九九六年
東野治之「野中寺弥勒像台座銘の再検討」（『国語と国文学』七七の一一）　二〇〇〇年
遠山美都男『大化改新』　中央公論社　一九九三年
遠山美都男『壬申の乱』　中央公論社　一九九六年
遠山美都男「舒明即位前紛争の一考察」「東国国司の構成と孝徳政権」（『古代王権と大化改新』）　雄山閣出版　一九九九年
遠山美都男『天智天皇』　PHP研究所　一九九九年
遠山美都男『大化改新と蘇我氏』　吉川弘文館　二〇一三年
冨樫進「藤原仲麻呂における維摩会」（『奈良仏教と古代社会』）　東北大学出版会　二〇一二年

直木孝次郎『持統天皇』吉川弘文館 一九六〇年
直木孝次郎『壬申の乱』塙書房 一九六二年
直木孝次郎「門号氏族」（『日本古代兵制史の研究』）吉川弘文館 一九六八年
直木孝次郎「近江朝末年における日唐関係」（『古代日本と朝鮮・中国』）講談社 一九八八年
直木孝次郎「中大兄の名称をめぐる諸問題」（『日本書紀研究』第二七冊）塙書房 二〇〇六年
直木孝次郎『額田王』吉川弘文館 二〇〇七年
中尾芳治「難波宮から藤原宮へ」（『難波宮と都城制』）吉川弘文館 二〇一四年
中西常雄「崇福寺に関する再検討」（『仏教美術』二九九）二〇〇八年
中西康裕「中大兄皇子と皇位」（『日本古代社会の史的展開』）塙書房 一九九九年
奈良県立橿原考古学研究所編『飛鳥京跡苑池遺構調査概報』学生社 二〇〇二年
奈良国立文化財研究所『飛鳥・藤原宮発掘調査報告Ⅳ—飛鳥水落遺跡の調査—』一九九五年
奈良文化財研究所『大和吉備池廃寺』吉川弘文館 二〇〇三年
西本昌弘「東アジアの動乱と大化改新」（『日本歴史』四六八）一九八七年
仁藤敦史「「斑鳩宮」の経済基盤」「「大津京」の再検討」（『古代王権と都城』）吉川弘文館 一九九八年

仁藤敦史『女帝の世紀』角川書店 二〇〇六年
仁藤敦史「古代女帝の成立」（『古代王権と支配構造』）吉川弘文館 二〇一二年
仁藤敦史「七世紀後半における公民制の形成過程」（『国立歴史民俗博物館研究報告』一七八）二〇一三年
長谷山彰「律令裁判制度における天皇と太政官」（『史学』六九の一）一九九九年
早川庄八「律令制の形成」（『岩波講座日本歴史』二）岩波書店 一九七五年
早川庄八「選任令・選叙令と郡領の「試練」」「前期難波宮と古代官僚制」（『日本古代官僚制の研究』）岩波書店 一九八六年
早川庄八「天智の初め定めた「法」についての覚え書き」（『天皇と古代国家』）講談社 二〇〇〇年
林博通『大津京』ニュー・サイエンス社 一九八四年
林博通「崇福寺」（『近江の古代寺院』）近江の古代寺院刊行会 一九八九年
林部均「飛鳥浄御原宮の成立」（『古代宮都形成過程の研究』）青木書店 二〇〇一年
速水侑『日本仏教史 古代』吉川弘文館 一九八六年
原秀三郎「大化改新論批判序説」（『日本古代国家史研究』）東京大学出版会 一九八〇年
平野邦雄「大化改新とその後」（『大化前代政治過程の研究』）吉川弘文館 一九八五年
平林章仁「敏達天皇王統の広瀬郡進出について」（『日本書紀研究』第一四冊）

廣瀬憲雄　「皇極紀百済関係記事の再検討」（『日本歴史』七八六）　塙書房　一九八七年
福原栄太郎　「孝徳朝の「刑部尚書」について」（『日本歴史の構造と展開』）　二〇一三年
星野良作　『研究史 壬申の乱』増補版　山川出版社　一九八三年
松尾光　「古人大兄皇子の年齢」（『古代の社会と人物』）　吉川弘文館　一九七八年
水野祐　「大津京遷都考」（『東アジアの古代文化』一一・一二）　笠間書院　二〇一二年
溝口睦子　『アマテラスの誕生』　一九七七年
森公章　「古代耽羅の歴史と日本」（『古代日本の対外認識と通交』）　岩波書店　二〇〇九年
森公章　『「白村江」以後』　吉川弘文館　一九九八年
森公章　「評の成立と評造」「評司の任用方法について」（『古代郡司制度の研究』）　講談社　一九九八年
森公章　「中臣鎌足と乙巳の変後の政権構成」（『日本歴史』六三四）　吉川弘文館　二〇〇〇年
森公章　「倭国から日本へ」（『日本の時代史』三）　二〇〇一年
森公章　「国宰、国司制の成立をめぐる問題」（『歴史評論』六四三）　吉川弘文館　二〇〇二年
森公章　「民官と部民制」（『弘前大学国史研究』一一八）　二〇〇三年
森公章　「中大兄の軌跡」（『海南史学』四三）　二〇〇五年
　二〇〇五年

森　公章「白村江戦闘と高句麗」（韓日関係史学会国際学術大会『東アジアのなかの高句麗と倭』）　二〇〇五年
森　公章「七世紀の荷札木簡と税制」（『木簡研究』二八）　二〇〇六年
森　公章「加耶滅亡後の倭国と百済の「任那復興」策について」「大宝度の遣唐使とその意義」「遣唐使の時期区分と大宝度の遣唐使」「七世紀の国際関係と律令体制の導入」（『遣唐使と古代日本の対外政策』）　吉川弘文館　二〇〇八年
森　公章『奈良貴族の時代史』　講談社　二〇〇九年
森　公章「評家」（『史跡で読む日本の歴史』三）　吉川弘文館　二〇一〇年
森　公章「国造制と屯倉制」（『岩波講座日本歴史』二）　岩波書店　二〇一四年
八木　充「難波遷都と海外情勢」「乙巳の変後の政権構成」「七世紀中期の政権とその政策」（『日本古代政治組織の研究』）　塙書房　一九八六年
山尾幸久「大化改新前後の東アジアの情勢と日本の政局」（『日本歴史』二二九）　一九六七年
山里純一『古代日本と南島の交流』　吉川弘文館　一九九九年
吉川真司「難波長柄豊碕宮の歴史的位置」（『日本国家の史的特質』古代・中世）　思文閣出版　一九九七年
吉川真司「律令体制の形成」（『日本史講座』第一巻）　東京大学出版会　二〇〇四年
吉川敏子「中臣鎌足の三島退去の時期についての試案」（『律令貴族成立史の研究』）

吉川敏子「天平二十一年四月甲午宣命に見る聖武天皇の認識」（『続日本紀研究』三六七）　塙書房　二〇〇六年
吉田孝「町代制と条里制」（『山梨大学歴史学論集』一二）　二〇〇七年
吉永登「間人皇女」（『万葉　文学と歴史のあいだ』）　創元社　一九六九年
吉海直人『百人一首で読み解く平安時代』　角川学芸出版　一九六七年
吉村武彦「古代の王位継承と群臣」「賃租制の構造」（『日本古代の社会と国家』）　岩波書店　二〇一二年
李在碩「孝徳朝権力闘争と国際的契機」（『律令国家史論集』）　塙書房　一九九六年
盧泰敦『古代朝鮮　三国統一戦争』　岩波書店　二〇一〇年
二〇一二年

著者略歴

一九五八年　岡山県に生まれる
一九八八年　東京大学大学院人文科学研究科博士課程単位修得退学
奈良国立文化財研究所、高知大学人文学部助教授を経て、
現在　東洋大学教授・博士（文学）

主要著書
『成尋と参天台五臺山記の研究』（吉川弘文館、二〇一三年）
『古代豪族と武士の誕生』（吉川弘文館、二〇一三年）
『平安時代の国司の赴任』（臨川書店、二〇一六年）

人物叢書　新装版

天智天皇

二〇一六年（平成二十八）九月一日　第一版第一刷発行

著　者　森《もり》　公《きみ》　章《ゆき》
編集者　日本歴史学会
代表者　笹山晴生
発行者　吉川道郎
発行所　株式会社 吉川弘文館
東京都文京区本郷七丁目二番八号
郵便番号一一三―〇〇三三
電話〇三―三八一三―九一五一〈代表〉
振替口座〇〇一〇〇―五―二四四
http://www.yoshikawa-k.co.jp/
印刷＝株式会社 平文社
製本＝ナショナル製本協同組合

ISBN978-4-642-05280-1

『人物叢書』(新装版)刊行のことば

人物叢書は、個人が埋没された歴史書が盛行した時代に、「歴史を動かすものは人間である。個人の伝記が明らかにされないで、歴史の叙述は完全であり得ない」という信念のもとに、専門学者に執筆を依頼し、日本歴史学会が編集し、吉川弘文館が刊行した一大伝記集である。

幸いに読書界の支持を得て、百冊刊行の折には菊池寛賞を授けられる栄誉に浴した。

しかし発行以来すでに四半世紀を経過し、長期品切れ本が増加し、読書界の要望にそい得ない状態にもなったので、この際既刊本の体裁を一新して再編成し、定期的に配本できるような方策をとることにした。既刊本は一八四冊であるが、まだ未刊である重要人物の伝記についても鋭意刊行を進める方針であり、その体裁も新形式をとることとした。

こうして刊行当初の精神に思いを致し、人物叢書を蘇らせようとするのが、今回の企図である。大方のご支援を得ることができれば幸せである。

昭和六十年五月

日本歴史学会

代表者　坂本太郎

日本歴史学会編集

人物叢書〈新装版〉

▽没年順に配列　▽九〇三円～二、四〇〇円（税別）
▽残部僅少の書目もございます。品切の節はご容赦ください。

日本武尊　上田正昭著
継体天皇　篠川　賢著
聖徳太子　坂本太郎著
秦　河勝　井上満郎著
蘇我蝦夷・入鹿　門脇禎二著
天智天皇　森　公章著
額田王　直木孝次郎著
持統天皇　直木孝次郎著
藤原不比等　高島正人著
長屋王　寺崎保広著
県犬養橘三千代　義江明子著
山上憶良　稲岡耕二著
行基　井上　薫著
光明皇后　林　陸朗著
鑑真　安藤更生著
藤原仲麻呂　岸　俊男著
道鏡　横田健一著
吉備真備　宮田俊彦著
佐伯今毛人　角田文衛著
和気清麻呂　平野邦雄著
桓武天皇　村尾次郎著
坂上田村麻呂　高橋　崇著
最澄　田村晃祐著
平城天皇　春名宏昭著
円仁　佐伯有清著
伴善男　佐伯有清著
円珍　佐伯有清著
菅原道真　坂本太郎著
聖宝　佐伯有清著
三善清行　所　功著
藤原純友　松原弘宣著
紀貫之　目崎徳衛著
小野道風　山本信吉著
良源　平林盛得著
藤原佐理　春名好重著
紫式部　今井源衛著
慶滋保胤　小原　仁著
一条天皇　倉本一宏著
大江匡衡　後藤昭雄著
源信　速水　侑著
源頼光　朧谷　寿著
藤原道長　山中　裕著
藤原行成　黒板伸夫著
清少納言　岸上慎二著
和泉式部　山中　裕著
源義家　安田元久著
大江匡房　川口久雄著
奥州藤原氏四代　高橋富雄著
藤原頼長　橋本義彦著
藤原忠実　元木泰雄著
源頼政　多賀宗隼著
平清盛　五味文彦著
源義経　渡辺　保著
西行　目崎徳衛著
後白河上皇　安田元久著
千葉常胤　福田豊彦著
源通親　橋本義彦著
文覚　山田昭全著
畠山重忠　貫　達人著
法然　田村圓澄著
栄西　多賀宗隼著
北条義時　安田元久著
大江広元　上杉和彦著
北条政子　渡辺　保著
慈円　多賀宗隼著
明恵　田中久夫著

藤原定家　村山修一著
北条泰時　上横手雅敬著
道元　竹内道雄著
北条重時　森幸夫著
親鸞　赤松俊秀著
北条時頼　高橋慎一朗著
日蓮　大野達之助著
阿仏尼　田渕句美子著
北条時宗　川添昭二著
一遍　大橋俊雄著
叡尊・忍性　和島芳男著
京極為兼　井上宗雄著
金沢貞顕　永井晋著
菊池氏三代　杉本尚雄著
新田義貞　峰岸純夫著
花園天皇　岩橋小弥太著
赤松円心・満祐　高坂好著
卜部兼好　冨倉徳次郎著
覚如　重松明久著
足利直冬　瀬野精一郎著
佐々木導誉　森茂暁著
細川頼之　小川信著
足利義満　臼井信義著
今川了俊　川添昭二著

足利義持　伊藤喜良著
世阿弥　今泉淑夫著
上杉憲実　田辺久子著
山名宗全　川岡勉著
一条兼良　永島福太郎著
亀泉集証　今泉淑夫著
蓮如　笠原一男著
宗祇　奥田勲著
万里集九　中川徳之助著
三条西実隆　芳賀幸四郎著
大内義隆　福尾猛市郎著
ザヴィエル　吉田小五郎著
三好長慶　長江正一著
今川義元　有光友學著
武田信玄　奥野高広著
朝倉義景　水藤真著
浅井氏三代　宮島敬一著
織田信長　池上裕子著
明智光秀　高柳光寿著
大友宗麟　外山幹夫著
千利休　芳賀幸四郎著
豊臣秀次　藤田恒春著
足利義昭　奥野高広著
前田利家　岩沢愿彦著

長宗我部元親　山本大著
安国寺恵瓊　河合正治著
石田三成　今井林太郎著
真田昌幸　柴辻俊六著
最上義光　伊藤清郎著
高山右近　海老沢有道著
島井宗室　田中健夫著
淀君　桑田忠親著
片桐且元　曽根勇二著
藤原惺窩　太田青丘著
支倉常長　五野井隆史著
伊達政宗　小林清治著
天草時貞　岡田章雄著
立花宗茂　中野等著
宮本武蔵　大倉隆二著
小堀遠州　森蘊著
徳川家光　藤井讓治著
由比正雪　進士慶幹著
佐倉惣五郎　児玉幸多著
林羅山　堀勇雄著
松平信綱　大野瑞男著
国姓爺　石原道博著
野中兼山　横川末吉著
隠元　平久保章著

徳川和子　久保貴子著
酒井忠清　福田千鶴著
朱舜水　石原道博著
池田光政　谷口澄夫著
山鹿素行　堀勇雄著
井原西鶴　森銑三著
松尾芭蕉　阿部喜三男著
三井高利　中田易直著
河村瑞賢　古田良一著
徳川光圀　鈴木暎一著
契沖　久松潜一著
市川団十郎　西山松之助著
伊藤仁斎　石田一良著
徳川綱吉　塚本学著
貝原益軒　井上忠著
前田綱紀　若林喜三郎著
近松門左衛門　河竹繁俊著
新井白石　宮崎道生著
鴻池善右衛門　宮本又次著
石田梅岩　柴田実著
太宰春台　武部善人著
徳川吉宗　辻達也著
大岡忠相　大石学著
賀茂真淵　三枝康高著

平賀源内　城福勇著
与謝蕪村　田中善信著
三浦梅園　田口正治著
毛利重就　小川國治著
本居宣長　城福勇著
山村才助　鮎沢信太郎著
木内石亭　斎藤忠著
小石元俊　山本四郎著
山東京伝　小池藤五郎著
杉田玄白　片桐一男著
塙保己一　太田善麿著
上杉鷹山　横山昭男著
大田南畝　浜田義一郎著
只野真葛　関民子著
小林一茶　小林計一郎著
大黒屋光太夫　亀井高孝著
松平定信　高澤憲治著
菅江真澄　菊池勇夫著
島津重豪　芳即正著
狩谷棭斎　梅谷文夫著
最上徳内　島谷良吉著
渡辺崋山　佐藤昌介著
柳亭種彦　伊狩章著
香川景樹　兼清正徳著

平田篤胤　田原嗣郎著
間宮林蔵　洞富雄著
滝沢馬琴　麻生磯次著
調所広郷　芳即正著
橘守部　鈴木暎一著
黒住宗忠　原敬吾著
水野忠邦　北島正元著
帆足万里　帆足図南次著
江川坦庵　仲田正之著
藤田東湖　鈴木暎一著
二宮尊徳　大藤修著
広瀬淡窓　井上義巳著
大原幽学　中井信彦著
島津斉彬　芳即正著
月照　友松圓諦著
橋本左内　山口宗之著
井伊直弼　吉田常吉著
吉田東洋　平尾道雄著
緒方洪庵　梅溪昇著
佐久間象山　大平喜間多著
真木和泉　山口宗之著
高島秋帆　有馬成甫著
シーボルト　板沢武雄著
高杉晋作　梅溪昇著

川路聖謨　川田貞夫著
横井小楠　圭室諦成著
小松帯刀　高村直助著
山内容堂　平尾道雄著
江藤新平　杉谷　昭著
和　宮　武部敏夫著
西郷隆盛　田中惣五郎著
ハリス　坂田精一著
森　有礼　犬塚孝明著
松平春嶽　川端太平著
中村敬宇　高橋昌郎著
河竹黙阿弥　河竹繁俊著
寺島宗則　犬塚孝明著
樋口一葉　塩田良平著
ジョセフ＝ヒコ　近盛晴嘉著
勝　海舟　石井　孝著
臥雲辰致　村瀬正章著
黒田清隆　井黒弥太郎著
伊藤圭介　杉本　勲著
福沢諭吉　会田倉吉著
星　亨　中村菊男著
中江兆民　飛鳥井雅道著
西村茂樹　高橋昌郎著
正岡子規　久保田正文著
清沢満之　吉田久一著
滝　廉太郎　小長久子著
副島種臣　安岡昭男著
田口卯吉　田口　親著
福地桜痴　柳田　泉著
陸　羯南　有山輝雄著
児島惟謙　田畑　忍著
荒井郁之助　原田　朗著
幸徳秋水　西尾陽太郎著
ヘボン　高谷道男著
石川啄木　岩城之徳著
乃木希典　松下芳男著
岡倉天心　斎藤隆三著
桂　太郎　宇野俊一著
徳川慶喜　家近良樹著
加藤弘之　田畑　忍著
山路愛山　坂本多加雄著
伊沢修二　上沼八郎著
秋山真之　田中宏巳著
前島　密　山口　修著
成瀬仁蔵　中嶌　邦著
前田正名　祖田　修著
大隈重信　中村尚美著
山県有朋　藤村道生著
大井憲太郎　平野義太郎著
河野広中　長井純市著
富岡鉄斎　小高根太郎著
大正天皇　古川隆久著
津田梅子　山崎孝子著
豊田佐吉　楫西光速著
渋沢栄一　土屋喬雄著
有馬四郎助　三吉　明著
武藤山治　入交好脩著
坪内逍遥　大村弘毅著
山室軍平　三吉　明著
南方熊楠　笠井　清著
山本五十六　田中宏巳著
中野正剛　猪俣敬太郎著
近衛文麿　古川隆久著
河上　肇　住谷悦治著
牧野伸顕　茶谷誠一著
御木本幸吉　大林日出雄著
尾崎行雄　伊佐秀雄著
緒方竹虎　栗田直樹著
石橋湛山　姜　克實著
八木秀次　沢井　実著

▽以下続刊